歴史を歩くワルシャワ

国王選挙の始まりから
1944年8月蜂起前まで

尾崎俊二著

本の泉社

はじめに

「ワルシャワの記憶」をたどってきた。より正確に言うと一九四三年四月から五月にかけてのユダヤ人のゲットー蜂起、一九四四年八月一日から一〇月初めにかけてのワルシャワ蜂起の記憶をたずねて、現地に夥しくある記念碑や記念プレートなどをめぐり歩いた。それは同時にワルシャワの街の「歴史歩き」でもあった。ここに上梓するのはこれまでの私自身に限られた街歩きにもとづくワルシャワの歴史である。二〇一六年に上梓した『ワルシャワから：記憶の案内書――トレブリンカ、ティコチン、パルミルイ、プルシュクフへ』（御茶の水書房刊）の「はじめに」で、同書の副題について「きわめて個人的な『案内書』である」と書いた。それと同じように、ここに書き記したのも個人的選択にもとづくワルシャワの歴史歩き、言わばThe Warsaw History of My Own Walking である。

ワルシャワは歴史上数々の「蜂起」「戦闘」の場となった。代表的な事例はもちろん、一九四四年のワルシャワ蜂起だが、そのほかにも「ワルシャワの戦い」として少なくとも次のものは挙げられる。スウェーデンによる侵略での戦い（一六五六年）、コシチュシュコの反乱時（一七九四年）、一八三〇年「一一月蜂起」での戦い（一八三一年）、対ソ連戦争での「ヴィスワの奇跡」（一九二〇年）、第二次大戦時のワルシャワ防衛戦（一九三九年）。一八六三年「一月蜂起」ではワルシャワ自体が主要な戦闘地域にならなかったが、かつてのポーランド・リトアニア共和国領域内での大規模蜂起の地下司令部がおかれるとともに、中心的指導者の処刑場所となった。これらの出来事の記憶はいまもあちこちの建物や記念碑・記念プレートに刻みつけられていて、歴史の忘却を拒み続けるこの都市の頑強な意思をつよく感じる。

建築・建造物は修復・改築を重ね、記念碑・記念像が移設されることもまれではない。教会は建造の開始から完成まで数十年かかることは当たり前で、一〇〇年ちかくかかるものさえある。ファサード（建物正面）など主な構成部分が独自の歴史をもつことも多い。人間の一生より長くかかって生まれてきた建造物はさらに破壊、修復、改築を重ね、世紀をまたいで長く生き続けてきた。それに比し、人間一人ひとりの生命はあまりにも短く、歴史的建造物や記念碑を目の前にすると、奥深い過去と現実のあいだの大きな隔絶を知るばかりである。それでも、そうした場に身をおくと、長い歴史の深みのなか、広大な空間と時間の懐の中にある人間ひとりの存在に孤独を感じながらも、同時に安堵を覚えるふしぎがある。

本書における歴史歩きは一九四四年八月一日に開始されたワルシャワ蜂起の直前までである。その一年半ほど前に起きたユダヤ人のゲットー蜂起、一年後のワルシャワ蜂起、さらに戦後の独立地下抵抗運動などについては『記憶するワルシャワ――抵抗・蜂起とユダヤ人援助組織ŻEGOTA（ジェゴタ）』『ワルシャワ蜂起――一九四四年の六三日』『ワルシャワから：記憶の案内書――トレブリンカ、ティコチン、パルミルィ、プルシュクフへ』の三著を参照していただきたい。歴史的建造物の建造・再建年などについては、各種資料により若干のずれがあることも、ご承知おかれたい。

街はかわる。歴史の記憶を留める記念碑や記念像、記念プレートさえ変わることがある。ミュージアムもコンピューター画像や多機能をそなえて新しい装いをみせる。本書を構想してからの時間の経過が相当にある。写真は二〇〇〇年代初め頃から二〇一五年のあいだに撮影したものなので、現時点では変わってしまったところもあるだろう。これまでの「ワルシャワ三部作」で挿入した写真はすべて著者自身の撮影によるものだった。本書でも、例外が二点あるが、著者自身が撮影した写真を使用することを基本にしている。

前著『ワルシャワから』に続き、精緻なる編集に力を尽くしてくださった八木絹氏、筆者の原図をもとに地図を作成し、装幀もしてくださった岡部美穂子氏に感謝申し上げる。最後に、「ワルシャワの記憶」をたどるしごとに変わらぬ共感と力添えをいただいてきたワルシャワの親友、エヴァ・ブラトシェヴィチ、ヴァレンティナ・シェ＝グラボフスカ、アダム・シェ＝グラボフスキ、故イェジ・シェ＝グラボフスキ氏に心よりの謝意と敬意を表する。

人名・通り名などの表記、写真、地図について

（一）本文中の人名・通り名などポーランド語のカタカナ表記は、白水社『ポーランド語辞典』（木村彰一・工藤幸雄・吉上昭三・小原雅俊・塚本桂子・石井哲士朗・関口時正共編）に準拠したが、ワルシャワ（ヴァルシャヴァ）、アンジェイ（アンヂュジェイ）など、日本語で定着している表記を採用したものもある。

（二）ポーランド語の単語のアクセントは原則的には後ろから二番目の音節におかれて長音のように聞こえるために、他書においては日本語のカタカナ表記で音引き記号を用いるものがあるが、筆者は日本語の長音とは異なると考えるため、本稿では原則的に音引き記号を使用していない。

（三）ポーランドの通り名については、「通り」「街路」を意味する ulica、あるいは「大通り」を意味する aleja（Aleje）に後続して語形変化した形をカタカナで記す。ただし、人名に由来する通り名は語形変化した形ではなく、本来の人名（主格）にもどしてカタカナ表記した。

（四）本書に使用した挿入写真については「図像一覧」に示すように、エヴァ・ブラトシェヴィチ氏提供の二点を除くすべては筆者の撮影によるものである。

（五）本書に掲載した地図は、各種の地図をもとに筆者が原図を作成した。比較参照した地図類を「参考資料」に記す。

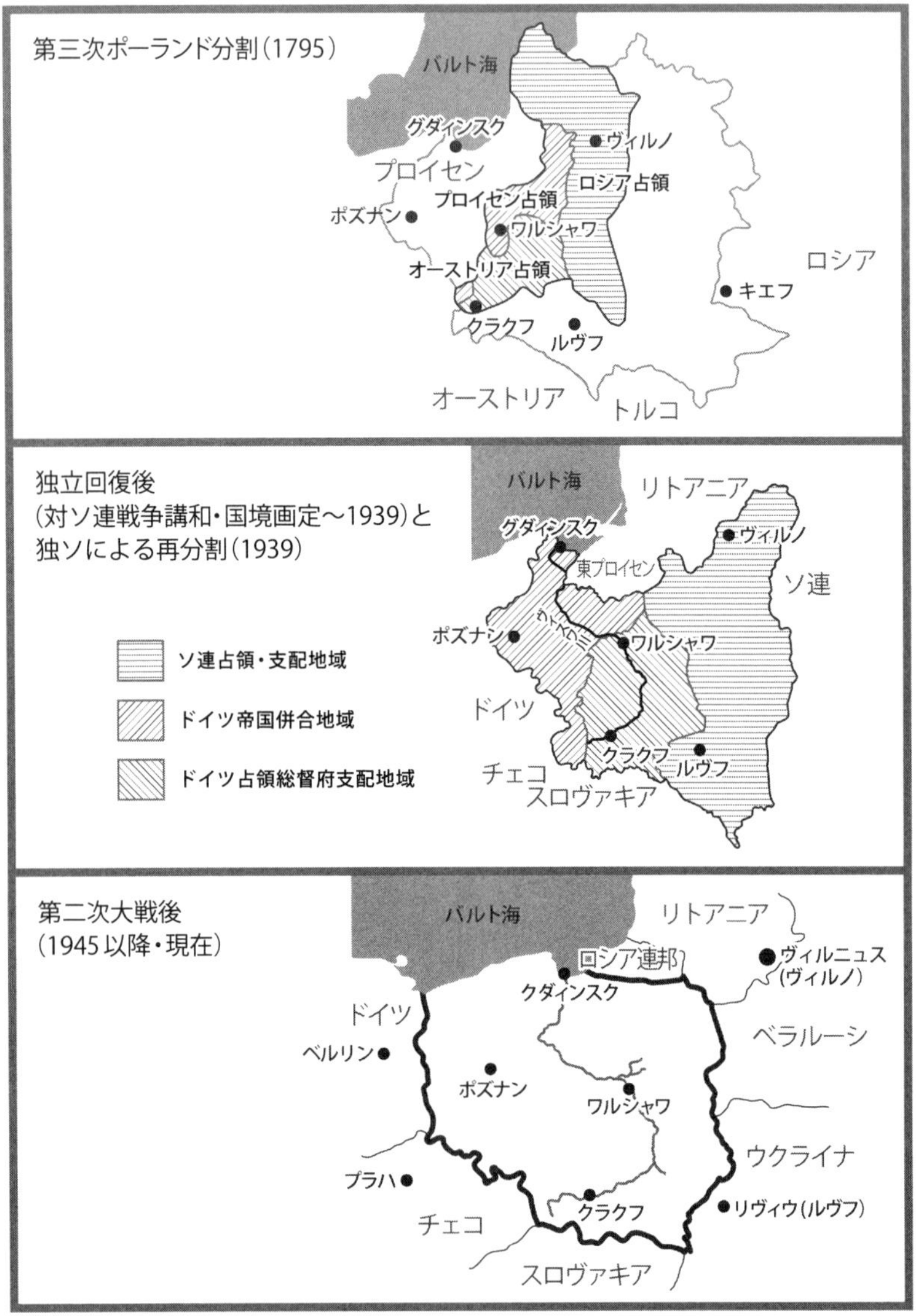

第三次ポーランド分割(1795)
バルト海
グダインスク
ヴィルノ
プロイセン
ロシア占領
プロイセン占領
ポズナン
ワルシャワ
ロシア
オーストリア占領
キエフ
クラクフ
ルヴフ
オーストリア
トルコ
独立回復後
(対ソ連戦争講和・国境画定～1939)と
独ソによる再分割(1939)
バルト海
リトアニア
グダインスク
ヴィルノ
東プロイセン
ソ連
ポズナン
ワルシャワ
ソ連占領・支配地域
ドイツ帝国併合地域
ドイツ
ドイツ占領総督府支配地域
クラクフ
ルヴフ
チェコ
スロヴァキア
第二次大戦後
(1945以降・現在)
バルト海
リトアニア
ロシア連邦
ヴィルニュス
(ヴィルノ)
クダインスク
ドイツ
ベラルーシ
ベルリン
ポズナン
ワルシャワ
ウクライナ
プラハ
クラクフ
リヴィウ(ルヴフ)
チェコ
スロヴァキア

ポーランド領土の歴史的変遷

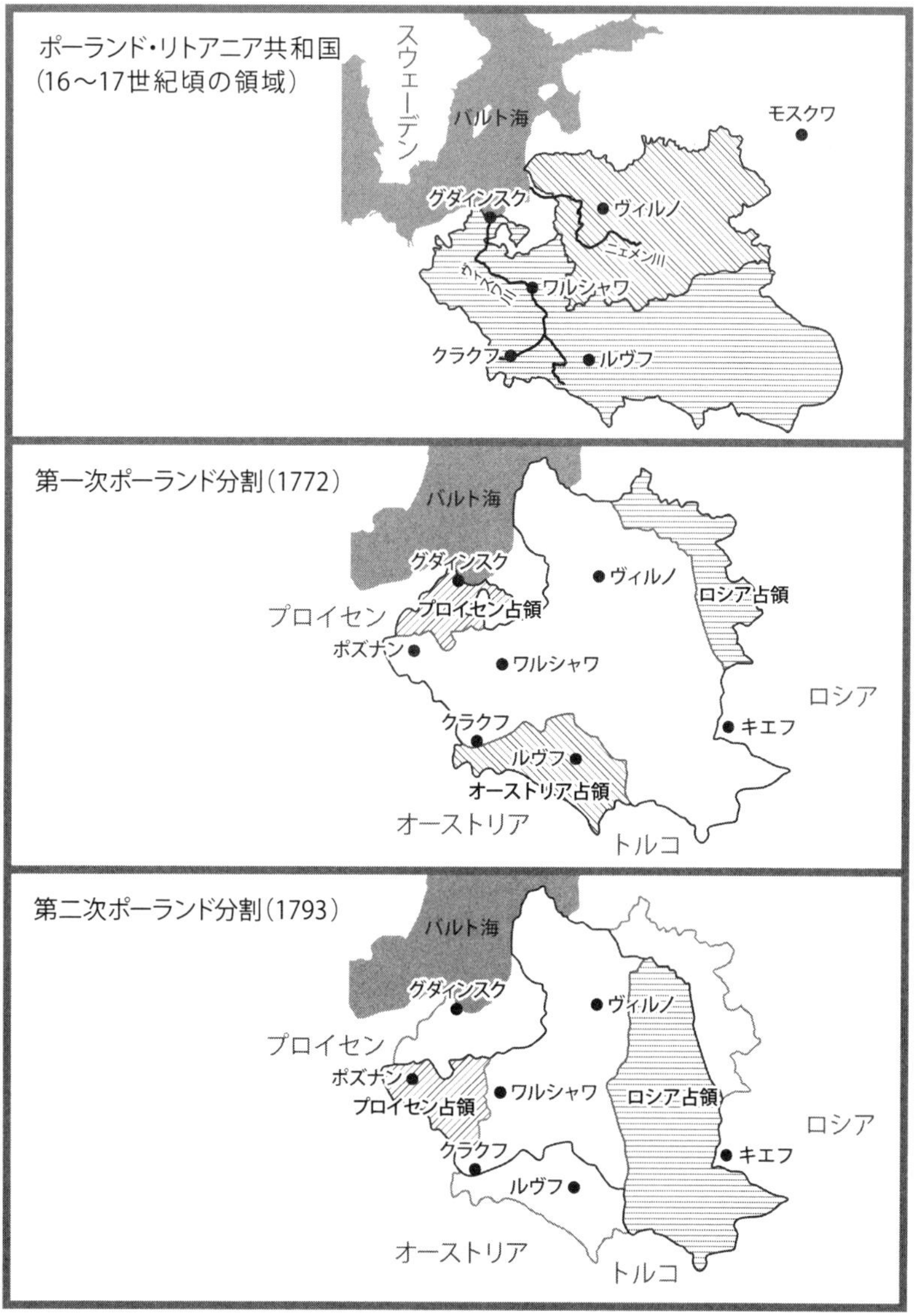

歴史を歩くワルシャワ　国王選挙の始まりから１９４４年８月蜂起前まで

目次

プロローグ

歴史の歩き始め

ヴィスワ川のほとりにワルシャワの起り、マゾフシェ公国のポーランド王国への統合（1526 年）へ

ヴィスワ川右岸から見た左岸風景
（中央に聖ヤン大聖堂、右は隣接するイエズス会教会の尖塔、中央左手には王宮の尖塔、さらに左手奥は文化科学宮殿）

ヴィスワ川をはさんで（本章トビラ写真）

ヴィスワ川はポーランド南部とチェコにまたがるベスキト・シロンスク山脈に源流がある。まず北東へ大きく蛇行したあと、こんどは北西へ大きな弧を描きながら全体としてS字にちかい形をつくり、一〇〇〇キロを超える長大な流れは最後にバルト海にそそぎ出る。その川をはさんで左右両岸に位置する現在のワルシャワは、ポーランド共和国の首都であるとともに、マゾフシェ県の県都でもある。マゾフシェ（マゾヴィヤ）は現在のポーランド領土で言えば、中心からやや東に位置する地域の歴史的呼称でもあった。一二世紀半ばまでに、ヴィスワ川流域ではすでに右岸のブルドノに防壁がつくられ、左岸ではソレツ、ポヴィシレのあたりには定住集落があったらしい。現在世界遺産として有名な旧市街広場の起源はすでに一三世紀後半とされ、同世紀末には現在の王宮の地に防壁がつくられ始めた。一四世紀、ワルシャワは防壁のある要塞化されたまちになり、旧市街、新市街が中心地域として形成されていった。一五世紀初め、マゾフシェ公のヤヌシュ一世（一三四〇?～一四二九）が都をチェルスク*から交通・交易に利便なワルシャワに移し、まちの成長発展を促した。マゾフシェ公国最後の統治者となったヤヌシュ三世（一五〇二～一五二六）が没してヤギェウォ王朝のポーランド王国に統合されたのは一五二六年のこと、ズィグムント一世スタルィ（一四六七～一五四八）がポーランド国王・リトアニア大公のときだった。同国王の唯一の息子、ズィグムント二世アウグスト（一五二〇～一五七二）には王位継承男子が誕生せずヤギェウォ王朝は断絶する。一五六九年に「ルブリンの合同」でリトアニアとの連合国家が誕生し、同国王死後に貴族による国王選挙制が始まり、第一章、第二章にみるようにワルシャワは選挙議会の開催地となった。

＊チェルスク Czersk　ワルシャワ南東約三〇キロ、マゾフシェで最も古い町のひとつ。

王宮と王宮広場から旧市街広場、新市街広場へ

ワルシャワの歴史歩きの始めはやはり王宮（図0―1）と王宮広場（図0―2）だろう。ワルシャワ王宮建物の歴史は古く、現在見るすがたが当初からあったわけではもちろんない。一三世紀から一四世紀にかけて、ワルシャワはまだマゾフシェのなかの要塞化されたまちだった。一四世紀前半、グロツカ（城塞）塔が建造された。現在の王宮建物では南東のかどにあたり、その後増改築されてゆく王宮の最も古い部分といえる。南にはソリダルノシチ大通りがヴィスワ川右岸へと続くが、同塔部分に隣接する「錫屋根宮殿」*の脇からその名のついたグロツカ通りが川沿いに向かう。

図0―1

図0―2

＊Palac Pod Blachą　直訳すると「板金屋根宮殿」だが、王宮博物館のWebsiteにはTin Roofed Palace「錫屋根宮殿」とある。実際の材質は銅で、Copper Roofed Palace「銅屋根宮殿」との訳語もある。現在は王宮博物館付属の博物館になっている。

一五世紀、マゾフシェ公一族の大屋敷がグロッカ塔の北側にゴシック様式で建てられたのが王宮建築物の起源とされる。一五二六年にヤヌシュ三世が死亡して継承者がなくなり、マゾフシェ公国はポーランド王国に統合される。一五六九年に「ルブリンの合同」が成り、ズィグムント二世アウグスト国王はその後の共和国議会（セイム）をワルシャワで開くことにした。ワルシャワはポーランドとリトアニアの両国をつなぐ交通ルートとして適していたが、当時の王宮建物を議会開催の場とするためには増改築が必要だった。

一五九六年から一六一一年にかけて、ズィグムント三世ヴァサ（一五六六〜一六三二）の治世下で首都はクラクフからワルシャワに移され、王宮の輝かしい時代が始まった。このとき、王宮建物は特徴あるファサードやズィグムント塔をもつ五角形のかたちになった。一五六九年から七二年にかけてルネサンス様式で改築され、一六二二年にはズィグムント塔に時計がとりつけられた。当時の有名画家たちの絵画などで内装も豪華なものになった。その後も、ザクセン選定侯アウグスト三世（一六九六〜一七六三）、最後の国王スタニスワフ・アウグスト・ポニャトフスキ（一七三二〜一七九八）によってもさらに改築がなされた。一九三九年九月、ドイツ軍の空爆・砲撃で甚大な被害を受け、ワルシャワ蜂起鎮圧後にはほぼ完全に爆破・破壊されたが、戦後十数年をかけて一九八八年に復元が完遂されて写真に見る往時のすがたがある。

王宮広場からシフィエントヤィンスカ通りを行くとすぐに旧市街広場の南の角に出る。シフィエントヤィンスカ通りの手前のピヴナ通りから行くならばザピェツェク通りに出るので、右折すると旧市街広場である。人々の定住とともに教会の歴史がある。今日のワルシャワに数ある教会のなかでもとくに有名で重要な建築物の起源はマゾフシェ公の時代にある。もちろん最初は小さな木造や石造りの教会・チャペルだったが、その後数百年の間に何度も増築や改築・再建をくりかえして今日見る本格的な建築物となった。

シフィエントヤィンスカ通りの聖ヤン（洗礼者ヨハネ）大聖堂（図0―3）の起源は一四世紀、一三九〇年ころとされる。その名の通り（聖ヤン通り）も起源は同じころなのだろう。いまやバジリカの称号ももつ大聖堂だが、最初は木造教会だった。一五世紀初めに教区教会となり、司教座聖堂となったのは一八世紀末である。同世紀にバロック様式のファサードがつくられた。一七六四年、スタニスワフ・アウグスト・ポニャトフスキ国王の戴冠式が行われ、一七九一年憲法に対して議会（セイム）代表者が宣誓したのもここだった。

ピヴナ通りの聖マルチン教会（図０—４）は創立が一三五二年とされるので、旧市街で最も古い起源をもつ教会だと言ってよい。マゾフシェ公ジェモヴィト三世（一三二六？〜一三八一）とその妻エウフェミアが、シレジアからやってきたアウグスティノ会修道士たちのために建てたものである。一五世紀、マゾフシェ公

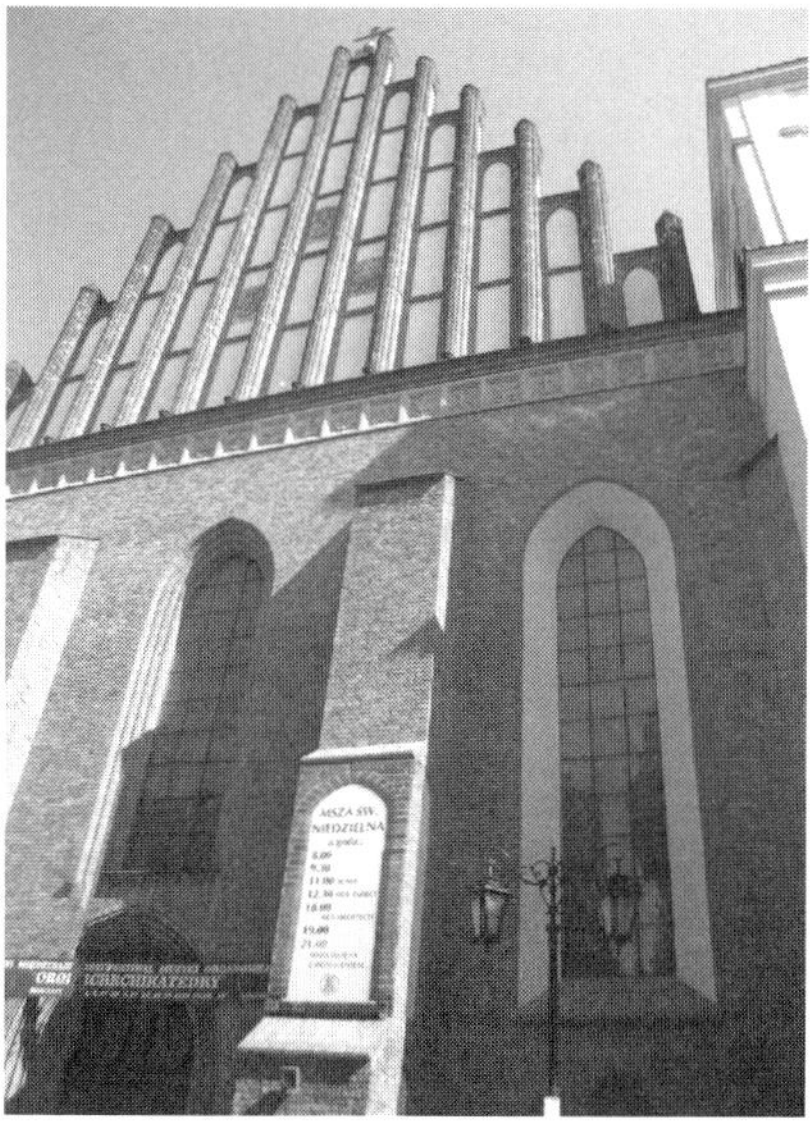

図０—３

図０—４

図0—5

図0—6

から作者不詳のゴシック絵画「悲しみの聖母」Matka Boska Bolesna（Our Lady of Sorrows）を賜り、今日その複製がチャペルに飾られている。一八六三年「一月蜂起」のとき、教会が蜂起を援助したというので、ロシア皇帝アレクサンドル二世により修道会は解散・追放処分を受けた。一四七八、一六六九、一八八八年に火災にあったがその都度再建されてきた。一九四四年蜂起でも破壊され、戦後一九五〇年代に再建された。

旧市街広場（図0—5）の起こりは一三世紀後半のころとされ、同広場の木造建築物は一五世紀にゴシック様式のレンガ造りに替えられていった。ワルシャワ市民が第二次大戦後、跡形もなく破壊され瓦礫に埋もれた旧市街広場の建物を、写真や絵画をもとにして壁のひび割れや傷跡までも戦前の姿の通りに復元し、それがユネスコの世界遺産に登録されていることは広く知られている。

旧市街広場の西角からノヴォミェイスカ通りを進み、モストヴァ通りを右に、ドゥゥガ通りを左に見て突っ切り、フレタ通りをさらに進むと右手に新市街広場がある。フレタ通りはコシチェルナ通りに行き当たるので、右折してコシチェルナ通りをヴィスワ河畔の方へ進む。やがて左手に見るのがプシルィネク通り2の聖母マリア訪問教会（図0—6）である。新市街でもっとも古い教会のひとつで、ヴィスワ川沿岸にも近いその起源は一四一一年にあり、一六世紀にかけて増改築が重ねられた。現存するゴシック建築物の最も古いもののひとつである。

クラコフスキェ・プシェドミェシチェ通り

ワルシャワ市内で世界各地から訪れる人々にも最もよく知られた美しい大通り、クラコフスキェ・プシェドミェシチェ通りが商業ルートとしてできたのは一五世紀のことである。(図0―7) 旧市街にシフィェントヤィンスカ通りができ、新市街から西へはしるフランチシュカィンスカ通りや、のちにユダヤ人が多く居住するようになるナレフキ通りの起りも同じころである。ユダヤ人がワルシャワに定住し始めたのは一四世紀とされる。一四五五年には、ワルシャワ住民がユダヤ人住民を襲う事件が起きた（Adriana Gozdecka-Sanford, *Historical Dictionary of Warsaw*, p. 129）。ユダヤ人住民は一時市外退去をよぎなくされるが、一五二七年、ズィグムント一世スタルィによりワルシャワ市境に再定住することを許された。

クラコフスキェ・プシェドミェシチェ通りはその後、スタレ・ミャスト（旧市街）、現在はもうないクラクフ門から聖十字架教会とスタシツ宮殿まで続き、南へ約一〇キロ続く「王の道」（トラクト・クルレフスキ）の最初の部分をなすことになる。「王の道」はそこから現在のノヴィ・シフィャト（新世界）通り、三十字架広場を通ってウヤズドフスキェ

図0―7

図0—8

図0—9

大通り、ベルヴェデルスカ通り、そしてヤン三世ソビェスキ通り、ヴィラノフスカ通りへと続いてゆき、王宮、ワジェンキ宮殿、ウヤズドフスキ城、ヴィラヌフ宮殿という歴代ポーランド国王の四つの居所をむすぶものとなった。クラクフ門の前身はヤヌシュ一世スタルシ公塔で、一四世紀初めには「クラクフ門」とよばれるようになり（Muzeum Historyczne m. st. Warszawy, *Old Warsaw Town Walls*. p. 41）、一九世紀初めに王宮広場が整備されるときに解体されるまで存続した。そのすがたは、ヴェネチア出身の宮廷画家ベルナルド・ベロット（カナレット）（一七二一〜一七八〇）やザクセンの画家、ヨハン（ヤン）・サムエル・モック（一六八七〜一七三七）の絵画に一部がのぞいて見える作品がある。

現在の王宮広場のすぐちかく、クラコフスキェ・プシェドミェシチェ通りの聖アンナ教会（図0―8）は一四五四年、マゾフシェ公夫人、アンナ・フィォドルヴナにより、ベルナール修道会（シトー会）修道士のために建造が始まった。一六世紀初めに焼けたが、一五一八年から三三年にかけて増築・再建された。一六五五年、スウェーデンの侵攻のとき破壊され、その後また再建された。

ショパンの心臓が聖堂の壁に埋め込まれていることでも有名な聖十字架教会（クラコフスキェ・プシェドミェシチェ通り3）（図0―9）の歴史も古い。一五一〇年頃に木造教会がそこに建てられたのが始まりだとされる。一六二六年に教区教会となった後、スウェーデンの侵略の際に焼け落ちたが、一六八二年に石造りで再建された。ファサードと二つの塔を特徴とするかたちは一七三〇年から五四年にかけてつくられ、最終的にこの工事が終了したのは一七五七年とされる（Robert Marcinkowski. *An Illustrated Atlas of Old Warsaw*. pp. 155-156）。

歴史歩きの始まりとしたこうした通りや建築物はその後も数百年、それぞれの時代の無数の人々と接しながら、第二次大戦後の再建期を経て今日にいたりいまそこに在る。以下、一九四四年八月の蜂起直前まで、おおづかみに時代を切り取り、時間のスケールを縮めたり広げたりしながら、ワルシャワの歴史を歩いてゆく。基本は時間的流れに乗りながらも、特筆すべき事件や出来事、建造物・記念碑、人物などをいわば縦軸にとって構成してみた。読者諸氏にはどの章からでも、行きつ戻りつしながら、お読みいただければと思う。

1

選挙王制の共和国
〈ポーランド・リトアニア共和国〉（その１）

ヤン三世ソビェスキ国王まで（16 世紀後半～ 17 世紀）

国王選挙を記念するオベリスク（ヴォラ地区、ヤン・オストロルク通りちかく）

国王選挙を記念するオベリスク――ワルシャワ・ヴォラ

現在のワルシャワの中心から見て西にあるのはヴォラ地区で、オコポヴァ通りのユダヤ人墓地の南西端には小さなムスリム墓地があり、プロテスタント墓地も隣接している。その西側、ヤン・オストロルク通りが南下してくるあたりに、大きな王冠を天辺に戴く太い円柱をなすポーランド選挙王制のオベリスクELECTIO VIRITIMが高くそびえている。（本章トビラ写真）スタニスワフ・ミハリクの設計によるもので、ラテン語表示のタイトル下方の記念板にはポーランド語でこうある。（図1―1）

「ワルシャワが首都となって四〇〇年記念の年*、かつての選挙場に建立。その場所には議員と騎士団の小屋があって、一五七五年から一七六四年までのあいだに一〇人のポーランド国王が選ばれた。」

*ワルシャワへの首都移転が完了したのは一六一一年とされる。

オベリスクを中心とした記念碑スペースは大きな円形で、弧をなす部分に概説のプレートと一一人のポーランド選挙国王の顔が描かれた記念プレートが並んでいる。概説のプレートはこう説明する。（図1―2）

「一五六九年、ルブリンの合同憲法議会は、両国民*の共和国議会がワルシャワで行われると決定した。この原則のもとに、初の選挙議会（セイム）が一五七三年、ワルシャワ近郊でヴィスワ川右岸のカミョン村近く（現在のカミョネク）に召集された。ヘンルィク・ヴァレズィ国王がそこで選出された。カミョンでの二回目の選挙議会は一七三三年に審議があり、そこでアウグスト三世SASが選ばれた。あとの一〇回の選挙議会は個人選挙electio viritim*というもので、ヴォラで行われた。この場所に『議員小屋』と『騎士の輪*』が設えられた。」

*ポーランドとリトアニア

*electio viritim（ラテン語）文字通りには「個々の選挙」だが、その意味するところは国王選挙に貴族が個人として直

接参加することのようである。

＊ベルナルド・ベロット（カナレット）Bernardo Bellotto (Canaletto)（一七二一～一七八〇）がヴォラにおけるスタニスワフ・アウグスト・ポニャトフスキの国王選出を描いた一七七八年の作品があり、そこには議員の審議場となった木造小屋や地方の代表が着席した「騎士の輪」が描かれている。

「一一人」の選挙国王が並んでいるのは、現在ワルシャワ・プラガ地区のカミョンでの選挙（一五七三年と一七三三年）で選ばれた国王がふくまれているからである。つまり、カミョンで二人、ヴォラで九人である。記念プレートにあるように、国王選挙議会はカミョンで二回、ヴォラで一〇回開催された。ただし、スタニスワフ・レシュチィンスキはヴォラで二度選出されているので、ヴォラで選出されたのは実質九人ということになる。

図１―１

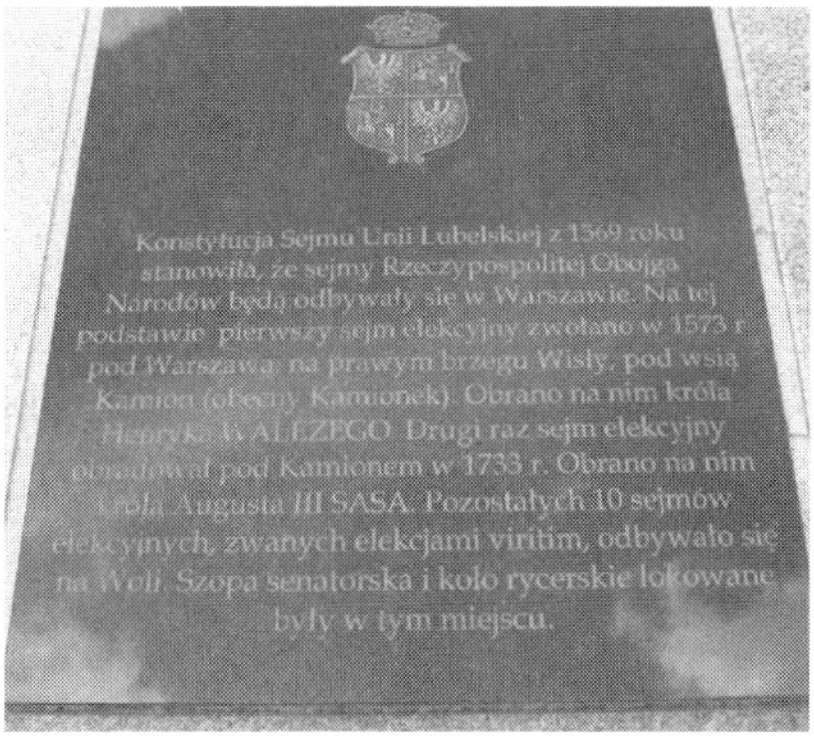

図１―２

この記念プレートにある「両国民の共和国議会」の「共和国」はポーランド語で「ジェチポスポリタ」rzeczpospolita＊である。現在のポーランドの正式国名は「ポーランド共和国」で、ポーランド語では「ジェチポスポリタ・ポルスカ」Rzeczpospolita Polska (Republic of Poland)という。一九八九年の民主的政治変革以前の社会主義時代は「ポーランド人民共和国」Polska Rzeczpospolita Ludowa（PRL）（Polish People's Republic）だった。その前、一九一八年の独立回復からナチス占領時代までは現在と同じ「ポーランド共和国」Rzeczpospolita Polska だが「第二共和国」（II Rzeczpospolita）ともよばれた。そしてそれ以前、後章に記す分割時代の「ワルシャワ公国」「会議王国」は別として、さらにさかのぼると、いわゆるポーランド・リトアニア共和国ということになる。
「共和国」ということばは一般に「君主国」と対立するものとして用いられることが多く、市民革命によって国の統治権が国王から一般市民の手に移ったものをいうように思われるが、古くは国王を戴きながらも、近代市民以前の貴族階級などが王権と拮抗する権力に与るものをふくむより広い概念と考えることができる。

＊ポーランド語の「ジェチポスポリタ」の語源を探るとこうなる。
Rzeczpospolita ＝ rzecz（thing）＋ pospolita〈← pospolity（common, ordinary）〉
（ラテン語）res ＋ publica に相当する。すなわち「公共のもの」である。
英語の republic も同様で、語源は以下の通りである。
Republic = F. *république*, fr. MF., fr. L. *rēs publica, rēspublica*, 'state, commonwealth', lit. 'a public thing', fr. *rēs*, 'thing', and fem. of *publicus*, 'public'.（*Klein's Comprehensive Etymological Dictionary of the English Language, unabridged one-volume edition*, ELSEVIER, printed in one volume, 1977, p. 630）

一五六九年に「ルブリンの合同」で成立したのは正確に言うと「ポーランド王国およびリトアニア大公国」Królestwo Polskie i Wielkie Księstwo Litewskie だが、一八世紀以来一般に「共和国」とよばれてきた。その国家形態と権力実体からみて、「両国民の共和国」Rzeczpospolita Obojga Narodów、「貴族の共和国」Rzeczpospolita szlachecka とよばれることもある。それはいわゆる近代市民の共和国ではないが、シュラフタとよばれるポーランド特有の貴族が国王を選出する共和国だった。

ポーランド・リトアニア共和国は政治形態の内実や領土および対外関係などについて様々な変遷があるとはいえ、一五六九年から、ロシア・オーストリア・プロイセンによる最終的三分割があった一七九五年まで二百数十年間も続いた。その基本はシュラフタというポーランド特有の貴族が王権を制限するという「選挙王制の共和国」だった。ワルシャワはその国王の選出場所であり、共和国議会がおかれ、国王の居所ともなった。ヴォラ地区にある選挙国王それぞれの記念プレートにそって、対応する時代のワルシャワを簡単にたどってみる。

一一人の選挙国王たち

ヘンルィク・ヴァレズィ（一五五一～一五八九、在位一五七四年二月～六月）**（図1―3）** フランス国王アンリ二世の息子、ヴァロア家のアンリ。一五七三年四月から五月、ワルシャワ・プラガのカミョンでの選挙議会で国王に選出され、一五七四年二月、クラクフで即位した。しかし、フランスで兄シャルル九世が死亡したため、同年の六月にクラクフを去り、フランス国王アンリ三世となった。プラガ地区、グロホフスカ通り365の勝利聖母大聖堂（コンカテドラ）の教会建物に「カミョン村のこの場所で、一五七三年にヘンルィク・ヴァレズィ、一七三三年にアウグスト三世のポーランド国王の選挙が行われた」という記念プレートがある。

図1―3

図1—4

図1—5

ステファン・バトルィ（一五三三～一五八六、在位一五七六～一五八六）（図1—4）　トランシルヴァニア公ステファンの息子バートリ・イシュトヴァーン。一五七五年一一月から一二月のワルシャワ・ヴォラでの選挙議会で選出され、ポーランド女王アンナ・ヤギェロンカ（一五二三～一五九六）の夫として国王となった。一五七六年五月、クラクフで即位。その治世下、アンナ・ヤギェロンカ女王が一五八一年から八二年にかけて、ヴィスワ川のそばに橋塔を建造した（第六章参照）。これは、ズィグムント二世アウグスト国王（一五二〇～一五七二）が一五六八年から七三年にかけて建造したヴィスワ川初の恒久橋梁を監視するためのものだった。橋自体は一六〇三年の洪水のとき崩壊した。（Adriana Gozdecka-Sanford. *Historical Dictionary of Warsaw*. p. 49）しかし、橋塔はその後火薬庫に使用され、一七八九年には監獄としても使用された。一九世紀には住居としても使用された。戦後、再建されて現在は「旧火薬庫劇場」（テアトル・スタラ・プロホヴニャ）になっている。

ズィグムント三世ヴァサ（一五六六～一六三二、在位一五八七～一六三二）（図1—5）　スウェーデン国王ヨハン三世ヴァサの息子。一五八七年六月から八月、ワルシャワ・ヴォラでの選挙議会で選出され、同年一二月、クラクフで即位した。

王宮広場のシンボルとして高さ二二メートルの記念像コラムがある。半世紀ちかくにおよぶその治世下、対外的にはロシア、スウェーデンとの争い、国内では洪水（一六〇三）、大火（一六〇六あるいは一六〇七）、ペストの流行（一六二五～二六）などもあり、歴史上語るべきことは多い。一五九六年に国王の居所をクラクフからワルシャワに移すが、国王玉座を最終的にヴァヴェル城からワルシャワへ移したのは一六一一年とされる。その間の一五九八年から一六一九年にかけて王宮をバロック様式化して再建築した。また、国王の第二居所としてウヤズドフスキ城を建造した。一三世紀にマゾフシェ公がリトアニアの侵入に備えて建てたのを改築したものである。旧市街広場は一七世紀初めの大火後、後期ルネサンス、初期バロック様式の建物で再建された。この時代の一六一〇年、ミハウ・フキェルが旧市街広場にワインバーを開いた。(*Ibid.*, p. 93) ワルシャワのこの古い商家の創始者はイェジ・フキェル（?～一五四八）で、ワイン店は一九五九年まで三五〇年間も続くことになる。

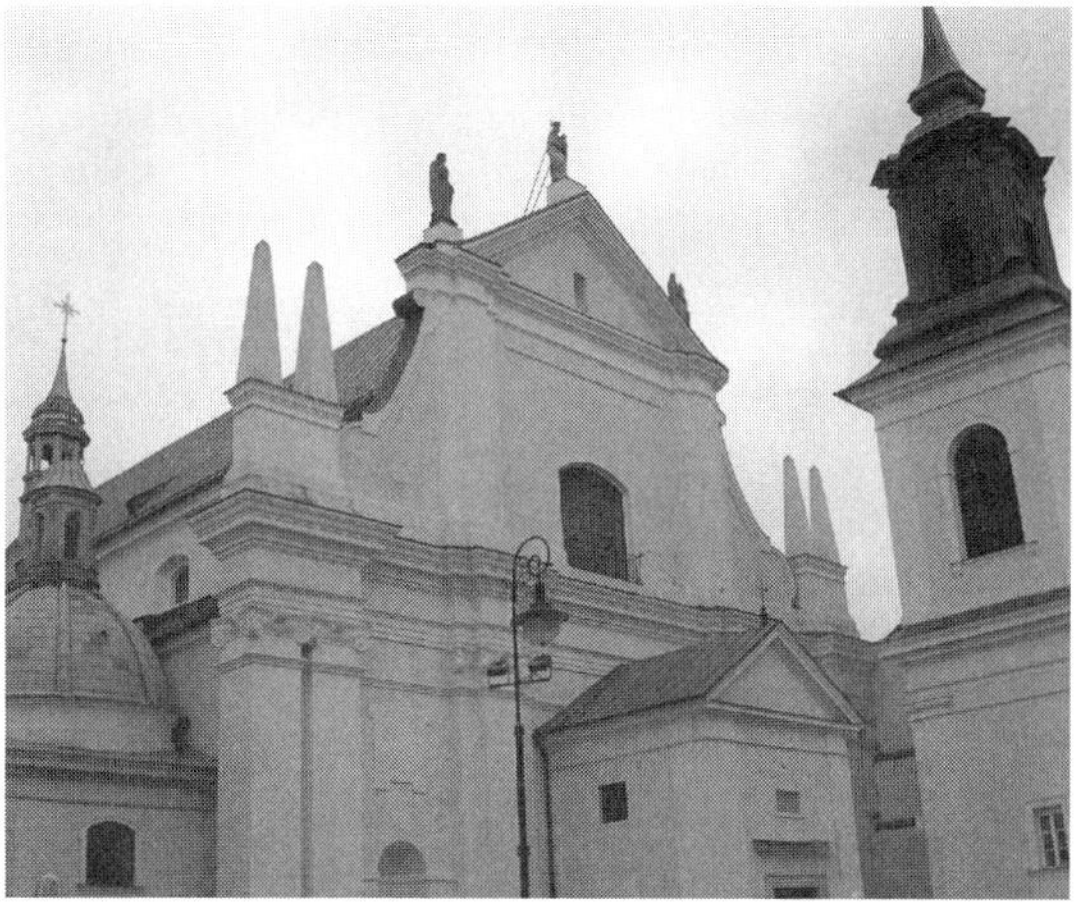
図1―6

ズィグムント三世治世下のワルシャワの建築物には首座大司教宮殿（現在セナトルスカ通り13／15、一五九三～一六一〇建造）、新市街のドミニコ修道会聖ヤツェク教会（フレタ通り8／10、一六〇三～一六三九建造）（図1―6）、現在の聖ヤン大聖堂隣のイエズス会教会（一六〇九～一六二六建造）などがある。一九四四年八月蜂起のとき、新市街のドミニコ会修道院には蜂起軍司令部がおかれ、教会は病院となった。同月下旬にドイツ軍の激しい砲爆撃を受けて多数死傷した。
現在のセナトルスカ通り31にある聖アントニ・パデフスキ教会の起源は一六二三年、国王がスモレンスク奪回を神に感謝してその地に小さな教会を建造したことに発する。スウェーデンによる侵略のときに破壊されたが、一六六〇年代末に現在あるかたちで建てられた。通りに面して二つの入口がある。ピヴナ通りの聖マルチン教会は「プロローグ」に記したように、もとは一三五二年にワルシャワに来たアウグスティノ修道会がつくったものだったが、ズィグムント三世ヴァサ国王治世末期の一六三一年頃から三六年にかけて最初の大きな改築がなされた。

ヴワディスワフ四世ヴァサ（一五九五～一六四八、在位一六三二～一六四八）（図1―7）ポーランド国王ズィグムント三世ヴァサの息子。一六三二年九月から一一月、ワルシャワ・ヴォラでの選挙議会で選出され、翌三三年二月にクラクフで即位した。
この時代、ワルシャワは政治的・文化的中心地として発展した。ポーランド全土の郵便ルートの本部をワルシャワにおくと布告された（一六四七）。建造物では父王ズィグムント三世記念像コラム（一六四四）（図1―8）やドウゥガ通りの兵器庫の建造（一六三八～四三）がとくに有名である。エスコラピオス修道会、跣足会、カルメル会、ベルナール修道会（シトー会）などの修道会が招かれ、教会建築に名高いものが多い。王宮広場のズィグムント三世像コラム台座の周りには後の一七世紀後半に木製の囲いが設けられ、ベルナルド・ベロット（カナレット）が一八世紀に描いた作品ではそれが鉄柵になっていることが分かる。一九世紀前半に何度か改修もあり、一八五四年には噴水と囲いがつくられたが、一九二〇年代後半に除去され、現在はほぼオリジナルのすがたにもどされている。この間の一八八七年には柱身が花崗岩に取り替えられている。

図1―7

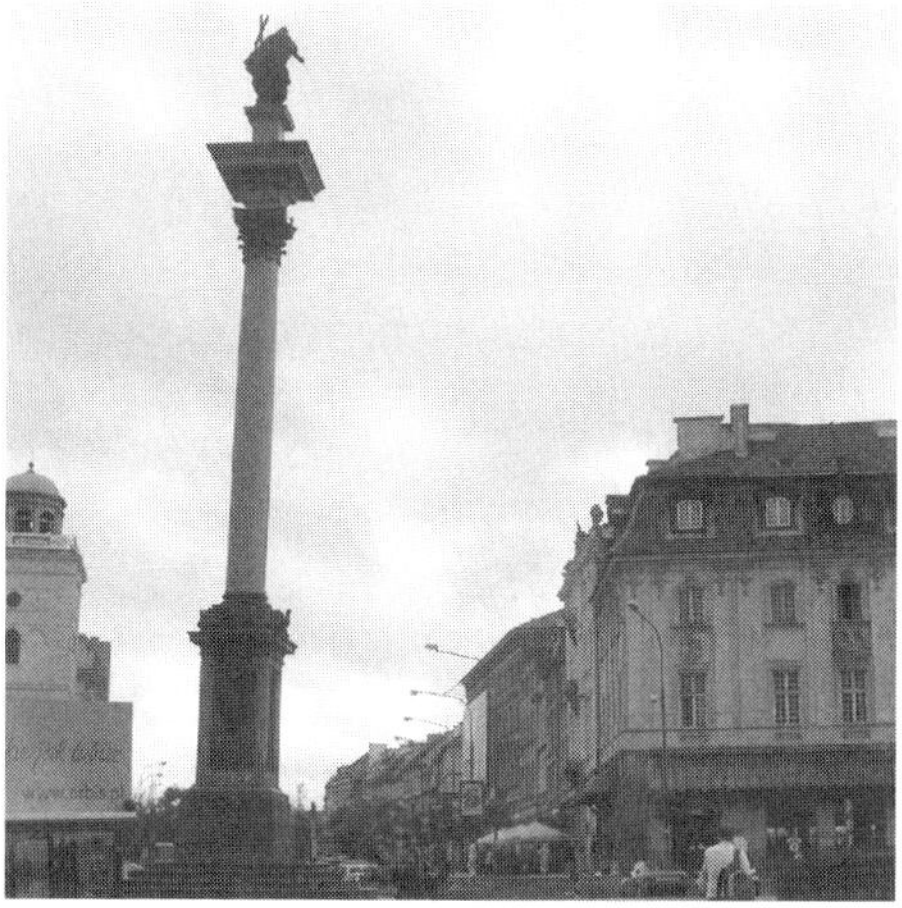

図1―8

一六三四年、現在のクラコフスキェ・プシェドミェシチェ通りにカルメル会の最初の木造教会が建てられた。ワルシャワで最初の古典主義様式による石造りのファサードがつくられるのは後の一七六一年から七九年にかけてである。（Robert Marcinkowski, *An Illustrated Atlas of Old Warsaw*, p. 179）第二次大戦後、一九五三年に聖ヤン大聖堂が再建されるまで、教会は臨時司教座聖堂だった。

一六三七年から四七年にかけて後の国王名のつくカジミェシュ宮殿が建造された。次章にあるスタニスワフ・アウグスト・ポニャトフスキ国王時代に再建改築され、後述する「騎士の学校」がそこにおかれる。現在はワルシャワ大学キャンパス内、旧図書館の奥に位置する。一六四八年にヤン・カジミェシュ国王の所有になり一六六〇年に改築。一八一六年にワルシャワ大学の中心建物になった。

一六四一年から四六年にかけては後にブリュール宮殿とよばれる建物が建造されたが（*Ibid.*, p. 112）、一六五六年、スウェーデン人により破壊された。後に建造されるサスキ宮殿のすぐ北側に位置する。一七五〇年、アウグスト三世国王の第一宰相だったハインリヒ・フォン・ブリュール（ヘンルィク・ブリュール）（一七〇〇

〜一七六三）が購入した。一八八七年に国庫に入る。ポーランド分割以前にはロシア帝国大使館、大戦間期にはポーランド外務省、ナチス占領下にはルートヴィヒ・フィッシャー総督の居所となり、ワルシャワ蜂起のときに破壊された。次章に記すが一六四三年、現在のクラコフスキェ・プシェドミェシチェ通り46／48に今日の大統領官邸の元となる建物が建造された。改築が重ねられ、一八一八年から政府関係の建物となる。(Małgorzata Omilanowska and Jerzy Majewski, *WARSAW, DK EYEWITNESS TRAVEL GUIDES*, p. 118）前記のように一六三八年から四三年にかけて、ステファン・バトルィ国王時代に建てられた軍人宿舎建物が兵器庫に改築された（現在ドウゥガ通り52）。

ヤン二世カジミェシュ（一六〇九〜一六七二、在位一六四九〜一六六八）（図1—9）ポーランド国王ズィグムント三世ヴァサの息子。一六四八年一〇月から一一月、ワルシャワ・ヴォラでの選挙議会で選出され、一六四九年一月にクラクフで即位した。一六六八年に退位。

一六五五年から五七年にかけてスウェーデンの侵略（「大洪水」と言われる）があった。ヤン二世カジミェシュ率いるポーランド・リトアニア軍は敗退してワルシャワは短期間占領された。これは「一六五六年の対スウェーデンのワルシャワの戦い」とよばれる。国王はワルシャワ市に多くの特権をあたえた。市民の一括課税義務を廃止し、市民防衛隊を創設した。一六六一年、国王の後援も得て、初のポーランド語週刊紙「メルクリユシュ・ポルスキ・オルディナルィイヌィ」*Merkuriusz Polski Ordynaryjny*（水星）がクラクフで創刊された。一六六六年初めに編集部がワルシャワに移されたが半年後に最終号となった。

一六五四年にヴィジトキ修道女会修道院の建築用地に礎石がおかれた。カナレットの絵画でもよく知られるヴィジトキ教会の建設は断続的で長期間かかり、一七六一年にようやく完成することになる（現在のク

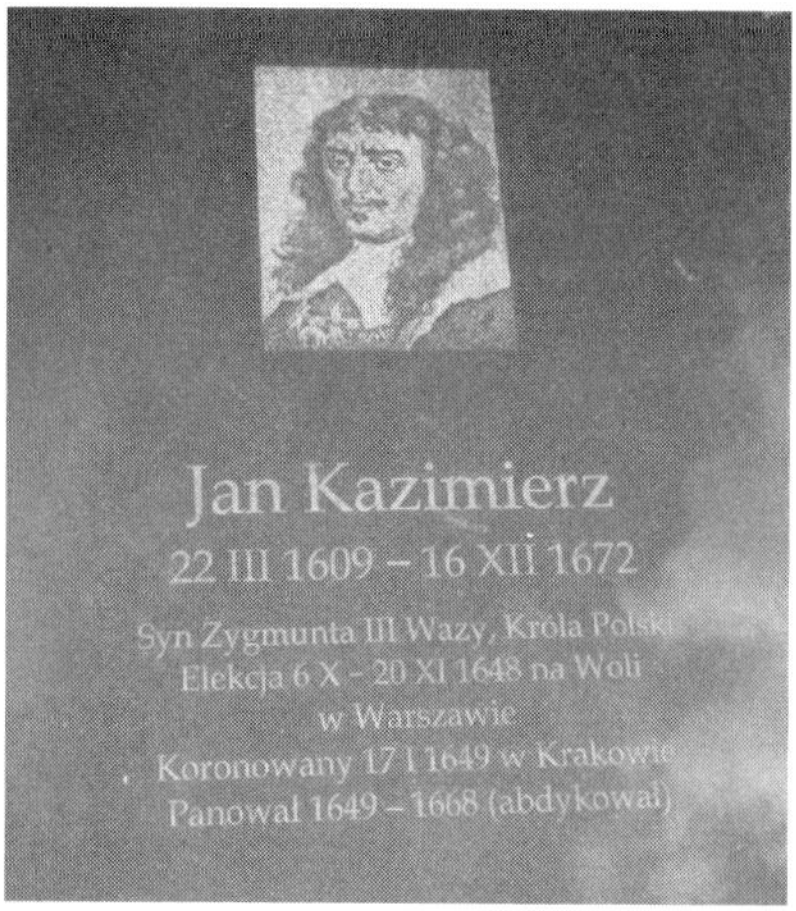

図１―９

図１―10

ラコフスキェ・プシェドミェシチェ通り34）。ファサードは一七六三年にできた。同じくカナレットの絵画にあるカルメル会教会も同じ頃の一六六一年から、現在のクラコフスキェ・プシェドミェシチェ通り52／54に本格的な建造が始まった。新古典主義のファサードは一七八〇年頃に完成した。一六六〇年、現在ドゥウガ通り13／15にエスコラピオス修道会の教会建造が始まり、一六八二年まで続いた。これがいま、道路を境にクラシィンスキ広場のワルシャワ蜂起記念群像の向かいにあるポーランド軍野戦聖堂のもとの教会である。教会は一八三〇年「一一月蜂起」鎮圧の後、ロシア正教会に改造されたが、一九一九年の独立回復後の一九二〇年代にもとのカトリック教会のすがたにもどされた。（第八章参照）

現在のワジェンキ公園のすぐそば、ベルヴェデル宮殿の元のヴィラが建造されたのは一六五九年である。その後何度か改築され、一八一八年から二二年にかけて現在の新古典主義様式の建物になった。同国王治世下の一六六六年、オランダ出身の建築家ティルマン・ヴァン・ガメーレン（一六三二～一七〇六）がワルシャワに定住し、多くの重要な建築物にかかわっていくことになる。

ミハウ・コルィプト・ヴィシニョヴィエツキ（一六四〇～一六七三、在

図1―11

位一六六九～一六七三）（図1―10）ルーシ県長官イェレミ・ヴィシニョヴィェツキ侯の息子。一六六九年五月から六月、ワルシャワ・ヴォラでの選挙議会で選出され、九月にクラクフで即位した。在位期間は短かった。即位した一六六九年、旧市街で大火があった。一六七〇年頃に恒久的な郵便事業が確立した。一六六九年から一七一〇年にかけてビェラヌィの森にカマルドリ会修道士の無原罪懐胎教会が建造された。

ヤン三世ソビェスキ（一六二九～一六九六、在位一六七六～一六九六）（図1―11）国王選出議会議長・クラクフ城代のヤクプ・ソビェスキの息子。一六七四年四月から六月のワルシャワ・ヴォラでの選挙議会で選出され、一六七六年二月にクラクフで即位した。

最後の国王となるスタニスワフ・アウグスト・ポニャトフスキとならんで、ポーランド史上最も名高い国王である。歴史的偉業として特記される一例は一六八三年にポーランド・オーストリア軍最高司令官として、トルコ軍に包囲されたウィーンの会戦でカラ・ムスタファ・パシャに勝利したことである。王位に就く前の一六七三年には三万人のトルコ軍をホチムで撃退し、国王に即位した一六七六年にはジュラヴノでタタールを撃退した。ヴィラヌフ宮殿の建設のほか、その治世下で数々の教会、重要な建築物が生まれた。

国王は一六七七年に今日のヴィラヌフに土地を購入し、夏宮としてヴィラ・ノヴァ（Villa Nova）の建造を始めた。その建設期間は一六九六年にまでおよんだ。アウグスティン・ヴィンツェンティ・ロッチ（一六四〇頃～一七三二）の建築によるもので、ソビェスキの死後、チャルトルィスキ家、ポトツキ家、ブラニツキ家などの貴族が所有した。

国王の友人で顧問役でもあった貴族、ヤン・ドブロゴスト・クラシィンスキ（一六三九～一七一七）がクラシィンスキ宮殿（図1―12）の建設を始めたのは一六七七年のことだった。設計は前記のティルマン・ヴァン・ガメーレン、ユトレヒト生まれのオランダ人である。建築は一六九〇年代末まで続く。一七六五年に国家が買い上げて王国宝物委員会本部とした。一七六六年から七三年にかけてヤクプ・フォンタナ（一七一〇～一七七三）の設計で全面改築された。一七八二年の火災後、ドミニク・メルリーニ（一七三〇～一七九七）によりまた再建。戦後の再建は一九四八年から六一年にかけてである。クラシィンスキ庭園がつくられたのは一六九二年とされる。

図1―12

ガメーレンが設計を手がけた有名な建築物にはクラシィンスキ宮殿のほかにも、現在のミョドヴァ通り15、パツ宮殿（一六八一～一六九七）、新市街のカジミェシュ教会（一六八八～一六九二）など数多くある。後期バロック様式の同教会は一六八八年頃、ヤン三世ソビェスキと王妃マリア・カジミェラの意により建造された。フランスの修道女会の名からサクラメント教会ともよばれる。（図1―13）一九三九年のドイツ軍の爆撃では大きな被害を免れたが、一九四四年のワルシャワ蜂起の際には負傷者の病院・救護所となってドイツ側の激しい攻撃を受けた。修道女たちは教会地下室に多数の民間人や負傷した蜂起兵

図1―13

を避難させたため、ドイツ軍は一九四四年八月三一日に教会を爆撃して破壊した。戦後再建されたすがたは、薄緑色の丸屋根に十字架を戴き、優雅な白壁が陽光に映えて美しい。

一八五九年にワルシャワ音楽院が入り、戦後にはショパン協会本部、ショパン博物館にもなっているオストログスキ宮殿（タムカ通り41）の建造が始まったのは一六八一年で、これもティルマン・ヴァン・ガメーレンの設計による。バロック様式の建物は一八、一九世紀に二度改築されている。

ヤン・ドブロゴスト・クラシィンスキと同様、国王の友人・支持者で貴族だったスタニスワフ・ヘラクリウシュ・ルボミルスキ（一六四二～一七〇二）は一六七四年に現在のワジェンキ庭園を取得し、ティルマン・ヴァン・ガメーレンが造園した（*Ibid.*, p. 162）。

ヤン三世ソビェスキ治世下にワルシャワで活躍したバロック建築家にユゼフ・シモン・ベロッティ（？～一七〇八）もいる。イタリア出身のシモーネ・ジュゼッペ・ベロッティで生年不詳である。プロローグに言及したクラコフスキェ・プシェドミェシチェ通り3の聖十字架教会は一六五五年のスウェーデンの侵略で破壊されたが、一六七九年に石造りで再建が始まり、ヤン三世ソビェスキの在位期間が終わる一六九六年まで建築工事は続いた。その設計者がユゼフ・シモン・ベロッティだった。その後、現在見る二つの塔があるファサードが完成したのはさらに一七五七年のことになる。ベロッティは一六八三年、クラコフスキェ・プシェドミェシチェ通りに、当時ワルシャワを襲った疫病から家族が救われたことに感謝して「パッサウの聖母」

とよばれる聖母子像もつくった。パッサウはドナウ河畔の町で、ベロッティはその近くにあった聖母絵画をモデルにしたのだった。現在、その像はクラコフスキェ・プシェドミェシチェ通りのアダム・ミツキェヴィチ緑地の北端、聖アンナ教会の少し南側にある。（図１―14）

ベロッティはセナトルスカ通り31／33の聖アントニ・パデフスキ教会（一六六八～一六八〇）（図１―15）や新市街の聖ヤツェク教会を設計したほか、ティルマン・ヴァン・ガメーレンと共同してクラシィンスキ公園の造園にもたずさわった。

ベルナルド・ベロット（カナレット）の絵画でも有名なクラコフスキェ・プシェドミェシチェ通り52／54のカルメル会教会（聖母被昇天教会）は前記のように一六六一年に建造が始まり、一六八一年にかけて完成

図１―14

図１―15

した。（図1―16）一六八三年からは、カルメル会の聖母マリア誕生教会（現ソリダルノシチ大通り80、旧レシュノ通り32）の建造が始まった。一八六三年「一月蜂起」の後、修道院は閉鎖されたことがあり、ポーランド分割時代にはツァーリ当局が修道院内を政治監獄に指定したこともある。建造は長く続き、完成は一七三二年のこととされる。（図1―17）ナチス・ドイツ占領下にゲットーがつくられたときにはユダヤ人救出にもかかわった。

シフィエントクシスカ（聖十字架）通りは現在、やや北東に傾きながらワルシャワ中心部を横断する首都の主要大通りのひとつで、マルシャウコフスカ通り、クラコフスキェ・プシェドミェシチェ通り＋ノヴィ・シフィャト通りと交差する。その名の起源は古く一六七〇年代後半にさかのぼり、聖十字架教会の聖職者農場にあるという。

図1―16

図1―17

2

選挙王制の共和国
〈ポーランド・リトアニア共和国〉（その 2）

スタニスワフ・アウグスト・ポニャトフスキ国王まで（18 世紀）

クラシィンスキ公園入口の門柱（補修前）（旧ナレフキ、現在ゲットー英雄通り）

二人の選挙国王たち（続き）

アウグスト二世モツヌィ（一六七〇～一七三三、在位一六九七～一七〇六および一七〇九～一七三三）（図2―1）

ザクセン選帝侯王ヨハン・ゲオルグ三世の息子。一六九七年五月から六月、ワルシャワ・ヴォラでの選挙議会で選出され、同年九月にクラクフで即位した。

ザクセン選帝侯としては在位一六九四年～一七三三年。母親はデンマーク王フレデリク三世の娘である。ザクセン選帝侯王時代は一六九七年から一七六三年とされる。第二次北方戦争（一七〇〇～一七二一）でスウェーデンと戦うロシアのピョートル一世を支持した。ロシアやザクセンの圧力にポーランド国家の利益を従属させたとして、ポーランド国王としての人気は低い。だが、絶対的王権主義者で、建築や芸術の愛好者としては後世に残すものがあった。ワルシャワの「サクソン軸」（オシ・サスカ）として知られる都市建築・庭園構想は、ヴェルサイユをモデルとした都市計画だった。現在、クラコフスキェ・プシェドミェシチェ通りからユゼフ・ピウスツキ元帥広場とサスキ公園を見通す位置の足元に「オシ・サスカ」を図示した記念板が埋め込まれており、その構図を知ることができる。（図2―2）

サスキ（ザクセン）公園はアウグスト二世の二度目の在位中、一七一二年（一七一三年説もある）から三二年にかけて造園建設され、一七二七年には一般に開放された。ワルシャワで初の一般開放公園だった。同時に前世紀に建てられたモルシュティン家の屋敷がサスキ宮殿として増築された。（詳細は第八章参照）

アウグスト二世治下の特筆すべき事績として、一七二四年から三一年にかけて三十字架広場からベルヴェデルへの「騎士の道」を敷いたことがある。これがウヤズドフスキェ大通りの起源となった。一七六六年にベルヴェデルに通じ、「王の道」の一部となった。ウヤズドフスキェ大通りはナチス占領中、ドイツ語の「菩提樹並木通り」と改名され、戦後の一時期には「スターリン大通り」と名付けられたこともある。

その他、アウグスト二世治世下のおもな建築物には次のものがある。

王宮の南東端につながる後期バロック様式の「錫屋根宮殿」は大貴族のイェジ・ドミニク・ルボミルスキ（一六六五～一七二七）が一七世紀の建造物を一八世紀初めに改築したものである。ボニフラテルスカ通り12の聖ヤン教会の建造は一七二六年とされる。（図2—3）現在ベルギー大使館となっているムニシェフ宮殿は一七〇〇年に建設が始まり、一七一四年から三〇年にかけて完成をみた。もとは宮内長官だったユゼ

図2—1

図2—2

図2—3

図2—4

図2—5

フ・ヴァンダリン・ムニシェフ（一六七〇～一七四七）の屋敷で、何度も改築され一九四四年に焼失したが、一九六〇年に再建された。一七三〇年からは聖十字架教会のファサードと二つの塔の建造が始まった。最終的に工事が完成するのは一七五七年のことと既述した。現在、独立博物館のあるプシェベンドフスキ・ラヂヴィウ宮殿は一七二八年から三〇年にかけて、ヤン・イェジ・プシェベンドフスキ（一六三八～一七二九）のために建てられた。（図2—4）その場所はかつてビェラィンスカ通り14だったが、いまはソリダルノシチ大通り62の賑やかな東西交通のすぐそばである。この他、一七三三年に「サクソン軸」の一環としてミロフスキ兵舎が建造された。ワルシャワ公国時代にはウフラン（軽騎兵）連隊が駐屯した。

スタニスワフ・レシュチィンスキ（一六七七～一七六六、在位一七〇五～一七〇九および一七三三）（図2—5）

ポズナン県知事ラファウ・レシュチィンスキの息子。一七〇四年七月、ワルシャワ・ヴォラでの選挙議会で選出され、一七〇五年一〇月初めにワルシャワで即位した。一七〇九年、アウグスト二世モツヌィが王位に復帰したために王座を一時退く。一七三三年八月から九月のワルシャワ・ヴォラでの議会で再度選挙されて同年即位するが、後述する事情により再び退位した。ヴィェルコポルスキの大貴族出身。

北方戦争中、スウェーデンとの同盟を支持し、アウグスト二世の反対勢力の指導者となった。スウェーデンの支持のもとにポーランド国王に選出されるが、一七〇九年にロシアがポルタヴァの戦いでカール一二世を破ったため、スウェーデンに逃れた。娘がフランス国王ルイ一五世に嫁いだことにより政治的影響力を得、一七三三年にアウグスト二世が没すると、ポーランドにもどり、貴族の支持を得て国王に選ばれた。しかし、ロシアとオーストリアがポーランド・スウェーデン・フランスの同盟を危惧し、アウグスト二世の息子をアウグスト三世として国王にたてたため、レシュチィンスキは退位をよぎなくされた。レシュチィンスキ国王治世下の一七〇七年から新市街のフレタ通りに聖霊教会（パウロ修道会教会）の再建が始まり、約一〇年後に完成した。教会の起源は一四世紀という古いものだが、一六五五年にスウェーデンの侵略で破壊されていた。

図2―6

アウグスト三世（一六九六～一七六三、在位一七三四～一七六三）（図2―6）アウグスト二世モツヌィの息子。ザクセン選帝侯。一七三三年一〇月、ワルシャワ・カミョンでの選挙議会で選出され、翌三四年一月にクラクフで即位した。

父王アウグスト二世が没して王位につくが、フランスのルイ一五世の後押しを受けたスタニスワフ・レシュチィンスキも王位を求めたため、ポーランド継承戦争（一七三三〜三五）が起きた。結局、ロシアやザクセンの支持援助を受けて王権は確立するが、先王同様にロシアへの従属が増した。そのため主要な関心事はワルシャワを「東のヴェルサイユ」にすることになり、王宮の改築、芸術貴重品の収集に力を傾けた。この時代、ワルシャワのまちの整備は進んだ。一七四二年から四七年にかけて、ワルシャワの通りが舗装され、建物前の街灯設置が布告された。一七四八年、ワルシャワで初めて、サスキ庭園にオペラ劇場（オペラルニャ）ができた。

一七四七年、ポーランド史上初の公共図書館となる「ザウゥスキ・ライブラリー」がザウゥスキ兄弟、すなわち、キエフ司教のユゼフ・アンジェイ・ザウゥスキ（一七〇二〜一七七四）とクラクフ司教のアンジェイ・スタニスワフ・ザウゥスキ（一六九五〜一七五八）によってミコワイ・ダニウォヴィチュ宮殿に創設された。当時のヨーロッパでも有数の図書館だったが、第三次分割の一七九五年、エカチェリーナ女帝の命令により占拠され、コレクションがサンクトペテルブルグに持ち去られた。第一次大戦後のポーランド独立回復により返還されるが、一九四四年にナチス・ドイツ占領者によって焼き払われた。現在その場所はダニウォヴィチョフスカ通り14、ヒポテチュナ通りのかどで、国王居所とは無関係だがファサードにならぶ装飾にちなんで「王たちの家」とよばれている。

アウグスト三世時代の一七四〇年、啓蒙主義の先駆者で教育改革者のスタニスワフ・コナルスキ（一七〇〇〜一七七三）により、大貴族マグナートとジェントリの子弟の中等アカデミーであるコレギウム・ノビリウムが創設された。同校は一八三〇年「一一月蜂起」後にロシア当局に閉鎖されるが、一八〇七年までミョドヴァ通り22／24の建物（一七四三〜五四建造）にあった。現在、その建物はアレクサンデル・ゼルヴェロヴィチ記念演劇アカデミーになっている。この建物壁には、一九四四年のワルシャワ蜂起中、連合軍機のワルシャワ空輸支援飛行で戦死した南アフリカ連邦航空師団飛行士を記念するプレートがある。記念プレートを見て左手方向の先にはワルシャワ蜂起記念群像のあるクラシィンスキ広場が見える。

この時代の建築物では、一七四〇年、現ミョドヴァ通り6のブラニツキ宮殿の建造が始まった。一七四九年にはスウェーデン侵略時に破壊された聖アンナ教会の再建が最終的に終わる。教会は独立回復後の一九二八年にアカデミック・チャーチとして認められたが、一九三九年には屋根が焼け落ちた。戦後の再建は一九五〇年代半ばに終わった。一七五七年、聖十字架教会の建物が最終的に完成した。ベルナルド・ベロット（カナレット）の絵画でも有名なクラコフスキェ・プシェドミェシチェ通り34のヴィジトキ教会は一六六四年に建造が始まったものだが、一七六一年にようやく完成をみた。（図2—7）

図2—7

一七六二年から六四年にかけて、ブランク宮殿の建造があった。セナトルスカ通り、大劇場向かい側のヤブウォノフスキ宮殿の東側にあたる。ヤクプ・フォンタナの設計による幼子イエス病院がヴァレツキ広場に建造されたのは一七五四年から六二年にかけてである。同病院はその後移転して、一九〇〇年代初めにはオホタ地区のノヴォグロツカ通りとコシコヴァ通りちかくに新設計で建造されることになる。（Marek Kwiatkowski, *Wspomnienie dawnej warszawy*, s. 48, 114）

図2—8

スタニスワフ・アウグスト・ポニャトフスキ（一七三二〜一七九八、在位一七六四〜一七九五）。（図2—8） リトアニアの財政長官スタニスワフの息子。リトアニア大膳官。一七六四年八月から一〇月、ワルシャワ・ヴォラでの選挙議会で選出され、同年一一月にワルシャワで即位した。

ポーランド史上最後の国王である。アウグスト三世没後、ロシアのエカチェリーナ二世女帝と名門貴族チャルトルィスキ家の後ろ盾で国王となった。戴冠式は聖ヤン教会で行われた。一七七二年、一七九三年、一七九五年の三次にわたる国土の分割をよぎなくされたが、その治世下で教育改革や一七九一年五月三日憲法の制定などきわめて重要なできごとがあった。ワルシャワ市街の発展や歴史的建築物などでも貴重な事績を残した。国王は文化・芸術・学問の強い愛好者・庇護者であり、多くの建築家や文人が国内外から招かれて重用された。*

*この時代に活躍した主な建築家・彫刻家・画家など

建築家　ヤクプ・フォンタナ Jakub Fontana（一七一〇〜一七七三）、ヤン・フルィスティヤン・カムセトツェル Jan Chrystian Kamsetzer（一七五三〜一七九五）、ドミニク・メルリーニ Dominik Merlini（一七三〇〜一七九七）

彫刻家　アンドレ・ジャン・ル＝ブルン André Jean Le Brun（一七三七〜一八一一）、ヤクプ・モナルディ Jakub Monaldi（一七三〇〜一七九八）、ヤン・イエジ・プレルスフ Jan Jerzy Plersch（一七〇四あるいは一七〇五〜一七七四）

画家　マルチェッロ・バッチャレッリ Marcello Bacciarelli（一七三一〜一八一八）、ベルナルド・ベロット（カナレット）

Bernardo Bellotto (Canaletto)（一七二一～一七八〇）

製図家　フランチシェク・スムグレヴィチ Franciszek Smuglewicz（一七四五～一八〇七）

ヨーロッパ初の文部省と言われる「国民教育委員会」が創設されたのは第一次ポーランド分割の翌年にあたる一七七三年で、アダム・カジミェシュ・チャルトルィスキ（一七三四～一八二三）＊もメンバーに加わった。

＊一八世紀のポーランドで最も有力な貴族だったチャルトルィスキ家の長。アダム・イェジ・チャルトルィスキ（一七七〇～一八六一）の父。

一七六五年にはシュラフタ貴族の軍人養成学校として「騎士の学校」を創設した。正式には「国王陛下と共和国の士官学校生徒団の貴族アカデミー」というもので、米国の独立戦争に参加し、ポーランド独立回復の蜂起を指導したタデウシュ・コシチュシュコ（一七四六～一八一七）もその出身者である。現在、ワルシャワ大学正門奥の旧図書館の後ろにあるカジミェシュ宮殿が同校に使用された。前章に記したように、同宮殿のもとの建物は一七世紀半ばに建てられたもので、スタニスワフ・アウグスト・ポニャトフスキ国王時代にドミニク・メルリーニの設計によって改築された。

ワジェンキ公園は遠いむかしマゾフシェ公の所有だった。前記のヤン三世ソビェスキ治世下の一六七四年に大貴族で宮内長官のスタニスワフ・ヘラクリウシュ・ルボミルスキがこれを入手し、ティルマン・ヴァン・ガメーレンに建造物を委嘱した。スタニスワフ・アウグスト・ポニャトフスキ国王は一七六四年にワジェンキの建物・狩猟用地を購入し、ドミニク・メルリーニらに委嘱して、宮殿・建物群を改築・整備・完成した。一七八八年には公園の北を通るアグルィコラ通りにヤン三世ソビェスキの騎乗像がつくられている。（図2—9）

図2—9

図2—10

クラシィンスキ公園も王国が買い取り、一七七六年に一般開放された。現在、ヴワディスワフ・アンデルス将軍通り側にある公園正門は近年補修されたようだが、補修前にはかつての趣がまだ残っていた。（本章トビラ写真）クラシィンスキ宮殿は一七六六年から七三年にかけて、ヤクプ・フォンタナの設計で全面改築された。

一七八二年から八九年にかけて現在はモコトゥフ地区のプワフスカ通りに古典主義様式のクルリカルニャがメルリーニの設計により建造された。一八世紀初めにウサギの飼育場があった場所である（ポーランド語「クルリク」królik は「いえうさぎ」）。宮殿はスタニスワフ・アウグスト国王の居所としても使用された。一八七九年、火災被害があり、その後再建された。一九三九年のワルシャワ防衛戦では抵抗拠点となった。現在は彫刻家クサヴェルィ・ドゥニコフスキ（一八七五〜一九六四）の記念博物館となっている。（図2—10）

現在のワルシャワ大通りのひとつ、マルシャウコフスカ通りの名の起こりは一七七〇年頃とされ、王国首相職にあたる宮内長官だったフランチシェク・ビェリィンスキ（一六八三〜一七六六）の官職名（マルシャウェク）が以来二五〇年におよぶ公式通り名となっている。イェロゾリムスキェ大通りの名の起りも一七七四年頃にできたユダヤ人住民の定住地ノヴァ・イェロゾリマ（新エルサレム）に由来するとされる。ユダヤ人はポーランド人との経済的摩擦から一七七五年に王宮に直接関係のある者を例外として同大通りから追い出されたが、一七八〇年代半ば、高額納入者に対してはワルシャワ市内に居住する許可があたえられた。

現在のルブリン合同広場（当時はケクショルムスキ広場）が「スタニスワフ軸」（オシ・スタニスワヴォフスカ）計画*の星形広場のひとつとしてつくられたのも一七七〇年だった。一八八五年頃から馬引きトラムが通るようになり、ルブリン合同広場の名がつくのは独立回復後の一九一九年のことである。

＊ウヤズドフスキ城とその周辺を中心とした一七世紀以来の都市造園開発計画だが、スタニスワフ・アウグスト・ポニャトフスキ国王時代に大きな発展があった。重要な構成要素である広場はほかに、救世主広場、憲法広場、三十字架広場、工科大学広場などがある。

図2—11

三次にわたるポーランド分割の直前、ワルシャワの主要な墓地ができている。一七九〇年一一月にポヴォンスキ墓地ができた（「古いポヴォンスキ墓地」のこと）。（図2—11）現在「軍人墓地」として知られるポヴォンスキの「第二墓地」ができたのは後の一九一二年になる。ヴォラ地区、ジトニャ通り42のプロテスタント墓地（カルヴァン派）ができたのは一七九二年。同じくヴォラ地区、ムウィナルスカ通り54／58

図2—12

図2—13

図2—14

にプロテスタント墓地（ルター派）ができたのも同年五月である。

一七六二年から六五年、ノヴォリピェ通り2にモストフスキ宮殿が建造されている（アンデルス将軍通り15）。もとは新古典主義様式だった。一八二三年から内務行政委員会がおかれたが、一八三〇年の蜂起後、ロシア軍兵舎になった。現在はワルシャワ警察本部がある。（第四章参照）一七九一年から九三年にかけては、ジェラズナ・ブラマ広場10のルボミルスキ宮殿がバロック様式、ロココ様式から新古典主義様式で改築された。（図2―12）。一九七〇年に建物全体が78度回転移動されている。

　プロテスタント教会がいくつかできた。現在、ソリダルノシチ大通り76ｂにあるワルシャワ室内歌劇の建物は一七七〇年から八〇年にかけて建造されたプロテスタント教会だった。一七七七年から八一年にかけては、ユゼフ・ピウスツキ元帥広場の南、現在のクレディトヴァ通り４に福音主義信仰告白派（ルター派）教会が建造された。（図2―13）マワホフスキ広場、ザヘンタ・ギャラリーの南隣りである。新古典主義様式。スタニスワフ・アウグスト・ポニャトフスキ国王時代の宗教的寛容を示すものとされる。一八二三年、当時一四歳のショパンがツァーリ・アレクサンドル一世のために演奏したことがある。

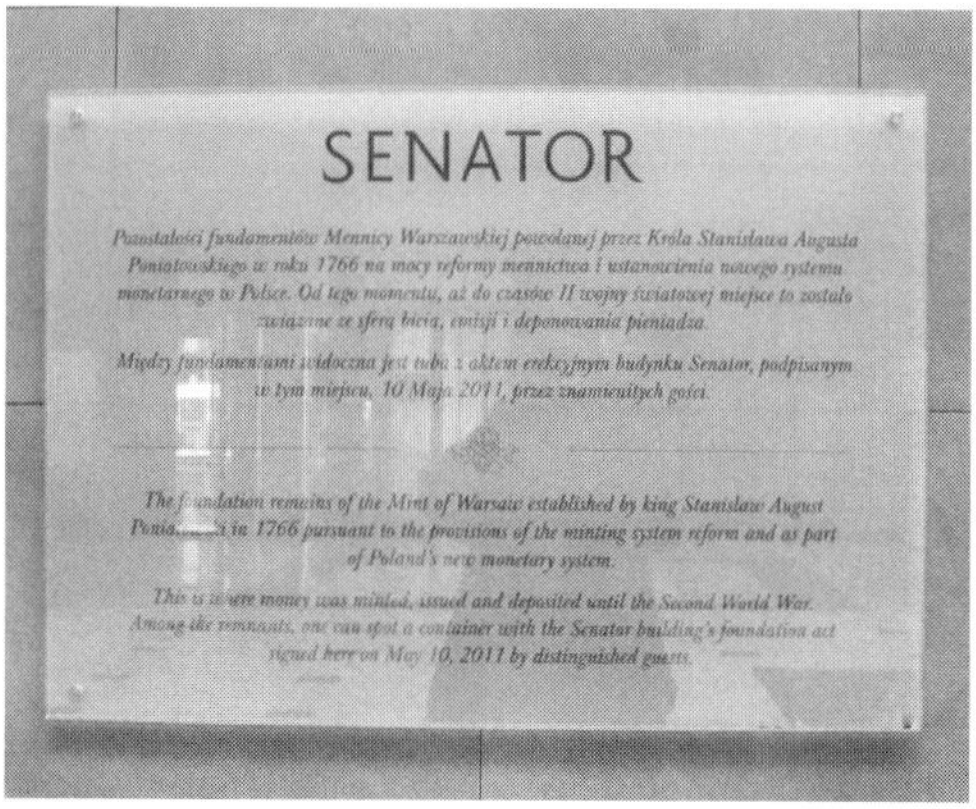

図2―15

　ドゥガ通り７のラチィンスキ宮殿は宮廷建築家ヤン・フルィスティヤン・カムセトツェルの設計により、一七八六年に完成した。（図2―14）一九四四年蜂起緒戦の一時期、国内軍（AK）総司令部がおかれていたことがあり、八月一三日にそのそばでドイツ軍の重量運搬車両が大爆発して一般市民をふくむ約三〇〇〇人が死亡するという大事件が起きた。

　スタニスワフ・アウグスト・ポニャトフスキ国王の重要な事績として付け加えるべきは、一七六六年の貨幣改革と貨幣鋳造所の創設である。かつてのポーランド銀行建物が改修された現在のセナトル・ビル内部にそれにふれた記念プレートがある。（図2―15）同国王没後だが一八一七年から二一年にかけてビェラィンスカ通りに造幣工場建物が建設されている。設計はフルィスティヤン・ピョトル・アイグネル

（一七五六〜一八四二）である。

ワルシャワ市政からこの時代をみると、一七七二年に街灯設置計画が実施され、一七七五年には警察組織が確立した。一七八四年（一七八八年説もある）には住居番号制が導入された。一七九一年、ノヴェ・ミャスト（新市街）が独立した管轄地区の地位を失い、スタレ・ミャストに統合された。同じ一七九一年、プラガもワルシャワに編入された。

3

ワルシャワ公国とユゼフ・ポニャトフスキ侯、1812年ロシア遠征戦争

コシチュシュコの反乱（1794年）、第三次分割（1795年）～ワルシャワ公国（1807～1815年）まで

ユゼフ・ポニャトフスキ侯騎馬像（クラコフスキェ・プシェドミェシチェ通りの大統領官邸前）

ナポレオン時代の「ワルシャワ公国」

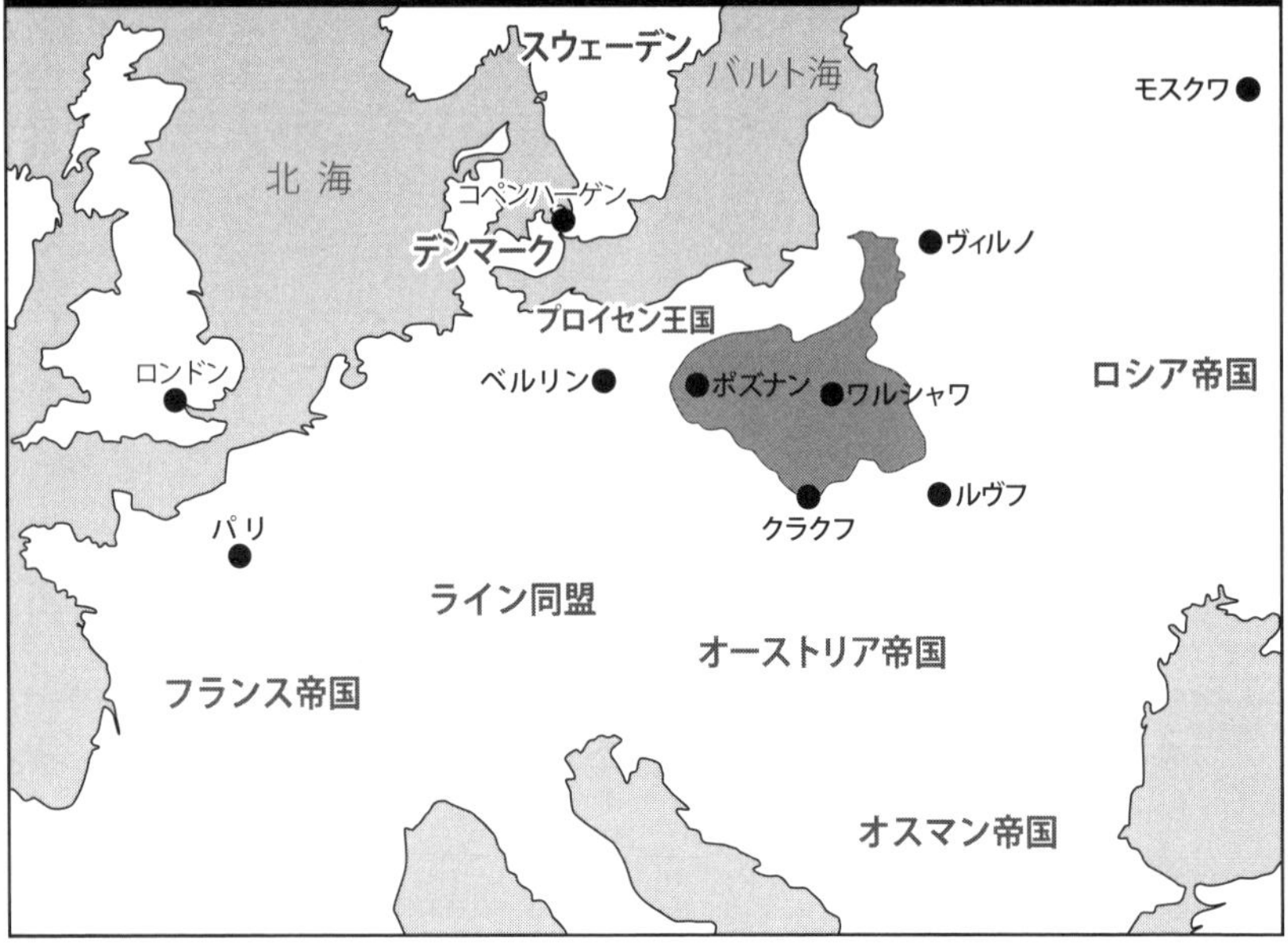

「プラガの大虐殺」――コンカテドラの記念プレート：コシチュシュコの反乱（一七九四年三月二四日〜一一月一六日）の最後

ヴィスワ川右岸・プラガ地区、グロホフスカ通り365に勝利聖母大聖堂がある。（図３―１）ワルシャワ・プラガ教区で聖フロリアン大聖堂と司教座を共にする「コンカテドラ」である。聖堂は「ヴィスワの奇跡」といわれる一九二〇年の対ソ連戦争での勝利に捧げるため、一九二九年から三一年にかけて建造された。その場所には遠いむかしカミョン村の木造教会があったが、一六五六年のスウェーデンによる侵略で破壊された。教会建築壁にはたくさんの記念プレートがある。前章に記した「カミョン村での国王選挙」のもそのひとつだが（図３―２）、一七九四年のコシチュシュコの反乱の最後となるプラガの戦いで斃れた「ジャコバン主義者」、ヤクプ・ヤシィンスキ将軍（一七六一〜一七九四）を記念する古いプレートもある。ヤクプ・ヤシィンスキはワルシャワの士官候補生学校で教えたこともある軍人だが、建築技師でもあり、詩人としても知られる。一七九二年の対ロシア戦争参加後も反ロシア秘密活動に加わった。一七九四年春、コシチュシュコの反乱が始まるとヴィルナ（現在のリトアニア・ヴィルニュス）を解放し、グロドノでもゲリラ戦争を続け、最後はワルシャワ防衛戦で斃れた。コンカテドラのべつの記念プレートとして、リトアニアの軍人・政治家でやはりプラガの戦いで斃れたサムエル・コルサク（一七四五〜一七九四）をヤシィンスキと並べ、「プラガの大虐殺／一七九四年」と記したプレートにも目が留まる。（図３―３）

一五六九年の「ルブリンの合同」で成立したポーランド・リトアニア共和国の広大な領土は一八世紀後半から末にかけて三次にわたり（一七七二年、一七九三年、一七九五年）、ロシア、プロイセン、オーストリアにより分割支配されてゆく。第二次分割協定から一年余り後の一七九四年三月二四日、タデウシュ・コシチュシュコ（一七四六〜一八一七）が分割前のポーランド領回復と普遍的自由の確立を目指してクラクフで

図3—1

TU NA TERENIE WSI KAMION
ODBYŁY SIĘ ELEKCJE KRÓLÓW POLSKI
HENRYKA WALEZEGO A.D. 1573
I AUGUSTA III A.D. 1733
POTOMNYM KU PAMIĘCI
WARSZAWY 1996

図3—2

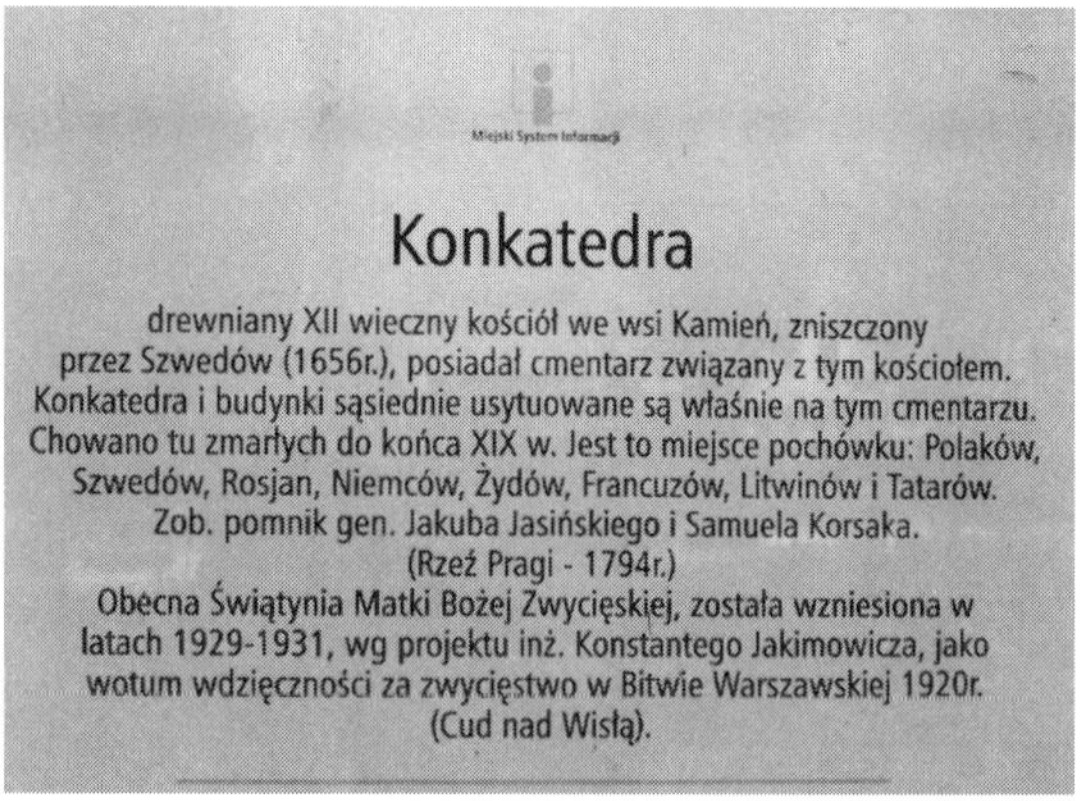
Miejski System Informacji
Konkatedra
drewniany XII wieczny kościół we wsi Kamień, zniszczony
przez Szwedów (1656r.), posiadał cmentarz związany z tym kościołem.
Konkatedra i budynki sąsiednie usytuowane są właśnie na tym cmentarzu.
Chowano tu zmarłych do końca XIX w. Jest to miejsce pochówku: Polaków,
Szwedów, Rosjan, Niemców, Żydów, Francuzów, Litwinów i Tatarów.
Zob. pomnik gen. Jakuba Jasińskiego i Samuela Korsaka.
(Rzeź Pragi - 1794r.)
Obecna Świątynia Matki Bożej Zwycięskiej, została wzniesiona w
latach 1929-1931, wg projektu inż. Konstantego Jakimowicza, jako
wotum wdzięczności za zwycięstwo w Bitwie Warszawskiej 1920r.
(Cud nad Wisłą).

図3—3

蜂起を宣言し、軍人だけでなく市民・農民を大動員してワルシャワ進撃を開始した。コシチュシュコはリトアニアの大公領で貴族家庭に生れ、前章でふれたワルシャワの「騎士の学校」に学び、米国独立戦争にも参加した高名な人物である。四月四日、クラクフ北西の村、ラツワヴィツェで緒戦の勝利を収め、蜂起と反乱はポーランド各地に飛び火した。約二週間後の一七日未明、ワルシャワではポーランド軍とともに、ドウゥガ通りと旧ナレフキ通り（現在ゲットー英雄通り）かどの兵器庫から武器を調達した市民軍がロシア駐在軍を急襲した。「一七九四年のワルシャワ蜂起」とも言われる。ロシアのポーランド占領軍司令官・大使イオシフ・イゲルストロームの強硬策がポーランド側の反発を招き、旧市街、兵器庫、サスキ公園、クラシィンスキ宮殿など市内各所、クラコフスキェ・プシェドミェシチェ通りなどが次々に戦場となった。イゲルストロームはワルシャワを脱出するが、ポーランド側の攻勢も長くは続かなかった。緒戦の勝利後、蜂起の指導権をめぐって急進派と保守派の対立が先鋭化した。急進派のポーランド「ジャコバン主義者」の影響のもと、数人のタルゴヴィツァ連盟指導者が「裏切者」と宣告され、五月九日に広場で絞首刑に処された。ロシアのエカチェリーナ女帝や大貴族の保守政治同盟であるタルゴヴィツァ連盟は、ポーランドの独立闘争を社会革命に結合しようとした急進派を「ジャコバン主義者」とよんだ。

コシチュシュコは五月七日、クラクフ北東のポワニェツで、ポーランドにおける農奴身分の廃止、農民に対する市民的自由の賦与などを宣言する（『ポワニェツ宣言』）。しかし、貴族勢力の抵抗などで実現せず、農民勢力を蜂起に動員しきれずに戦局は悪化した。六月六日、コシチュシュコ軍はクラクフの北、シュチェコチヌィの戦いでロシア・プロイセン連合軍に敗れ、同月八日には「ジャコバン主義者」でもあるユゼフ・ザヨンチェク将軍（一七五二～一八二六）がルブリンの東、ヘウムの戦いに敗れた。同月一五日、プロイセン軍がクラクフを陥落させた。七月一三日、ワルシャワもロシア軍とプロイセン軍に包囲される。ヴィルナは八月一二日に陥落した。一〇月二日、ヤン・ヘンルィク・ドンブロフスキ指揮下のポーランド軍がブィドゴシュチを制圧するが戦局は好転せず、コシチュシュコは同月一〇日、ワルシャワの南東、マチェヨヴィツェの戦いで負傷し、ロシア軍に捕らえられてサンクトペテルブルグに送られた。*

＊ヤン・ヘンルィク・ドンブロフスキ Jan Henryk Dąbrowski（一七五五～一八一八）は後述するイタリアにおけるポーランド軍団の創設者。一七九四年のコシチュシュコの反乱ではワルシャワ防衛にあたるとともに、ポズナンへの反乱拡大を試みた。

図3―4

＊コシチュシュコは一七九六年にサンクトペテルブルグの要塞監獄から釈放され米国へ渡り、二年後にフランスに移るがポーランド軍の指揮には復帰しなかった。

一一月四日、アレクサンデル・スヴォーロフ指揮下のロシア軍がヴィスワ川右岸のプラガで戦闘を開始し、ポーランド側防衛線を数時間で突破した。このとき、一万人とも二万人とも言われる「プラガの大虐殺」が起った。同月一六日、最後のポーランド軍指揮官だったトマシュ・ヴァヴジェツキ（一七五三～一八一六）が降伏して、「コシチュシュコの反乱」は終わった。

現在、ワルシャワ旧市街のポドヴァレ通りちかくに記念像がある靴職人ヤン・キリィンスキ（一七六〇～一八一九）は市会議員だったが、「一七九四年のワルシャワ蜂起」で活躍し、コシチュシュコによりマゾフシェ市民軍の大佐にまで昇進させられた。（図3―4）記念像はスワヴォミル・ヤツコフスキ（一八八七～一九五二）の設計により、一九三六年にクラシィンスキ広場で除幕されたものだが、一九四二年にナチス・ドイツ占領者により撤去された。戦後、再建されて旧市街のポドヴァレ通りちかくの現在の位置におかれた。

ワルシャワは一七九四年の「コシチュシュコの反乱」でヴィスワ川の左右両岸ともにロシア軍との戦場となった。同年一一月、蜂起は敗北して終わったが、コシチュシュコの反乱は歴史上数ある「ワルシャワの戦い」のなかのひとつとされる。ヴィスワ川左岸沿いの自動車道にコシチュシュコの名がつけられ（コシチュシュコ沿岸通り）、旧市街に蜂起指導者の一人ともなった靴職人ヤン・キリィンスキの記念像などがあるのも

図３―５

その由縁である。
コシチュシュコの記念像で最も有名なものはクラクフのヴァヴェル城前にある騎馬像である。（図３―５）一九〇〇年に鋳られたブロンズ像だったが、ポーランド三分割時代の当時、オーストリア政府がこれを建てることを許さなかった。実際に同地に置かれたのはポーランド独立回復後の一九二〇年代初めである。ナチス占領中に破壊されたため、戦後の一九六〇年にレプリカがそこにおかれた。ワルシャワでは二〇一〇年、ジェラズナ・ブラマ広場、ルボミルスキ宮殿前に新しいコシチュシュコ像が除幕された。

ユゼフ・ポニャトフスキ侯記念像――大統領官邸前

ポーランドの大統領官邸は現在、クラコフスキェ・プシェドミェシチェ通りにある。その建物が最初に建てられたのはとおく一六四三年のことで、その後何度も改築されてきたものだが、所有者の変遷も度々あったことから、コニェツポルスキ宮殿、ルボミルスキ宮殿、ラヂヴィウ宮殿、ナミェストニク宮殿＊などの呼び名もある。一九世紀、ウィーン会議によるポーランド会議王国時代にはロシア人総督の居所となり、一九一八年の独立回復後には首相官邸ともなった。一九五五年にはワルシャワ条約機構の調印式が行われた。一九八九年の民主化後、一九九四年から現在のポーランド共和国大統領官邸となっている。

＊ナミェストニク namiestnik は会議王国時代の総督 viceroy にあたる。

図3―6

一九六五年、この建物の前にポーランド・リトアニア共和国最後の国王であるスタニスワフ・アウグスト・ポニャトフスキ（一七三二～一七九八）の甥でワルシャワ公国のポーランド軍最高司令官、ユゼフ・アントニ・ポニャトフスキ侯（一七六三～一八一三）の騎馬像がおかれた。（本章トビラ写真）（図3―6）戦前はサスキ宮殿前にあった記念像が移設されたわけだが、現在その場所にみるのはレプリカである。宮殿がロシア人総督の居所だった時代、ポーランドが独立を回復するときまで、民衆をそこで威圧していたのはイヴァン・パスケヴィチ総督（一七八二～一八五六）の巨大な立像（一八七〇建造、一九一七解体）だった。

　ナポレオン・ボナパルト一世（一七六九～一八二一）の対ロシア戦役を戦い国民的英雄となったユゼフ・ポニャトフスキ侯のブロンズ騎馬像はもともと、デンマークの彫刻家、ベルテル・トルヴァルセン（一七七〇～一八四四）が一八三二年に制作完成したもので、形状としてはローマ・カピトリウムの丘のローマ皇帝、マルクス・アウレリウスがモデルになっているとされる。だが、当時は一八三〇年一一月蜂起直後でもあり、ロシア皇帝・ニコライ一世はこれをワルシャワに建てることを許さなかった。一八四二年、ロシア軍指導者でポーランド王国総督となったイヴァン・パスケヴィチが記念像をロシア皇帝への贈り物としてロシアに持ち帰り、これが再び祖国にもどったのはポーランドが独立を回復した直後、対ソ連戦争を終結したリガ条約（一九二一年三月一八日締結）にもとづいてのことだった。一九二三年五月三日の憲法記念日にサスキ公園の前・サスキ広場（現在のユゼフ・ピウスツキ元帥広場）で除幕式が催されたが、ワルシャワ蜂起のさなかの一九四四年九月一六日にナチス・ドイツにより爆破された。破壊されたサスキ宮殿と記念像の台座だけが無惨に残された写真はよく知られている。そして、戦後間もなくワルシャワの工場で発見されたユゼフ・ポニャトフスキ侯記念像本体の残骸の一部がいま、ワルシャワ蜂起博物館のヴォルノシチ・パーク（自由公園）におかれている。大統領官邸前にあるレプリカは、戦後、トルヴァルセンの作品による新しい鋳型がコペンハーゲンでつくられ、完成品がポーランドに寄贈されたものである。現在の場所に置かれる前はヴィラヌフ宮殿の庭園内にあった。

図３―７

ユゼフ・ポニャトフスキ侯記念像の残骸――ヴォルノシチ・パーク

二〇〇四年に開館したワルシャワ蜂起博物館のメインゲートはヴォラ地区、プシオコポヴァ通りにあるが、ヴォルノシチ・パーク（自由公園）と名付けられた庭園の入口が南の方にもうひとつある。その庭園に、ユゼフ・ポニャトフスキ侯像の残骸の一部がおかれている。（図３―７）

前項の記述と一部重なるが、残骸横の記念プレートにはこうある。「ユゼフ・ポニャトフスキ侯像（一九世紀前半、ブロンズ）の残存する一部分で、作者はデンマークの彫刻家、ベルテル・トルヴァルセン。一九二三年からサスキ広場を飾る。一九四四年九月一六日、ドイツが爆破する。

一八一五年頃、ポーランド人は国民的英雄であるユゼフ・ポニャトフスキ侯を讃える記念像をつくることを決めた。彼はポーランド最後の国王の甥にあたり、ワルシャワ公国の時代にポーランド軍の最高司令官であり、ナポレオン一世皇帝の忠実な同盟者だった。記念像はブロンズで鋳造され、一八三二年八月に完成した。ツァーリのニコライ一世はその記念像をワルシャワに建てることを許さなかった。それは、ポーランドの独立闘争である一一月蜂起でのワルシャワの戦いのひとつがちょうど終わったときだったからである。一八四二年、記念像はロシアに持ち去られる。トルヴァルセンの作品がポーランドにもどったのは、この国が第一次世界大戦の後に独立を回復してからである。一九二三年、五月三日の憲法記念日にサスキ広場で除幕式典が執り行われる。一九四四年九月一六日、ドイツにより爆破される。第二次世界大戦後、記念像の残存部分がヴィラヌフ宮殿の庭園に陳列される。そして、デンマークはワルシャワ再建の贈り物として記念像のレプリカをもたらし、今日それはクラコフスキェ・プシェドミェシチェ通りのラヂヴィウ宮殿の前にある。」

ワルシャワ公国とナポレオン――共和国滅亡と再生の熱望

トルストイの長編小説『戦争と平和』（一八六九年完結）はよく知られるように、ロストフ伯爵家と令嬢ナターシャ、ボルコンスキイ公爵家とアンドレイ、ベズウーホフ伯爵の庶子ピエールらを中心として織りなされるロマンス、ナポレオン大遠征軍のロシア侵攻とこれを迎え撃つクトゥーゾフ麾下のロシア軍の一八一二年戦争、そして「エピローグ」に連綿と述べられる作者自身の歴史哲理などからなる。その時代設定は長大な「エピローグ」をべつにすると、一八〇五年から一八一二年末までとみることができる。ちょうどこの時代にぴたりと重なるのが、一八世紀末にかつての広大な共和国が三分割されたポーランド領の一部につくられた「ワルシャワ公国」の命脈だった。

ワルシャワは第三次分割の取り決めで一七九五年からプロイセン支配下に入った。翌一七九六年一月九日、プロイセン軍がワルシャワに進入し、一国の首都としての地位を失った。富裕なポーランド人は脱出したが、中小貴族を中心にポーランド再生への熱望が募り、その希望は共和国フランスとナポレオンに託された。「ポーランド」という国名が消えたかつての領土内で独立を目指す秘密結社が結成された。コシチュシュコの反乱にも参加したヤン・ヘンルィク・ドンブロフスキ将軍は一七九七年一月、ナポレオンの支持のもとにイタリアのロンバルディ政府との間にポーランド軍団を編成する協定を結び、ローマやマントヴァをオーストリア軍から防衛する任にあたった。約二万人ともいわれるポーランド人がフランス軍の一部としてイタリアで編成されたポーランド軍団に加わり、ヤン・ヘンルィク・ドンブロフスキ将軍やカロル・クニャジェヴィチら*の指揮下で戦った。独立回復後の一九二七年以降ポーランド国歌となっている所謂「ドンブロフスキのマズルカ」は、一八世紀末から世紀の転換点にかけての対オーストリア・ロシア戦でのポーランド軍団の讃歌「我ら生きる限りポーランドは滅びず」*Jeszcze Polska nie zginęła, kiedy my żyjemy.* である。作詞はユゼフ・ヴィビツキ（一七四七〜一八二二）、作曲者は不明である。

＊カロル・クニャジェヴィチ Karol Kniaziewicz（一七六二〜一八四二）はワルシャワの「騎士の学校」出身の軍人。一七九四年のコシチュシュコの反乱ではマチェヨヴィツェの戦いでも戦った。

「ワルシャワ公国」Księstwo Warszawskie（Duchy of Warsaw）は一八〇七年のティルジット条約*にもとづき、ナポレオン・ボナパルトにより、第一次、第二次分割でプロイセンに割譲されていた領土の一部につくられた。ワルシャワは公国の首都となった。だが、ナポレオンが一八一二年のロシア遠征に失敗した後、プロイセンとロシアにまた占領されて、一八一三年に短命なその歴史を終えることになる（名目的には一八一五年のウィーン会議まで）。

*ティルジット条約 Treaty of Tilsit は一八〇七年七月、東プロイセン、ニェメン川沿いの町でフランスとロシア、フランスとプロイセンが締結したもので、一八〇六年から翌年にかけてのフランスとプロイセン＝ロシア同盟の間の戦いを終結させた。

「ワルシャワ公国」は発足時、ワルシャワ、プウォツク、トルン、ポズナン、カリシュなどをふくむおよそ一〇万四〇〇〇平方キロ、人口二五〇万人だった。二年後の一八〇九年に公国とオーストリアとの短期間の戦争があり、一時ワルシャワも攻撃されたが反撃に転じ、今度はオーストリアに占領されていたプワヴィ、ルブリン、ザモシチ、クラクフなどが領土に追加され、一五万五〇〇〇平方キロ、人口四三三万人に増加した*。

*数字は George J. Lerski, *Historical Dictionary of Poland 966-1945*, pp. 121-122 による。

このとき、オーストリアが占領していた領土を奪回したワルシャワ公国軍（第五軍団）の指揮官が最後のポーランド国王スタニスワフ・アウグスト・ポニャトフスキの甥であるユゼフ・アントニ・ポニャトフスキだった。スタニスワフ・アウグスト・ポニャトフスキ国王の弟アンジェイ・ポニャトフスキ（一七三四〜一七七三）の息子だったユゼフ・ポニャトフスキは当初、オーストリア軍の任についていたが、一七八九年にポーランド陸軍少将となる。三次にわたるポーランド分割の後、プロイセンを破ったナポレオンにポーランド国家再生の希望を託し、その指揮下に入って「ワルシャワ公国」樹立後その軍司令官となり、フランス帝国元帥の称号も得た。

「ワルシャワ公国」は真の独立国ではなく、ナポレオンの命令で規定された憲法のもと、ザクセン国王との同君連合下に置かれた事実上の衛生国家にすぎなかった。一八〇七年七月二二日、ナポレオンがポーランドの主《おも》だった名士をドレスデンに召集し、ワルシャワ公国に憲法を授けているマルチェッロ・バッチャレッリ（一七三一～一八一八）の有名な絵画がある。その憲法は二院制の議会を規定し、フランス民法典（ナポレオン法典）は農奴制廃止、市民の法的平等を原則とするものだったが、公国で実施された制度のもとで地主は領地所有権と農奴所有権を維持した。農民には重い賦役が課せられ、「自由」は名目的なものだった。ユダヤ人は土地購入が禁止され、一〇年間の政治的権利剥奪、軍務免除と交換に重税が課せられた。

公国の経済基盤は脆弱なうえに一〇万人もの軍隊を支える莫大な軍事費が公国財政の半分を占めたという。しかし、かつてのポーランド国王アウグスト三世の甥であるザクセン王、フリードリヒ・アウグスト大公のもとに、財産所有資格の条件付きながら、ポーランド人による二院制の国会（Sejm）と地方議会（sejmik）が復活した。文部大臣スタニスワフ・コストカ・ポトツキ（一七五五～一八二一）が初等教育を拡充するなど教育制度の拡充が進められ、専門的な知識階級の成長もあった。こうしたなか、一八一二年、ナポレオンがロシア遠征戦役に成功して、かつてのポーランド・リトアニア共和国領土が解放されれば、国家再生の夢が実現すると期待された。

一八一二年ロシア遠征戦争――トルストイ『戦争と平和』

『戦争と平和』はナポレオンのヨーロッパ席捲とロシア侵攻という歴史的激動の事実を土台にして創作された。トルストイは作品を書くために一八六七年九月、「ボロジノを訪れて、古戦場を実地に踏査し、モスクワのルミャンツェフ博物館に通いつめて、当時の貴重な資料やフリーメーソンの記録を調査して、ヤースナヤ・ポリャーナにもどり、いよいよこの長編の完成に没頭した」（工藤精一郎訳、新潮文庫（四）、解説、六四六頁）という。

ナポレオンの大遠征軍の重要な一部を担ったのは八万から一〇万人におよぶともいわれるワルシャワ公

国のポーランド軍だった。その指揮官がフランス元帥ともなるユゼフ・ポニャトフスキ侯で、その軍隊の動きも『戦争と平和』(三)の一八一二年戦争のクライマックス部分にちらりとだが書き込まれている。

トルストイが『戦争と平和』第三巻で凄惨な戦闘状況にまで踏み込みながら、壮大な戦争図絵を描いた一八一二年のナポレオンによるロシア遠征戦争。文豪はその始まりを次のように書いた。

「一八一一年の末から西ヨーロッパの軍備の増強と兵力の集結がはじまり、一八一二年になるとこの兵力——数百万の人々(軍需品の輸送や軍隊の給養にあたる人々も考えると)が、ロシアの国境を目ざして、西から東へ移動を開始した。その国境には、これも同じように一八一一年から、ロシアの兵力の集結がおこなわれていた。六月十二日、西ヨーロッパの軍勢がロシア国境を越えた、そして戦争がはじまった、すなわち、人間の理性と人間のすべての本性に反する事件が起ったのである。数百万の人々がたがいに数かぎりない悪逆、欺瞞《ぎまん》、背信、窃盗、紙幣の偽造と行使、略奪、放火、虐殺《ぎゃくさつ》など、世界じゅうの裁判所の記録が何百年かかっても集めきれないほどの犯罪を犯し合い、しかもこの時代に、それを犯した人々は、それを犯罪と思わなかったのである。」(工藤精一郎訳、新潮文庫(三)、七頁)

ナポレオン一世を頂点に戴くフランス帝国の大遠征軍は皇帝直属の二五万人を中核にオーストリア、プロイセン王国、ライン同盟などからの同盟軍をふくむ総勢約七〇万人で、そのなかにはユゼフ・ポニャトフスキ侯率いるワルシャワ公国軍約八万人がいた。トルストイは小説のなかで「余にも同盟者はおる——ポーランド軍だ。八万のポーランド軍、彼らは獅子《しし》のごとく勇猛だ」とナポレオンに語らしめた。(前掲書、四九頁)

一八一二年六月一一日、ナポレオン軍はニェメン渡河を開始した。このとき、ロシア帝国陸軍正規兵は五〇万人前後で、その後最大九〇万人になったともいう。ナポレオン軍の侵攻に対して、ロシア軍は戦力を温存して決戦回避を繰り返し、八月二〇日にミハイル・アンドレアス・バルクライ・ド・トーリ

（一七六一〜一八一八）に代わる最高指揮官としてミハイル・クトゥーゾフ（一七四五〜一八一三）が就任した。一八一二年戦争中で最も重要な戦闘となったのは同年九月七日、モスクワ西方「ボロジノ会戦」である。トルストイはあたかも戦場ジャーナリストのような目でこの会戦の模様を小説全体の主人公の一人であるピエールをはじめ、数多くの兵士や民間人の目やことばをもって描写している。そのなかで、ユゼフ・ポニャトフスキ軍についての言及もある。

「ボロジノ会戦の主要な戦闘は、ボロジノ村とバグラチオンの突角堡《とつかくほう》のあいだの約二千メートルの地域でおこなわれた（この地域外では、ロシア軍によって一方からは正午ごろウワーロフ騎兵隊による示威行動がおこなわれ、他方では、ウチーツァ村付近でポニャトフスキイ軍とトゥチコフ軍の遭遇戦があった。しかしこれは、戦場の中央でおこなわれた激戦に比べれば、二つのばらばらな小規模な戦闘にすぎなかった）。ボロジノ村と突角堡のあいだの森に沿う双方から見通しのきく平坦《へいたん》な地域で、もっとも単純で無策なぶつかりあいをもって、この会戦の主要な戦闘がおこなわれたのである。」（前掲書、四四六〜四四七頁）

ボロジノの会戦で双方はそれぞれ三万から四万人の死傷者をだしたが、いずれも決定的勝利者とはいえず、ロシア側は「戦略的撤退」をしたのだともいう。ナポレオン軍がモスクワに入城したのは九月一四日とされる。トルストイはロシア旧暦で九月二日にあたるその時をこう書いている。

「モスクワは、そのころもぬけの殻だった。そこにはまだ人々はいた、まだ全住民の約半数はのこっていた、しかしモスクワは脱け殻だった。女王蜂《じょうおうばち》を失って、生命が消えかけている巣箱と同じ意味において、モスクワはすでに脱け殻だったのである。」（前掲書、六一一頁）

フランス軍も凱旋気分で意気揚々と入城したわけではなく、兵力はすでに激減し、飢えに苛まれ、苦しみ疲弊していた。「五週間後に、その同じ人々がモスクワを出てゆくとき、彼らはもはや軍隊を組成してはいなかった。それは一人一人が高価で必要なものと考えた物品の山を馬車に積んだり、背負ったりした略奪兵の集団であった。」（前掲書、六六〇頁）

侵略軍の入城直前、小説の主人公ナターシャ一家など貴族ら大勢の市民が疎開の列をつくっていた。モスクワ市長だったフョードル・ヴァシリェヴィチ・ロストプチン伯爵（一七六三～一八二六）は市内のライフラインの供給を止めていた。大火が少なくとも三日間続いて、木造の重要建築物が焼失した。

ナポレオンのモスクワ制圧後、フランス軍は人気《ひとけ》が失せたなか食料供給もままならず、和議提案も拒否されて、一か月後の一〇月一九日、退却開始をよぎなくされた。それは日に日に足速く迫り来る寒さのなかの悲惨極まる死の行軍の始まりだった。

一一月に入ると、フランス軍兵士は行軍途中、疲労と飢え、凍傷でばたばたと倒れていった。活発化するロシア側パルチザンに殺害され、捕虜になるものも多くでた。同月八日、スモレンスク到着時、軍勢はすでに三万五〇〇〇人にまで減少していた。トルストイの小説によるとクトゥーゾフがヴィルナに入城したのが一一月二九日。一二月一一日にヴィルナに到着したアレクサンドル一世皇帝から勲一等ゲオルギイ勲章を受けた。（工藤精一郎訳、新潮文庫（四）、三六八、三七〇、三七三頁）一方のナポレオンがパリに帰着したのは一二月一八日、モスクワからロシア国境までたどりついたのはわずか五〇〇〇人、彼の大陸軍は二万人余りになっていたという。一八一二年ロシア遠征戦争ではフランス軍三〇万人、ポーランド軍七万人、イタリア軍五万人、ドイツ軍八万人、対するロシア軍は四五万人が死亡したともいう。ナポレオンはその後もなおヨーロッパ戦争を継続するが凋落し、一八一四年にエルバ島に追放される。翌年脱出・復位するが「百日天下」で終わり、一八一五年六月に「ワーテルローの戦い」に敗れ、最終的には大西洋の孤島・セントヘレナ島に幽閉された。

ワルシャワ公国の終焉

ナポレオン時代の終わりは当然「ワルシャワ公国」の終焉でもあった。だが、ユゼフ・ポニャトフスキ侯はナポレオンが一八一二年のロシア遠征戦争に失敗しても、公国を樹立したフランス皇帝を裏切ることはなかった。一八一三年、ポーランド軍一万三〇〇〇人を率いてライプツィヒ南西のリュッツェンの戦いに参戦。フランス元帥に叙せられたのもライプツィヒの戦いの最中だったが、フランス軍退却の支援作戦中に渡河した際溺死したとされる。アンブロワーズ・ジョベールは「降伏を拒み、乗馬をエルスター川に乗り入れた。五発めの弾丸が心臓に命中して、かれは水中に姿を没した（一八一三年十月十九日）」（『ポーランド史』、山本俊朗訳、六七頁、白水社）と書いた。彼を主人公とした池田理代子作の劇画『天の涯まで――ポーランド秘史』（中央公論新社、一九九九年）がある。

ナポレオンの対ロシア戦争敗北で、一八一三年一月にはワルシャワ公国領土の大部分はロシアに占領されていた。その他の部分はプロイセンが占領した。「公国」の名前だけは存続したが、実態はロシア皇帝アレクサンドル一世の支配下に入り、ポーランド国民の運命は「ナポレオン後」の世界を取り決める一八一五年のウィーン会議に付されることになる。

ワルシャワのナポレオン記念像

ワルシャワの一大目抜き通り、シフィエントクシスカ通りをマルシャウコフスカ通りの交差点から少し東に進むと、マゾヴィエツカ通りからつながるシュピタルナ通りと交差するすぐ南側にワルシャワ蜂起者広場がある。ホテル・ワルシャワのすぐそばである。そのすぐ南側にヴァレツカ通りがあるので、一九世紀後半にはヴァレツキ広場とよばれていた。ホテル・ワルシャワのもとの建物は戦前、ワルシャワで初の「摩天楼」

図3—8

とよばれたプルデンシャル・ビルである（第八章参照）。広場ができたのは一九世紀の二〇年代とされるが、さらにむかし、一七五四年から六二年にかけて広場の西側に幼子イエス病院が建てられた。シュピタルナ（病院）通りの名の由来するところであろう。病院は一九〇一年に移設された。

ポーランドが独立を回復して間もない一九二一年五月、この場所に没後一〇〇周年のナポレオンの半身像が建てられた。この記念像は不評もあったのかごく短期間でなくなったが、広場は第一次と第二次大戦間の二〇年間、ナポレオン広場とよばれていた。そして、二〇一一年五月五日、九〇年ぶりにナポレオン像がそこに復活建立された。（図3—8）ただし、新たに復活建立された記念像が再現したのは最初のものではなく、一九二三年にコシコヴァ通りの「高等軍事学校」*前に除幕された二番目のナポレオン像である。台座背面の碑文によると再現された記念像はポーランドのフランス人からワルシャワ市民への寄贈により、ポーランド各界の後援でつくられたものである。それにしても、ナポレオンに託した独立への希求はいまもかわらぬほど深いものがあるのか、それともノスタルジーとしてあるのだろうか。

＊高等軍事学校は独立回復後、軍高官を養成するために設立され、フランスの援助も受けて大戦間期に多数のポーランド軍人幹部を輩出した。

ナポレオンのワルシャワ訪問

ナポレオンはワルシャワを二度訪れたとされる。最初は一八〇六年一二月中旬に到着して翌年一月末まで滞在し*、二度目は一八一二年のロシア遠征戦争に敗北した後、パリへの帰還途上の一二月一〇日にほんの短時間立ち寄っただけである*。

＊Napoleon & Empire, Napoleonic Timeline によると一八〇六年一二月一九日にワルシャワ着、翌年一月三〇日に同地を去る。

＊Napoleon & Empire, Napoleonic Timeline によると一二月五日にワルシャワへ向かい、一〇日に到着。すぐに発って、一八日にパリ・テュイルリー宮に着いた。

最初の訪問は深夜突然のことだったらしいが、一二月一九日午後には群衆の歓呼に迎えられ、ユゼフ・ポニャトフスキ侯同行のもとに旧市街をおとずれ、「カミェンネ・スホトキ」として知られる高い石段列を下りながらヴィスワ川の景観をながめたという。(Adriana Gozdecka-Sanford, *Historical Dictionary of Warsaw*, p. 77)「カミェンネ・スホトキ」(Stone Steps) という呼び名は一八世紀頃から使われたとされるが、その起源は古く一四世紀頃にさかのぼるともいう。現在はヴィスワ川沿岸にグダィンスカ沿岸自動車道路があるが、当時は旧市街の防壁ゲートから水を汲みに出るルートに通じていた。いまはその名のカミェンネ・スホトキ通りもあり、クシヴェ・コウォ通りからブジョゾヴァ通り、ブガイ通りあたりにある住宅建物にはさまれた狭くて高い石段列の名残りがある。(本書カバー図版*) 印象的な急勾配の長い石段列は絵画作品の素材にもなっている。一八六三年「一月蜂起」にも参加した画家マクスィミリヤン・ギェルィムスキ(一八四六〜一八七四)の作品はその一例である。

＊カバー図版はブガイ通り13。同通りの向かい側、ブガイ通り14には一九四四年八月のワルシャワ蜂起時、ドイツ側が

占拠していた「赤い家」とよばれた建物があって、ユダヤ人戦闘組織が攻略を試みた。(『ワルシャワ蜂起』第四章参照)

サスキ広場では軍事パレードが行われ、王宮でレセプションがあった。そして、ナポレオンは一八〇七年一月初めに催された舞踏会*でマリヤ・ヴァレフスカ(一七八六あるいは一七八九~一八一七)を見初めた。実際には、彼女は前年、ワルシャワ西方のブウォニェでナポレオンに会う機会があった。皇帝はそのときすでにマリヤの美貌に魅入られていたともいう。

＊*Encyklopedia Sławnych Polaków* によると彼女が皇帝に紹介されたのは一八〇七年一月七日、ワルシャワ王宮でだった(s. 387)。Napoleon & Empire, Napoleonic Timeline は舞踏会での出会いを一月一日とする。

しかし、ナポレオンはその後一八一二年のモスクワ遠征に失敗し、翌一八一三年にはライプツィヒの戦い、一八一五年にはワーテルローの戦いに敗れ、一八一六年にセントヘレナ島へ流された。マリヤ・ヴァレフスカは一八〇四年、一八歳のときにヴァレフスキ伯爵と結婚していたが、一八一二年に離婚して、ナポレオンの愛人となる。ナポレオンが凋落してセントヘレナ島流刑となるにおよび、一八一五年にフランス貴族のドルナノ伯爵と結婚した。

ナポレオンの二度目のワルシャワ訪問はモスクワ遠征からパリへ敗走する途中、一八一二年一二月一〇日のことだった。極めて短い滞在で、当時ヴィェジュボヴァ通り6にあったホテル・アンギェルスキに同日夜から翌日までの一泊だったようである。その後すぐにワルシャワを発ち、パリのテュイルリー宮殿には一八日になってようやくたどり着いた。ワルシャワの古いホテルのひとつホテル・アンギェルスキは一八〇八年に開業した(Robert Marcinkowski, *An Illustrated Atlas of Old Warsaw*, p. 174)。一九三七年にナポレオン滞在の記念プレートが掲げられたが、建物は一九三九年九月のドイツ軍の爆撃を受け、その後完全に解体された。ホテルのあった場所は、現在大劇場とピウスツキ元帥広場の間にあるメトロポリタン・オフィスビルのあたりになる。

ワルシャワ学術友好協会

第三次ポーランド分割により退位した最後の国王、スタニスワフ・アウグスト・ポニャトフスキは一七九八年に没したが、啓蒙主義思想のもとでの教育改革・学術文化面での進歩は国王没後も続き、ワルシャワ公国時代にも引き継がれて貴重な歴史的事実が残る。特筆すべき一例はワルシャワ公国発足の七年前、一八〇〇年に「ワルシャワ学術友好協会」が創立されたこと、もう一例は一八〇四年、ワルシャワ・リツェウムの創設である。名門貴族の出身、アダム・イェジ・チャルトルィスキ（一七七〇〜一八六一）も「学術友好協会」のメンバーの一人だった。

同協会の源流は、スタニスワフ・アウグスト・ポニャトフスキ国王が催していた「木曜夕食会」にあるとされる。学術友好協会の活動期間は「ワルシャワ公国」時代とウィーン会議にもとづく「会議王国」の両時代にまたがる一八〇〇年から一八三二年までである。一八二四年から次章に記すスタシツ宮殿に本部がおかれた。スタニスワフ・スタシツ（一七五五〜一八二六）は一八〇八年から二六年まで長くその会長職に就いていた。協会は、ポーランド・リトアニア共和国が三分割されて多くの学校が閉鎖され、ドイツ化・ロシア化が強制されるなか、学者・知識人を集めて月二回の定例会を中心に活発な研究・文化普及活動を展開した。そのなかにはミュージアムの創設や様々な教育出版活動などもあった。一八二八年当時の会員数は一八五人とされる。そのライブラリーは一八三二年にロシアにより一部没収され、後年ナチス・ドイツ占領者によっても破壊された。

学術友好協会の指導的人物の一人、サムエル・ボグミウ・リンデ（一七七一〜一八四七）はちょうどワルシャワ公国の時代、一八〇七年から一八一四年にかけて初めての現代的なポーランド語辞書 *Słownik języka polskiego* 六巻を編纂・出版した。著名な会員にはスタシツやリンデのほかに、タデウシュ・チャツキ（一七六五～一八一三、経済学者・歴史家）、フゴ・コウォンタイ（一七五〇～一八一二、政治改革者・啓蒙思想家）、ヨアヒム・レレヴェル（一七八六～一八六一、歴史家）、ユゼフ・マクスィミリヤン・オッソリィンスキ（一七四八～一八二六、歴史思想家・政治家）、スタニスワフ・コストカ・ポトツキ（一七五五～一八二一、政治家）らがいる。

ワルシャワ・リツェウムは一八〇四年、プロイセンによるドイツ化・ドイツ語教育の男子中高等学校として創立されたが、ドイツ語のほかにラテン語、ギリシア語、フランス語、哲学、倫理学、数学、自然科学も教授された。とくに、一八〇七年にナポレオンによってワルシャワが公国の首都になると、教育システムもフランスにならい、ポーランド語がドイツ語に代わって主要言語となった。学校は当初、サスキ宮殿の北翼に間借りしていた。しかし、一八一五年にワルシャワがロシア支配下の会議王国になると、一八一七年に宮殿が軍事使用に供されたため、カジミエシュ宮殿（一六三七～四一年建造、現在クラコフスキェ・プシェドミェシチェ通り26／28）に移転した。同宮殿は当時新設されたワルシャワ大学本部となる。このとき、ワルシャワ大学の蔵書のもとになったのはリツェウムの蔵書だったため、現在の同大学図書館のライブラリーの源はリツェウムのライブラリーにあるともいわれる。

前述のポーランド語辞書を編纂したリンデはトルン出身の福音主義ルター派のプロテスタントで、ワルシャワのプロテスタント墓地に埋葬されている。リンデは一八〇四年から三一年までワルシャワ・リツェウムの校長をつとめ、フレデルィク・ショパン（一八一〇～一八四九）の父親であるニコラス・ショパン（ミコワイ・ショパン）（一七七一～一八四四）をフランス語教師として雇った。作曲家のショパン自身も一八二三年から二六年まで同校に学んだ。リツェウムは一八三〇年一一月蜂起が翌三一年に鎮圧されるとともに閉鎖された。同校で学んだ人にはショパンのほかに、作曲家でショパンの友人でもあったユリアン・フォンタナ（一八一〇～一八六九）、詩人のズィグムント・クラシィンスキ（一八一二～一八五九）、銀行・実業家のレオポルト・クロネンベルク（一八一二～一八七八）らがいる。

ワルシャワ公国時代のワルシャワ市街

一八〇七年から一五年までのわずか一〇年にも満たなかったワルシャワ公国時代の首都ワルシャワはどのようなようすだったのだろうか。一八〇〇年当時の推定人口はおよそ九万二〇〇〇人、ユダヤ人が一割の九二〇〇人だった。（Virtual Shtetl 二〇一九年九月一五日閲覧）

現在の王宮広場、ゴシック橋のそばにあったクラクフ門（ブラマ・クラコフスカ）がちょうど取り壊される時期だった。建築家のヤクプ・クビツキ（一七五八～一八三三）が一八一八年から二三年にかけて王宮広場を設計してつくるために解体されるので、公国の初めには最後のすがたがかろうじてみられたかどうかだろう。ズィグムント三世像のコラムは一六四四年に建造されたもので、もちろんすでに存在した。

三次にわたる旧共和国分割直後の一七九八年、ワルシャワはローマ・カトリック教会教皇により、大司教管区とされた。それまではポズナンに統合されたり分離されたりしていた。ポーランド最後の国王として退位していたスタニスワフ・アウグスト・ポニャトフスキが六六歳の生涯を終えたのはこの年だった。同年、一五世紀初めに教区教会として建造された聖ヤン（ヨハネ）教会が大聖堂となった。前述のように、聖ヤン教会はもともと一四世紀末に造られた教区教会だった。戦後、オリジナルのすがたで再建されている。

一八〇八年から翌年にかけて、法律学校や医学校ができた。ワルシャワ公国は短期間だったが、教育制

図3—9

図3—10

度や文化生活でみるべきものはすくなくない。イタリア人のアントニオ・コラッツィ（一七九二〜一八七七）は一八一一年ころから四六年までワルシャワで活動し、スタシツ宮殿、モストフスキ宮殿、銀行広場の建築物、大劇場などの建築をてがける。

一七九九年からワルシャワ公国発足直前の一八〇六年にかけて、オコポヴァ通りのユダヤ人墓地ができた。前述のようにワルシャワ公国のもとで、ユダヤ人の政治的権利は剥奪され、軍への服務免除と交換に重税が課せられた。主要な市街地域への居住は禁止された。それでも、一八三〇年にはワルシャワの人口一三万九〇〇〇人のうち、ユダヤ人は約三万人となる。ワルシャワのユダヤ人墓地は二つある。ひとつはヴィスワ川左岸の前記オコポヴァ通り45／51のユダヤ人墓地で、ワルシャワのユダヤ人墓地というと普通ここを指す。戦前の構築物は何も残っていないが、入口を入ってすぐに戦前の正門の一部を修復したものと当時の正門付近の写真が掲示されている。（図3―9）（図3―10）オコポヴァ通りのユダヤ人墓地の北の広大な敷地にあるのはカトリックのポヴォンスキ墓地で、「古いポヴォンスキ墓地」とよばれる。この墓地が一七九〇年に開設されたことは前章に記した。

もうひとつのユダヤ人墓地はヴィスワ川右岸・プラガ地区、ヤツェク・オドロヴォンシュ司教通りにある墓地で、起源はオコポヴァ通りの墓地よりも古い。裕福なユダヤ人商人、シュムル・ズビトコヴェルが一七八二年にスタニスワフ・アウグスト・ポニャトフスキ国王から墓地建設の許しを得た。筆者が同墓地を訪れた二〇〇〇年代初めには正門も施錠されていた。管理財団から借りた錠前で入り、メインロードを奥まで歩いたが、あたりは荒れ果てていて人影ひとつなかった。(『記憶するワルシャワ』第九章参照)

4

ウィーン会議、会議王国と 1830 年 11 月蜂起まで

ウィーン会議（1814 ～ 1815 年）～ 1830 年「11 月蜂起」（1830 ～ 1831 年）

ユゼフ・ソヴィンスキ将軍のレリーフ
（ヴォルスカ通りの聖ヴァヴジィンツァ教会）

ウィーン会議にもとづく「会議王国」

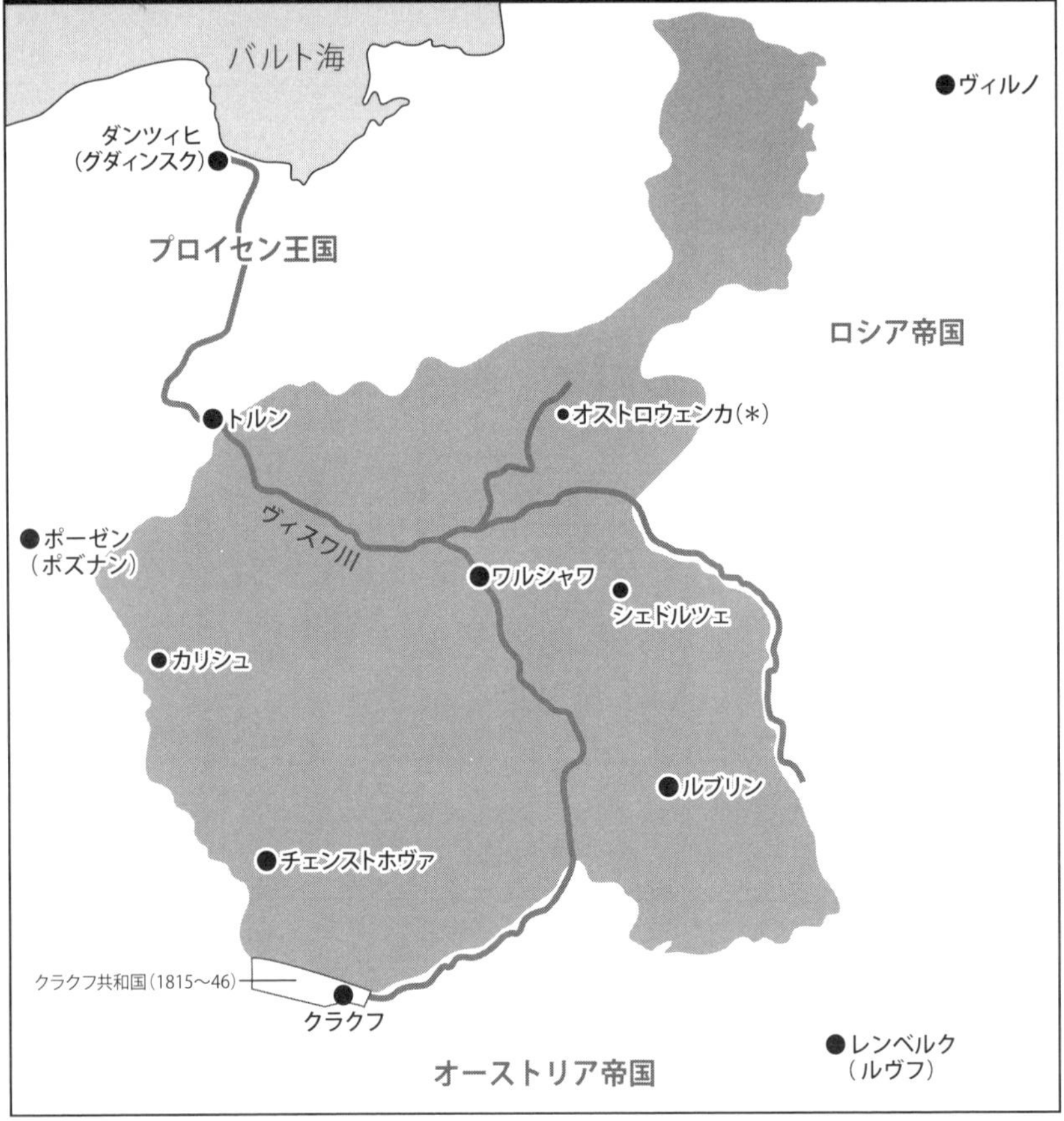

＊1831年5月26日の戦場

一八三〇年一一月蜂起と愛国歌「ヴァルシャヴィャンカ」

「今日、血と栄光のこの日、これを復活の日としようではないか」――一九四四年のワルシャワ蜂起が開始された八月一日を記念日として、毎年その前後の一週間程度、市内各所でさまざまな式典や催しが行われる。その際にかならず流され、参加者によって誇らしく歌われるのが、美しい愛国歌「ヴァルシャヴィャンカ」*Warszawianka* である。一八三〇年一一月に勃発したいわゆる「一一月蜂起」*（ポフスタニェ・リストパドヴェ Powstanie listopadowe）に対して当時のヨーロッパ各国政府は冷淡な態度をとったが、フランスやドイツの民衆はポーランドの蜂起に支持をよせた。「一一月蜂起」の四か月前、一八三〇年七月二七日から二九日にかけて、パリでは「七月市民革命」が起き、一八一五年に王政復古したブルボン王朝が倒れてルイ・フィリップ（一七七三〜一八五〇）が王位に就いていた。「ヴァルシャヴィャンカ」の原詩は一八三一年、フランス人詩人のカジミール・ドラヴィーニュ（一七九三〜一八四三）による *La Varsovienne* である。最初のポーランド語訳は一八二〇年に「ラ・マルセイエーズ」も訳していたブルノ・キチィンスキ（一七九七〜一八四四）によるものだったが、それよりも広く知られ愛されるようになるのは、亡命詩人のカロル・シェンキェヴィチ（一七九三〜一八六〇）によるポーランド語訳で、カロル・クルピィンスキ（一七八五〜一八五七）により作曲された。ワルシャワの劇場で初めて演奏されたのは一八三一年四月五日のことだったという。（Adriana Gozdecka-Sanford, *Historical Dictionary of Warsaw*, p. 288）「ヴァルシャヴィャンカ」という名の歌はいくつかあるが（『ワルシャワから』第六章参照）、今日ポーランドでその名の歌を言うときには一八三一年につくられたこの歌を指す。それは、ポーランドの歴史上数々ある蜂起と独立の讃歌となっている。

＊一八三〇年蜂起の勃発は一一月だったが、戦闘は翌年九月まで続いたので、この蜂起全体をさす場合、本稿では「一一月蜂起」と記した。

ユゼフ・ソヴィンスキ将軍記念公園
――「一一月蜂起」最後の戦い

図4―1

一八三〇年一一月から翌一八三一年九月にかけて続いたいわゆる「一一月蜂起」の最終局面の重大な戦闘は現在のワルシャワ・ヴォラ地区であった。ワルシャワ市内中ほどの地区はその名もシルドミェシチェ（まちの中心）で、西側は北にジョリボシュ地区、南にオホタ地区と接するのがヴォラ地区である。ワルシャワの行政区として編入されたのはおよそ九〇年後の一九一六年のこと。一八世紀には典型的な農業地帯だったが、前章に記したように貴族（シュラフタ）による国王選挙が行われたのはこの地域である。一七六四年にスタニスワフ・アウグスト・ポニャトフスキ（一七三二～一七九八）の国王選出が行われたヴォラの野の様子をイタリア人画家、ベルナルド・ベロット（カナレット）（一七二一～一七八〇）が描いたことはすでに記した。そのヴォラ地区の目抜き通りであるヴォルスカ通り（文字通り「ヴォラの通り」）を南西へ進むとヴォラ正教会墓地を右手に見るが、その手前にユゼフ・ソヴィンスキ将軍記念公園がある。公園の中央にあるのは、高い台座の上に三メートルちかくあろうかと思われるユゼフ・ソヴィンスキ将軍像である。右脚は義足で杖をついている。碑文には「ユゼフ・ソヴィンスキ将軍。一八三一年九月六日、祖国防衛のなか、ヴォラ塹壕にて戦死」（図4―1）とある。

ユゼフ・ソヴィンスキ（一七七七～一八三一）は一七九四年のコシチュシュコの反乱にも参加した。ワルシャワ公国発足後の一八一二年にはナポレオンの対ロシア戦役で片足を失った。その後、ポーランド会議王国軍人となる。一八三〇年一一月から翌年にかけての蜂起に参加し、一八三一年九月のワルシャワ防衛戦ではヴォラ郊外で司令官をつとめたが、ロシア軍の攻撃のなかで死亡した。

蜂起当時、現在のレドゥトヴァ通り（正教会墓地の西側）とヴォルスカ通りの交差点付近には「56番要塞」があり、ロシア軍との戦闘拠点となった。一八三一年九月六日、ロシア軍は圧倒的な兵力・兵器をもって総攻撃をかけた。ユゼフ・ソヴィンスキは要塞司令官としてヴォラ防衛戦を指揮して応戦したが戦死し、要塞は包囲されて事実上陥落した。九月七日、停戦交渉が始まり、八日には無条件降伏を要求するロシア側の最後通牒のもとにワルシャワは降伏した。ソヴィンスキの英雄的な死は、高名な詩人ユリウシュ・スウォヴァツキ*の「ヴォラ塹壕陣地のソヴィンスキ」*Sowiński w okopach Woli* にも謳われている。

＊ユリウシュ・スウォヴァツキ Juliusz Słowacki（一八〇九～一八四九）は、アダム・ミツキェヴィチ Adam Mickiewicz（一七九八～一八五五）、ズィグムント・クラシィンスキ Zygmunt Krasiński（一八一二～一八五九）とならぶ、ポーランド・ロマン主義詩人の一人。

図4—2

聖ヴァヴジィンツァ教会

正教会墓地の西側にある聖ヴァヴジィンツァ教会は当時の「56番要塞」の中の要所だった。（図4—2）起源は一四世紀に遡るというとても古い教会である。その教会壁にはユゼフ・ソヴィンスキ将軍のレリーフ（本章トビラ写真）とともに、「56番要塞」について説明した記念板があって次

図4―3

図4―4

のように記し、要塞が一七世紀のスウェーデンによる侵略、一七九四年のコシチュシュコの反乱でも重要な防衛陣地だったことにもふれている。（図4―3）

「56番要塞、いわゆるヴォラ要塞あるいはソヴィンスキ要塞は、約一五〇年間、西方からヴォラを通って王宮へ通じる道を封じるもので、ワルシャワ防衛体系において要をなす要塞だった。人民の伝説はその要塞を遠い過去の意義と結びつけた。」

また、一八三〇年から三一年の蜂起についてはこう記している。

「一八三一年九月、パスケヴィチ*の攻撃のとき、要塞はヴォラを防衛し、ここでソヴィンスキ将軍が死亡したが、教会壁の記念十字架とバレリーフにみるヴォラ要塞における蜂起がよみがえった。一八三一年に死亡した第八歩兵連隊兵士の遺骸はプレートのついた集団墓所に埋葬された。」

*イヴァン・フョードロヴィチ・パスケヴィチ Ivan Fyodorovich Paskevich（一七八二〜一八五六）一八三一年にポーランド会議王国の総督（ナミェストニク）となる。ロシア軍陸軍元帥。

要塞はさらに一〇〇年後の一九三九年九月のナチス・ドイツによる侵略からワルシャワを守る首都防衛戦でも重要な役割を果たした。説明記念板はそのことについても記している（第九章参照）。ヴォラ地区は一九四四年八月のワルシャワ蜂起開始直後にナチス・ドイツ部隊による住民大虐殺が起きたところでもある。前記のソヴィンスキ公園内記念碑の碑文にはこうある。（図４―４）

「祖国の自由のために斃れたポーランド人の血で清められた場所――一九四四年八月、この公園で、ナチス・ドイツは一五〇〇〇人を射殺するとともに、約六〇〇〇人のヴォラ住民の遺体を焼いた。」

ウィーン会議とポーランド「会議王国」

二〇年ほど前に遡る一八一三年一〇月、フランス軍はライプツィヒの戦いに敗れ、ワルシャワ公国の短命な存在に終止符が打たれた。一八一四年四月にナポレオンは退位した。翌一八一五年にかけて、オーストリア帝国、ロシア帝国、プロイセン王国、フランス王国、大ブリテン及びアイルランド連合王国、ローマ教皇領の参加によりウィーン会議が開催された。その結果、ロシア帝国は「ワルシャワ公国」からポズナン（ポーゼン）地域とクラクフを削り取った領域を事実上のロシア領とすることが認められ、その領域は「ポーランド王国」Królestwo Polskie（Kingdom of Poland）とか「会議王国」Królestwo Kongresowe（Congress Kingdom）とよばれることになる。形式的にはアレクサンドル一世（一七七七～一八二五）のロシアと同盟を結ぶものだったが、会議王国軍とロシア領リトアニア地域部隊の最高司令官はアレクサンドル一世の弟であるコンスタンティン大公、すなわちコンスタンティン・パヴロヴィチ（一七七九～一八三一）だった。

アレクサンドル一世皇帝の政治方針は当初リベラルなものだった。ナポレオン時代の政治と法律の制度はそのまま継承された。イェジ・ルコフスキとフベルト・ザヴァツキは共著で「ナポレオンが残したヨーロッパの荒廃の中からポーランドを救出した功績の大半は、アレクサンドル一世に与えられなければならない」「スタニスワフ・スタシツなどの知識人、アダム・イェジ・チャルトルィスキら政治家、かつての急進派アンジェイ・ホロディスキらもロシアをポーランドの国益擁護者とみなし、スラヴ民族の連帯感情を支持した」（Jerzy Lukowski and Hubert Zawadzki, *A Concise History of POLAND*, p. 124）と書いている。

アレクサンドル一世の時代には一八一六年にワルシャワ大学が開校し、財務大臣フランチシェク・クサヴェルィ・ルベツキ＝ドルツキ（一七七八〜一八四六）のもとで経済発展がはかられた。しかし、会議王国の事実上の副王であるコンスタンティン大公と帝国総督となったユゼフ・ザヨンチェク将軍（一七五二〜一八二六）、ロシア帝国弁務官のニコライ・ノヴォシルツェフ（一七六一〜一八三六）のもとで強権的支配が強まった。ユゼフ・ザヨンチェクはかつて「ジャコバン主義者」でコシチュシュコの反乱ではワルシャワ防衛戦を指揮した人物である。ナポレオン戦争でロシアに捕らわれたが一八一五年に釈放され、会議王国の要職についた。

ニコライ・ノヴォシルツェフはヴィルノ教育管区責任者だったときに愛国的学生運動を厳しく取り締まり「リトアニアのヘロデ王」とよばれた（*Ibid*., p. 126）。

一八一八年、コンスタンティン大公はノヴィ・シフィャト通りのドミニコ修道院教会の閉鎖を命じた。一八一九年に検閲制度が導入され、裁判なしの投獄が行われ、秘密警察が組織された。一八二五年にアレクサンドル一世が死亡し、ニコライ一世（一七九六〜一八五五）が即位すると抑圧体制はますます強まり、当初ヨーロッパで最もリベラルとされた憲法上の諸権利も形骸化し、社会各層に秘密組織の活動が活発になった。新皇帝ニコライ一世は一八二九年から三五年にかけて、パヴィヤク監獄を建造する。

一八三〇年「一一月蜂起」の勃発

ニコライ一世は一八三〇年にフランスなど西欧で生まれた革命的状況に対し、ポーランド会議王国軍を

図4―5

図4―6

動員して介入しようとした。同年一一月一九日と二〇日、最初の動員命令が発表され、歩兵士官学校幹部候補生のなかの秘密組織グループを蜂起に駆り立てることになった。一一月二九日夜、ワジェンキ公園内の水上宮殿そばにあった士官学校からの一団がベルヴェデル宮殿を襲撃し、事実上ロシア総督だったコンスタンティン大公の殺害を図ったが失敗した。幹部候補生の蜂起集団はロシア軍兵舎も襲撃した。指導者の一人がピョトル・ヴィソツキ*で、同公園・旧士官学校建物そばには彼の胸像がある。(図4―5)「一一月蜂起」の一〇〇周年にあたる一九三〇年に建てられた。

＊ピョトル・ヴィソツキ Piotr Wysocki（一七九七～一八七四）。一八二七年からワルシャワの士官学校で教える。ポーランド国家再建を目指す地下組織をつくった。「一一月蜂起」で歩兵大隊を指揮してワルシャワ防衛にあたるが、捕えられて一八五六年までシベリア送りとなる。

一方では市民義勇兵がドゥゥガ通りと旧ナレフキ通り（現在ゲットー英雄通り）のかどにあった兵器庫（図4―6）に突入し、ワルシャワ市内の一部地域で蜂起側が支配権を握った。フランチシェク・クサヴェルィ・ルベツキ＝ドルツキやアダム・イェジ・

チャルトルィスキら指導的なポーランド人政治家は武装闘争の停止とコンスタンティン大公との交渉に動いた。しかし、一二月一日、著名な歴史家ヨアヒム・レレヴェル（一七八六～一八六一）を指導者とした愛国協会が結成され、反ロシアの激しいデモが始まった。同月三日、ポーランド王国臨時政府が樹立され、ユゼフ・フウォピツキ（一七七一～一八五四）がポーランド軍の最高司令官に任命された。彼は直後の五日に自らを独裁官と宣言し、王国への譲歩を引き出すためにロシア側との交渉を試みた。しかし、ツァーリ・ニコライ一世は無条件降伏を要求し、フウォピツキは独裁官を辞任する。一八三一年一月二五日、ポーランド議会はニコライ一世をポーランド国王廃位とするとともに、ミハウ・ゲデオン・ラジヴィウ将軍を新司令官に任命。同月三〇日にはアダム・イェジ・チャルトルィスキを筆頭とする五人による国民政府が発足した。

一八三一年二月一九日と二〇日、現在ワルシャワの南東郊外の住宅地域になっているヴァヴェルでロシア側と戦闘があったが、フウォピツキの消極的態度の結果、ポーランド側はハンス・カール・フォン・ディービッチ*（一七八五～一八三一）指揮下のロシア軍を打ち破る機会を逸した。

*ハンス・カール・フォン・ディービッチ Hans Karl von Diebitsch（一七八五～一八三一）はドイツ生まれのロシア陸軍元帥。一八三一年五月に「オルシンカ・グロホフスカの戦い」で勝利した翌月病死した。

「一一月蜂起」での最大の戦闘は「ポーランドのテルモピレー」としても知られる「グロフフの戦い」、あるいは「オルシンカ・グロホフスカの戦い」である。一八三一年二月二五日、ディービッチ元帥指揮下六万人のロシア軍部隊は当時ワルシャワ郊外だったグロフフ付近で、フウォピツキ将軍指揮下四万人のポーランド軍により進軍を阻止された。ロシア人九四〇〇人、ポーランド人七三〇〇人が死亡する流血の戦闘後、重傷を負ったフウォピツキとポーランド軍はヴィスワ川の背後に撤退した。しかし、ディービッチはポーランド第四歩兵連隊の銃剣攻撃もあって、ヴィスワ川を渡ろうとしなかった*。

＊数字は George J. Lerski, *Historical Dictionary of Poland, 966-1945*, p. 179 による。

グロフフの戦いはポーランド・ロシア双方で勝敗の決着はつかなかったが、首都にパニックを引き起こし、ラジヴィウウは辞任した。後継者のヤン・スクシネツキ将軍（一七八七～一八六〇）は攻勢を開始した。三月三一日、ワルシャワ南東のポーランド軍はデンベ・ヴィェルキェ、シェドルツェで、四月一〇日にはイガニェでロシア軍の右翼を撃破した。ロシア側は一万人の捕虜を失い、シェドルツェの主要補給基地から遮断された。しかし、スクシネツキはその後の戦闘をためらい、ワルシャワに部隊を引いた。五月二六日、ポーランド軍はワルシャワから遥か北東に位置するオストロウェンカでの戦いに敗れる。長時間にわたる激戦でポーランド側は六五〇〇人の兵士を失い、スクシネツキはワルシャワへの退却をよぎなくされた＊。

＊数字は *Ibid*., p. 413 による。

蜂起はリトアニアやベラルーシをふくむ旧共和国全域では継続できなかった。ロシアの新司令官、イヴァン・フョードロヴィチ・パスケヴィチが指導権を握り、ヴィスワ川を渡り、西方からワルシャワに接近した。ポーランド側司令官・指導者はスクシネツキからヘンルィク・デンビィンスキ（一七九一～一八六四）、ヤン・ステファン・クルコヴィェツキ将軍（一七七二～一八五〇）に交替した。

八月一六日、ワルシャワで暴動が起きて、ポーランド国民政府は自ら解散した。パスケヴィチのロシア軍は前述のようにヴォラ地区でポーランド軍を破り、九月七日にワルシャワを制圧した。ポーランド側部隊は首都を明け渡し、プロイセン、オーストリアで投降した。蜂起は西欧の革命的行動を鼓舞したが、ポーランド自身にはニコライ一世の復讐を招来した。蜂起参加者の多くがシベリア流刑になる一方、大勢の政治家、軍人、知識・文化人が祖国を離れて西欧に逃れた（「大亡命」）。一八一五年の憲法は新たな「基本法」にとって替えられ、パスケヴィチがポーランド総督として君臨する。ポーランド軍は解散された。社会組織の活動が規制され、個人の自由は制限された。ワルシャワ大学（一八一六設立）やワルシャワ工科大学（一八二六前身設立）も閉鎖され、教育機関や行政組織の高官ポストはロシア人により占められることになった。

ウィーン会議（一八一四〜一五年）から「一一月蜂起」（一八三〇〜三一年）までのワルシャワ（会議王国時代のワルシャワ）

イェジ・ルコフスキとフベルト・ザヴァツキは「多くの欠陥と主権の不在にもかかわらず、この会議王国というかたちのポーランド人国家はナポレオンのワルシャワ公国の二倍に相当する一五年間、比較的安定して機能し続けた。大劇場やポーランド銀行などの新古典主義様式の堂々たる建物、新しい宮殿、教会、広場、幅広い街路が建設され、首都としてのワルシャワの地位は高められた。一八三〇年に行われたトルヴァルセン制作のコペルニクス像の除幕式は、科学と世界文明にポーランド人がいかに貢献しているかを想起させた」（Jerzy Lukowski and Hubert Zawadzki, *op.cit.*, pp. 129-130）と書いている。

コペルニクス記念像とスタシツ宮殿——ワルシャワ公国前後の学問教育

クラコフスキェ・プシェドミェシチェ通りの聖十字架教会のすぐ南、やや広い空間の真ん中にポーランドの偉大な天文学者・コペルニクス記念座像がある。デンマーク人彫刻家のベルテル・トルヴァルセン（一七七〇〜一八四四）の設計で一八二八年から三〇年にかけて建造された。建立を発意して資金を出したのがポーランド啓蒙主義の指導的人物だったスタニスワフ・スタシツ（一七五五〜一八二六）だった。コペルニクス記念座像が背にしているのはスタシツの財団が一八二〇年から二三年にかけて改築建造したスタシツ宮殿（ノヴィ・シフィャト通り72）である。（図４—７）建設用地はスタニスワフ・スタシツが「学術友好協会」のために資金を供出し、一八一九年にドミニコ修道会の土地を購入した。設計はアントニオ・コラッツィ（一七九二〜一八七七）。宮殿は一八三〇年「一一月蜂起」後ロシアに接収された。一八六三年「一月蜂起」敗北後のロシア化政策のなか、一八九二年から九三年にかけてはビザンチン・ロシア様式に改築された。一九一八年の独立回復後の一九二六年にオリジナルのかたちに再度改築され、さらに第二次大戦後には東翼とファサードが拡張された。コペルニクス座像に向かって右側にある建物は一六六七年に建造されたザモイスキ宮殿で、一九世紀初めに会議王国の政治家となるアンジェイ・アルトゥル・ザモイスキ（一八〇〇〜一八七四）の所有となり、ヘンルィク・マルツォニ（エンリコ・マルコーニ）（一七九二〜一八六三）の設計で改築されて今日のすがたになっている。

コペルニクス記念座像の除幕式が行われたのは一八三〇年五月である。第二次大戦中、ナチス・ドイツ占領下の一九四四年、スクラップにだされた。戦後、再建されて一九四九年七月に除幕された。

図4—7

経済発展と建築物

一八一五年から一八三〇年までのポーランド会議王国時代、ワルシャワは経済産業的にも、都市計画的にも発展した。人口も一八三〇年に約一四万人に達する。一八二一年から三〇年まで、前記のフランチシェク・クサヴェルィ・ルベツキ＝ドルツキ公が会議王国財務大臣となり、王国の巨額の赤字を重税で解消して財政を立て

図4―8

直し、産業育成と工業振興がはかられた。株式会社土地信用組合とポーランド銀行も設立された（一八二八年）。ポーランド銀行はツァーリ当局の規制があるなかで営業を続けたが、一八八六年に閉鎖される。ルベツキ＝ドルツキ公は対ロシア関税引き下げ交渉にとりくみ、王国産業にロシア市場を開いた。その結果、ウゥチがポーランドの綿工業の中心となっていく。この間の一八一七年、ワルシャワ証券取引所が創立された。

銀行広場（図4―8）ができたのは一八二五年頃のことである。その場所におかれたのはアントニオ・コラッツィの設計により一八二三年から二五年にかけて、もとの建物を全面改築した「国家財務省宮殿」（写真右側）と、隣接する「ポーランド銀行とワルシャワ証券取引所」の建物（写真左側）だった。前者は戦後一九四七年に再建され、現在ワルシャワ市庁舎（ラトゥシュ）になっている壮麗な建物である。ポーランド・ロマン主義の詩人として名高いユリウシュ・スウォヴァツキ（一八〇九～一八四九）は一八二九年から三一年までここで仕事をしたことがあり、二〇〇一年にはその記念像も除幕された。

同じころの一八二五年から二八年にかけて、後者の「ポーランド銀行とワルシャワ証券取引所」の建物も建造された。現在の銀行広場の南端にあるエレクトラルナ通り2にかかる丸屋根が印象的な建物で、やはりアントニオ・コラッツィの設計による。一八三〇年には、ファサードに時計と温度計が取り付けられた。証券取引所はその後一八七七年にクルレフスカ通りの建物に移転した。

銀行広場は一八二〇年代半ばには三角形だったが（図4—9）、戦後の再建でスペースも拡大してその様子は大きく変貌している。第二次大戦前のまだ三角地域だったとき、銀行広場には少年像と噴水があったが、戦後の一九四七年にムラヌフ地区に移転された。二〇〇九年、アンデルス将軍通り1の「国内軍（AK）ヴィグルィ・スカウト大隊公園」に移設されたその噴水を見た。（図4—10）現在の銀行広場はヴワディスワフ・アンデルス将軍通りとマルシャウコフスカ通りを結ぶ南北の通りと東西を走るソリダルノシチ大通りの交差点の西側一帯に大きな長方形をなし、新古典主義による前記の壮麗なワルシャワ市庁舎が西側を占める。東側のソリダルノシチ大通りの近くには「ブルータワー」がそびえたつ。その場所にはかつて大シナゴーグ

図4—9

図4—10

図4—11

があった。銀行広場には第二次大戦後、一九五一年から八九年までソ連秘密警察の長だったフェリクス・ヂェルジィンスキ（一八七七〜一九二六）の像が建てられていたが、一九八九年に第二次大戦中のワルシャワ防衛戦で市民を鼓舞し続けて敬愛されるステファン・スタジィンスキ市長の像にとって替えられた。

ちなみに銀行広場ができた頃から戦前にかけての市庁舎（ラトゥシュ）について言えば、一八一七年にヤブウォノフスキ宮殿（一七六八〜八五建造）が改築されて市庁舎になった（関連第九章参照）。劇場広場の北側、大劇場の向かい側に位置するその建物は一八六三年蜂起のときに焼かれたが、再建時に西塔が建造された。大戦中に被害を受け、戦後解体されて一九九〇年代に再建された。旧市街広場にあった市庁舎は一八一七年に、新市街の市庁舎は一八一八年に取り壊された。

大劇場（テアトル・ヴィェルキ）は一八二五年から三三年にかけて建造された。（図4—11）第二次大戦前のワルシャワでは最も大きな建物のひとつだった。もともとは「国立劇場」と名付けられるはずだったが、一八三〇年「一一月蜂起」の敗北により「大劇場」として知られる。その場所は一七世紀末にヤン三世ソビェスキの王妃マリア・カジミェラ（一六四一〜一七一六）によってつくられたマルィヴィルという一大商業市場と五角形の宮殿（設計はティルマン・ヴァン・ガメーレン）の跡地だった。大劇場の主な設計者はやはりアントニオ・コラッツィである。新古典主義様式の大劇場ファサードには旧市場建物の一部が取り込まれ、正面上方のペディメント（三角形の切妻壁）にはミューズの姉妹神が彫り起こされている。二〇〇二年、その手前にクファドリガ Kwadryga（quadriga 四頭立ての二輪戦車）の彫像群が据えられた。大劇場は一九三九年九月のワルシャワ防衛戦で大きな被害を受け、一九四四年八月蜂起の時にも激戦の場となった。戦後、建築家ボフダン・プニェフスキ（一八九七～一九六五）の設計により一九六五年に再建された。建物正面に向かって右側にポーランド国民演劇の父と称されるヴォイチェフ・ボグスワフスキ（一七五七～一八二九）、左側に作曲家で国立歌劇の創設者スタニスワフ・モニュシュコ（一八一九～一八七二）の像が立つ。

図4―12

　一八一八年から二六年にかけて、「三十字架広場」（聖アレクサンデル広場）の聖アレクサンデル教会が建造された。（図4―12）フルィスティヤン・ピョトル・アイグネル（一七五六～一八四一）の設計により、ロシア皇帝アレクサンドル一世を記念して新古典主義様式で建てられたものである。「三十字架広場」はノヴィ・シフィャト通りとイェロゾリムスキェ大通りの交差点を下り、ウヤズドフスキェ大通りへと向かう「王の道」の途中にある。

　教会は一八六三年「一月蜂起」後の一八八六年から九四年にかけてユゼフ・ピウス・ヂェコィンスキ（一八四四～一九二七）の設計により大規模に増築された。それはネオ・ルネサンス様式と新古典主義様式の折衷主義ともいわれるもので、正面は現在見るのと同じようなポルチコ（柱廊）だが、両翼には高く雄大な塔があり、その奥にドーム屋根をもつ聖堂が重々しいすがただった。第二次大戦でその七、八割が破

図4―13

壊され、戦後再建計画がでたときに、最初に建築されたすがたにもどすのか、それとも戦前のすがたにするのかという問題が起きたが、結局は一九四九年から五二年にかけて元々の新古典主義様式のすがたとして再建された。

ノヴォリピェ通り2にあるモストフスキ宮殿は、現在ワルシャワ警察本部のある建物である。第二章に記したように、もとは一七六二年から六五年にかけて、当時のミンスク領主ヤン・アウグスト・ヒルゼン（一七〇二～一七六七）が建てたものだが、一七九五年に後のワルシャワ公国内務大臣タデウシュ・モストフスキ公（政治家でコウォンタイのグループの支持者）の所有となった。その後買い上げられ、アントニオ・コラッツィの設計で大幅に増改築された。会議王国時代の一八三一年に内務省・警察がおかれた。（図4―13）現在のワルシャワ警察本部、すなわちモストフスキ宮殿の東を通るヴワディスワフ・アンデルス将軍通りを越えるとクラシィンスキ公園、南側には前記の「国内軍（AK）ヴィグルィ・スカウト大隊公園」がある。今見る警察本部建物は第二次大戦中にドイツ軍により破壊されたが、戦後の一九四九年に再建されたものである。その建物壁には「第二共和国警察の警官・巡査、国内軍兵士・チホチェムニを記念」するプレートもある。「チホチェムニ」は、第二次大戦中、ロンドン亡命政府から派遣されてナチス・ドイツ占領下の祖国に降下したパラシュート作戦部隊のことである。「チホチェムニが初めて占領下の祖国に降下して五〇周年に。一九四一年から一九九一年。グロト将軍・兵士、第二共和国警官称賛委員会」とある。

一八一八年から二二年にかけて、ベルヴェデルスカ通り52のベルヴェデル宮殿の改築がヤクプ・クビツキ（一七五八〜一八三三）の設計によりおこなわれ、四本のポルチコを正面にもつ新古典主義様式の現在のすがたになった。元の建物は一六六〇年の建造だが、すでに何度も改築はなされていた。会議王国総督のコンスタンティン大公の居所となり、一八三〇年一一月二九日蜂起のとき、最初の攻撃対象となった。出撃はワジェンキ公園の士官候補生学校からで、蜂起者たちは「ベルヴェデルチツィ」Belwederczycy（Belwederites）ともよばれる。独立回復後、一九二六年から三五年までユゼフ・ピウスツキの居所となり、第二次大戦中、ナチス占領下ではハンス・フランク総督のワルシャワ居所となった。

この時期、傑出した建築家による古典主義様式の建築物がほかにも多く生まれた。フルィスティヤン・ピョトル・アイグネルの設計によるものとして、ベルナルディン教会（現在の聖アンナ教会）ファサード、ラヂヴィウウ・コニェツポルスキ宮殿（一六四三建造、現在の大統領官邸）改築（一八一八）、造幣局、天文台などがある。ヘンルィク・マルツォニ（エンリコ・マルコーニ）はパツ宮殿を設計した。

公園と広場

ワジェンキ宮殿は一八一七年にアレクサンドル一世によって買い取られ、以後一〇〇年間、ロシア皇帝の所有となり、庭園が正式に公園として指定されたのは一九一八年だった。同公園の起こりは一七世紀、もとはポーランド王家所有地だった。第二章に記したように、一八世紀、スタニスワフ・アウグスト・ポニャトフスキの所有となり、王室建築技師のカロル・アグルィコラらに公園設計を委嘱。さらに、ドミニク・メルリーニ（一七三〇〜一七九七）が国王居所を設計した。同じ一八一八年、ウヤズドフスキェ大通りにワルシャワ大学の植物園がつくられた。

広場の整備に関しては、一八一八年から二一年にかけて、ヤクプ・クビツキの設計により、クラクフ門が解体されて王宮広場ができた。同時期、王宮東側庭園とヴィスワ川沿岸の断層崖にその設計者の名で知られる「クビツキ・アーケード」が建造されている。ヴァレツキ広場（後年、ホテル・ワルシャワが建造される場所）ができたのは、一八二三年から二六年にかけてである。広場の西側に幼子イエス病院があった。一九〇一年にワルシャワ濾過施設の隣に移設されるが、ヴァレツキ広場は病院名にちなんで「幼子イエス広場」とよばれたこともある。一八二八年、同広場東側に郵便局がトレンバツカ通りから移転してきた。この郵便局建物は一九四四年蜂起の時破壊される。前章にも記したが、ヴァレツキ広場は大戦間期には「ナポレオン広場」とよばれ、現在は「ワルシャワ蜂起者広場」という。

5

「両蜂起間期」(1831 年～ 1862 年)、大亡命から 1863 年 1 月蜂起へ

1863 年 1 月蜂起指導者の処刑を記念する石碑
(ザクロチムスカ通り、ロマン・サングシュコ通りちかく)

ロムアルト・トラウグットら国民政府指導者処刑場所の記念石碑

一八六三年「一月蜂起」*（ポフスタニェ・スティチュニョヴェ powstanie styczniowe）は一八六四年四月一〇日から一一日にかけて、ロムアルト・トラウグットら国民政府指導者が逮捕され、八月五日に処刑されて実質的には収束し、翌一八六五年にかけてロシア側による関係者の処刑・流刑などによる完全鎮圧となった。ワルシャワ・ツィタデラとノヴェ・ミャストのあいだの地域を南北にはしるのはザクロチムスカ通りだが、その西側にはロムアルト・トラウグット記念公園、東側には処刑場所となった軍団要塞跡（図5―1）と「一八六四年処刑」記念石碑（本章トビラ写真）がある。

＊前章の一八三〇年「一一月蜂起」と同様に、一八六三年一月に勃発した蜂起も翌年半ばまで続いたので、その全体を指すとき「一月蜂起」と記した。

軍団要塞は、かつてロシアがツィタデラの外輪のひとつとして築造したもので、当時はヴワディミル要塞とよばれたが、ポーランド独立回復後に軍団要塞と改名された。ナチス・ドイツ占領中は弾薬庫として使用された。一九四四年八月蜂起のとき、蜂起側はこの要塞を奪取できず、逆にドイツ側が南の国立造幣工場を攻撃するための強力な陣地となった。

「一八六四年処刑」記念石碑にはこう刻まれている。（図5―2）

「ロムアルト・トラウグット、ラファウ・クライェフスキ、ユゼフ・トチスキ、ロマン・ジュリィンスキ、ヤン・イェジョラィンスキら国民政府指導者を記念して。一八六四年八月五日、この場所で処刑された。一九一六年八月五日、ワルシャワ市民。神よ、ポーランドを救いたまえ！*」

＊ロムアルト・トラウグット Romuald Traugutt（一八二六〜一八六四）、ラファウ・クライェフスキ Rafał Krajewski（一八三四〜一八六四）、ユゼフ・トチスキ Józef Toczyski（一八二八〜一八六四）、ロマン・ジュリィンスキ Roman

Żuliński（一八三〇代～一八六四）、ヤン・イェジョランスキ Jan Jeziorański（一八三五～一八六四）。

ポヴォンスキ軍人墓地の一八六三年蜂起記念碑と墓石群

ポヴォンスキ軍人墓地のC13区画には一八六三年「一月蜂起」の記念碑（図5—3）と蜂起者の墓石群がある。ポヴォンスコフスカ通りにある正面入口を入り、墓地内の中央道を少し下って（方角としては南下して）、左折して真っ直ぐ進んだところである。中央の横長壁状の記念碑には「一八六三年蜂起の英雄たちに

図5—1

図5—2

図5—3

捧げる」BOHATEROM POWSTANIA 1863 Rとある。その周囲には同じ形の墓碑が整然と並んでいる。中央の記念碑と十字架の前にあって他のよりやや大きめの墓石は将軍として蜂起軍を率いたエドムント・タチャノフスキ（一八二二〜一八七九）のものである。大貴族出身で、若いころアダム・ミツキェヴィチ（一七九八〜一八五五）の影響を受けたという。もとはプロイセン将校だったが、辞して一八四六年のプロイセンに対するヴィエロポルスカ蜂起に参加した。その後、イタリアではジュゼッペ・ガリバルディ（一八〇七〜一八八二）のイタリア統一を目指すリソルジメント運動にも参加したが負傷して、フランス軍に捕らえられた。一八六三年一月蜂起には将軍として蜂起軍を率いた。蜂起が鎮圧されてフランス、トルコへのがれ、ポーランド解放軍の結成とポーランド国家の再興を策したが成功しなかった。プロイセン政府の恩赦のもと、一八七〇年にポーランドのホルィンにもどり余生を送った。

一八三〇年「一一月蜂起」のあと

一八三〇年から三一年にかけて続いた「一一月蜂起」が鎮圧され、ポーランド側指導者は民間人も軍人も多くがツァーリへの降伏を拒否して亡命した。ポーランドは領土・独立回復の夢が消え、過酷な報復に苦しむ時代となった。蜂起指導者は処刑されたり、シベリア流刑となった。ロシア皇帝ニコライ一世（一七九六〜一八五五、在位一八二五〜一八五五）は憲法、議会、ポーランド軍を解散・廃止した。数千人のポーランド人兵士がロシア軍に編入された。ワルシャワ大学も閉鎖された。ロシアのイヴァン・パスケヴィチ将軍（一七八二〜一八五六）が総督（ナミェストニク）に就任し、占領軍とともに一八五六年までワルシャワに駐在君臨することになる。ヴィルノ大学も閉鎖されるなどポーランドの教育施設は廃止され、王国全域でロシア化が推進された。ピョートル大帝が一八世紀に導入したロシア帝国の行政区単位である県（グベールニヤ）

が再編導入されるとともに、ロシアの法律、通貨・度量衡体系が適用された。一八二九年に建造が開始されたパヴィヤク監獄は三五年に完成した。一八三二年から三六年にかけては巨大な要塞監獄であるツィタデラが建造された。

一方、一八三〇年から三一年にかけての蜂起の失敗で、会議王国の政治家・軍人・文人・知識人など約一万人のポーランド人がフランスを主とする西欧諸国、米国に亡命した。「大亡命」と言われるが、パリを中心とした亡命者の思想と政治活動は国家を失ったポーランド人が国民意識を保持し続けるうえで大きなちからとなった。フレデルィク・ショパン（一八一〇～一八四九）は一八三一年九月のワルシャワ陥落をパリ到着直後に知り、所謂「革命のエチュード」（練習曲作品10の12）を作曲した。アダム・ミツキェヴィチは一八三二年にパリへ移って『ポーランド国民とその遍歴の書』を著し、一八四〇年から四四年までコレージュ・ド・フランスでスラヴ文学の講座を担当した。

パリは独立回復を希求するポーランド人亡命者の知的・精神的拠り所となった。アダム・イェジ・チャルトルィスキ（一七七〇～一八六一）を指導者とする「オテル・ランベール」派は立憲君主制を志向する大貴族層を中心とした勢力だった。チャルトルィスキは外交的手段を基本にし、自らの「代理人」を欧州主要都市に派遣した。民主急進派の指導者は著名な歴史学者のヨアヒム・レレヴェル（一七八六～一八六一）で、ポーランド国民委員会を立ち上げた。一八三二年に発足したポーランド民主協会は亡命ポーランド人最大の政治組織で、一八三六年の「大綱領」では農民の解放と独立のための共同闘争を訴えた。主な指導者は農民出身のヤン・ネポムツェン・ヤノフスキ（一八〇三～一八八八）、ジャーナリストで革命家のタデウシュ・クレンポヴィェツキ（一七九八～一八四七）らである。

一八五〇年代初め、「大亡命」によるポーランド人亡命者は約七〇〇〇人（うち、フランス四〇〇〇人、英国一〇〇〇人、米国一〇〇〇人、トルコ七〇〇人、その他はベルギー、スイスなど）だったという。（George J. Lerski, *Historical Dictionary of Poland*. 966-1945, p. 177）

アダム・イェジ・チャルトルィスキ

アダム・イェジ・チャルトルィスキはポーランド・リトアニア共和国の名門大貴族（マグナート）の出で、ポーランド三分割、ワルシャワ公国、一八三〇年一一月蜂起、その後のパリ亡命まで、すなわち一八六三年「一月蜂起」の直前まで、波瀾万丈のポーランド史を生きた重要人物である。一七九五年の第三次分割でポーランド・リトアニア共和国が完全消滅した後、ロシア・ペテルブルグの宮廷に仕えることになる。女帝エカチェリーナ二世（一七二九〜一七九六）により侍従に取り立てられ、舞踏会が縁で皇孫アレクサンドル大公（後の皇帝アレクサンドル一世）と知り合い、友情が育まれた。女帝が崩御し、パーヴェル一世（一七五四〜一八〇一）が即位すると、皇太子となったアレクサンドルの副官に任命された。同皇帝のもとではサルジニア王国公使にも任命され、イタリアでの見聞も広めた。一八〇一年にパーヴェル一世が暗殺され、アレクサンドル一世が即位後、公使としての任地サルジニアからロシアに召還された。

アレクサンドル一世（一七七七〜一八二五）のもとでは、一八〇三年、ヴィルノ教育管区（リトアニア、ベラルーシ、ウクライナの一部）の責任者に任じられた。翌一八〇四年、事実上の外務大臣に就任し、台頭するナポレオンのフランスに対抗する欧州同盟を構想した。しかし、一八〇七年二月、アレクサンドル一世の支持を失って外相職を退き、一八一〇年にペテルブルグを離れ、二度ともどることはなかった。

一八三〇年一一月に蜂起が起り、チャルトルィスキは政治生活に復帰し、一八三一年一月、ニコライ一世の廃位をもとめた国民政府の首班に就任。外交交渉を通じて、ニコライ一世にウィーン会議で保証されたポーランドの権利擁護を求めたが、成果なく臨時政府首班を辞した。一八三一年八月にイタリア人のジローラモ・ラモリーノ将軍が援助する反ロシア義勇軍に参加したが敗北し、一度は死刑を宣告された。間もなく追放刑に減刑され、一八三二年二月、英国に亡命し、さらにフランスに移り、サン＝ルイ島のオテル・ランベールを拠点としてポーランド国家復活を目指すことになる。

ショパンは一八四九年一〇月一七日にパリで死去した。二週間後の三〇日にマドレーヌ寺院で葬儀が営まれ大勢の人々が集まったが、ペール・ラシェーズ墓地への葬列を先導したのは、アダム・イェジ・チャルトルィスキだった。一八六一年七月に死去し、同家の家督は息子のヴワディスワフ・チャルトルィスキが引き継いだ。

トルストイは『戦争と平和』でほんのちらりとではあるが、ロシア・アレクサンドル一世皇帝のもとで事実上の外務大臣だったアダム・チャルトルィスキ公のすがたを差しはさんでいる。史実では一八〇五年、チャルトルィスキは首席大臣としてアレクサンドル一世に随行し、ベルリンとオルミューツ（現在のチェコ領、オロモウツ）の会議に参加した。トルストイが以下のように着想したチャルトルィスキのショットはおそらくこのときのことである。

一八〇五年一二月初めのアウステルリッツの戦い直前、ニコライ・ロストフの友人であるボリス・ドルベツコーイ少尉補がロシア、オーストリア両皇帝が居をおいていたオルミューーツ宮殿にアンドレイ・ボルコンスキイ公爵の愛顧を得ようと会いに行くくだりがある。

「自分がいま最高権力の近くにいるのだという考えと、その実感が、ボリスを興奮させた。彼は、自分の連隊にあって自分をその小さな、従順な、無に等しい一部分にすぎないのだと感じたあの巨大な集団のいっさいの指導をしている中枢部《ちゅうすうぶ》と、いまここで自分が接触していることを意識した。彼らはドルゴルーコフ公爵（筆者注：侍従武官長）のあとから廊下へ出た、するとドルゴルーコフ公爵がはいってゆこうとする皇帝の部屋の入口から出てきた文官服の背の低い一人の男に出会った。聡明《そうめい》そうな顔だちの、顎《あご》が鋭くまえに突き出した男で、その顎が顔をそこなわずに、かえって表情に一種特別の活気と機敏さを加えていた。この男は親しい仲間のようにドルゴルーコフに軽く会釈《えしゃく》してから、冷たく光る目をじっとアンドレイ公爵に注いで、アンドレイ公爵が礼をするか、道をゆずるかするものと期待するらしく、つかつかとまっすぐに近づいてきた。アンドレイ公爵はそのいずれもしなかった、そしてその顔に怒りの表情をあらわした。するとこの若い男は、目をそらして廊下の端を通りぬけていった。

『あれはだれですか？』とボリスはきいた。

『あれはもっとも非凡な、しかしぼくのもっとも好かぬ人間の一人ですよ。外務大臣、アダム・チャルトリージスキイ公爵ですよ』

『あの連中が』宮殿を出ると、おし殺すことのできなかった溜息《ためいき》をもらしながら、ボルコンスキイは言った。『あの連中が、民族の運命を決定するのだよ』」（『戦争と平和』（二）、工藤精一郎訳、五八四〜五八五頁）

ツィタデラ

一八三〇年「一一月蜂起」を鎮圧したロシア帝国軍人・陸軍元帥のイヴァン・パスケヴィチがポーランド総督になり、一八五六年までは事実上戒厳令を布いた。一八三二年から三六年にかけて、皇帝ニコライ一世の命令により、巨大な要塞監獄であるツィタデラが建造された。一八三〇年蜂起後、ワルシャワには新たな防壁体制「三重防壁ベルト」が構築されたが、ツィタデラはその一環でもある。要塞の中の建物一〇号棟はポーランドの愛国者・政治囚に対する追及・拷問の場として使われ、延べ四万人の監獄となったという。

（図5—4）。一八六三年「一月蜂起」の一〇〇周年にあたった一九六三年以来、その場所は「一〇号棟博物館」として公開されてきた。博物館の前庭には当時の囚人護送車・カレトカが一台おかれていた。（図5—5）ツィタデラの博物館は二〇一五年一一月に現代感覚をともなう新しい装いで開館したが、かつて光のとぼしい旧博物館内に展示されていたのは、一八四六年のオーストリアに対するクラクフ蜂起、一八六三年一月の対ロシア蜂起と臨時政府樹立（一月二二日）、一九世紀末から二〇世紀初めの独立運動・労働運動にかかわった人々についての貴重な資料・遺品の数々だった。ユゼフ・ピウスツキが約半年間収容された部屋など囚人監房、拷問器具、裁判記録、写真なども生々しく残されていた。館外を歩くと威圧的な「死の門」（図5—6）があり、そのすぐ下はかつての銃殺場所で、多数の十字架が立ち並ぶ墓地となっている。

図5—4

図5—5

図5—6

パヴィヤク監獄

ナチス・ドイツによる占領当時、ヂェルナ通りとパヴィヤ通りの間、戦後敷かれたヤン・パヴェウ二世大通りが縦断するあたりもふくむ区域に巨大な監獄があった（現在ヂェルナ通り24、設計はヘンルィク・マルツォニ）。（図5―7は模型）当時の残存物は門柱の片側とその横で監獄での惨状を目撃した樹木が一本だけだったが（図5―8）、朽ち果てる運命だったその樹木もいまはブロンズのレプリカに置き替えられ（図5―9）、実物は裁断されて半地下構造のミュージアム内のガラスケースに収められている。（図5―10）

悪名高いパヴィヤク監獄の前身は一八三〇年に建造が始まり、一八三五年に使用が開始された尋問監獄である（建物の完成は一八三六年）。同じころ建造されたツィタデラ一〇号棟とともに、その後も一〇〇年余りにもおよぶポーランドの独立と自由を求める人々の拘束・虐待の場所になった。とくにパヴィヤク監獄はナチス・ドイツによるワルシャワ占領時代、過酷な弾圧のために最大限に利用され、一九三九年一〇月から一九四四年八月二一日まで、延べ約一〇万人が収監され、そのうち三万七〇〇〇人が虐殺されたともいわれる（『記憶するワルシャワ』第四章参照）。前記の監獄入口前の樹木をナチス・ドイツ占領当時実際に眼にしていた国内軍（AK）指導者で元囚人のユリウシュ・デチュコフスキ（ラウダィンスキ）（一九二四～一九九八）が書き留めた次のような一文がミュージアムにあった。

「長い間、何度もパヴィヤクの樹木を見た。初めて見たのは庭師を助けたために囚人になったときだ。その時はほとんど何の印象もなかった。一本の楡の木があって、緑色の葉が陰鬱な空気を和らげているだけだった。（…）保安課報部（SD）の制服を着たドイツ人がこの広場で囚人を拷問にかけた。彼らを鞭打ち、足蹴りし、狂ったように大声をあげてボイラーから出た黒い灰と燃えかすの上を這わせた。この広場でナチスは『速くしろ！』『速くしろ！』と叫びながら、囚人たちを絶滅キャンプと処刑場所に輸送するトラックに追い

図5—7

図5—9

図5—8

図5—10

込んだ。(…)一九四五年、私は聖アウグスティン教会の塔から眺めていた*。二年前に見た最も劇的瞬間の数々を思い起こした。ゲットーでの戦い、火の海、燃えさかる家々の窓から飛び降りるユダヤ人、そしてこの地獄のど真ん中のパヴィヤクとセルビアの囚人たちのこと*。さらに、囚人を乗せた小型トラックがパヴィヤクの門を出て、アレヤ・シュハ大通りの監獄での尋問と拷問のあと戻ってくるのを。そのなかには、三月二六日に兵器庫で奪還されたスカウト指導者のヤン・ブィトナル(ルディ)もいた*。沈黙してはいるが、この場所で起きたことを目撃した唯一の生き残りはその楡の木である。時の流れとともに、記念プレートが樹木の幹を蔽いつくした。そのプレートの一つ一つが、少数を記念するものであれ大勢を記念するものであれ、殺害されたり跡形もなく姿を消されただれかを思い起こさせる。(…)パヴィヤクの樹木は、その形が過去における人間の悲劇の数々を心に刻み思い起こさせる世界でも稀有なモニュメントとなった。何千人もの人々がパヴィヤク監獄博物館を訪れ、その楡の木のそばで式典が何度も催された。ヨハネ・パウロ二世教皇は記念プレートの数々で覆われたこの一本の樹木を見て跪き、祈りを捧げた。一九八三年六月一八日のことである。」

*ノヴォリプキ通りの聖アウグスティン教会はナチス・ドイツ占領者が倉庫として使用したため破壊されなかった。戦争終結直後、瓦礫の海にただひとつ屹立するすがたが写真に残る。

*パヴィヤク監獄の女性収容棟のこと。

*「灰色部隊」の青年指導者ヤン・ブィトナル(ルディ)Jan Bytnar(Rudy)(一九二一〜一九四三)を奪還した「兵器庫作戦」の詳細については『記憶するワルシャワ』(第四章)を参照。

ヨーロッパ史上まれな大規模蜂起

一八六三年「一月蜂起」は三大国により分割された旧ポーランド・リトアニア共和国領土での対ロシア蜂起で、同年一月二二日に勃発し、完全に鎮圧された一八六五年まで続いた。手元にある歴史地図をみると、大小の戦闘地点は現在のポーランド、リトアニア、ベラルーシ、ウクライナ北部、ロシアの西端部などにおよぶ数百か所はみとめられるもので、諸外国からの実質的支援を得られずに孤立して敗北したとはいえ、ヨーロッパの歴史上でもまれな広域にわたる大規模蜂起だったことがわかる。蜂起勢力にはラディカルな「赤党」（チェルヴォニ *Czerwoni*）と穏健な「白党」（ビャリ *Biali*）の間での確執があったが中央国民政府が樹立されて「秘密国家」が形成された。それは、第二次世界大戦中にナチス・ドイツ占領下のポーランドに形成された「地下国家」をたしかに想起させるものである。

英国の歴史家、ノーマン・デイヴィスはこう書いている。

「さまざまな政治的相違があったにもかかわらず、その地下国家はおどろくべき復元力をみせた。それは、都市ゲリラ戦争の例として世界で最も早いもので、ポーランド人がその後、一九〇五年から〇七年に、さらには第二次世界大戦中の同様に厳しい状況の下で行うことになる、同様の成功的企ての原型をなすものだった。」（Norman Davies, *God's Playground: A History of Poland, volume II・1795 to the Present*, pp. 353-354）

イェジ・ルコフスキとフベルト・ザヴァツキもこう書いている。

「蜂起が一八か月もの間、軍事力のかくも圧倒的差異に抗してもちこたえたことは目覚しい偉業だった」「一八六三年から六四年にかけてロシア領ポーランドの広い範囲で機能した秘密国家は、一九世紀のヨーロッパ・ナショナリズムの歴史における驚くべき現象だった。」（Jerzy Lukowski and Hubert Zawadzki, *A Concise History of POLAND*, pp. 153-154）

ルコフスキとザヴァツキはさらに続けてこう書く。

「総督ベルク*のことばによれば、それは『真に悪魔的陰謀』だった。しかし、その秘密国家は、ロシア皇帝領ポーランドに押し寄せた四〇万人近いロシアの大軍（ロシア陸軍全体の半分）に対して、いつまでも持ちこたえることはできなかった。しかも、どの国からの介入もなく、蜂起の士気をくじいた。ロシア側がますます厳しい報復に出、ついにはツァーリが農民に対して懐柔的ポーズをとったことによって、秘密国家の命運は尽きた。しかし、蜂起側が農民の土地要求を支持したことにより、皇帝ロシア当局は急遽、ヴィエロポルスキが考えていた案よりも、あるいはツァーリがロシア本国の農民に認めたよりもはるかに寛大な条件で、ポーランド王国の農民に交渉案を提示せざるをえなかった。」（*Ibid*., p. 154）。

＊フリードリヒ・ヴィルヘルム・レンベルト・グラフ・フォン・ベルク Friedrich Wilhelm Rembert Graf von Berg（ポーランドでは Fiodor Fiodorowicz Berg）（一七九四〜一八七四）バルト・ドイツ系貴族、ポーランド会議王国の最後の総督でロシア軍陸軍元帥、「一月蜂起」の鎮圧者。

アレクサンデル・ヴィエロポルスキ（一八〇三〜一八七七）は親ロシアのポーランド人貴族でエリート政治家である。一八六一年三月、ポーランド王国の宗教・教育部門の長官に任命された。一八三〇年「一一月蜂起」では蜂起側議会のメンバーだったが、その後ロシアへの忠誠と宥和が王国の自治回復と自由をもたらすと考えるようになった。一八六一年四月、農業協会とワルシャワ市代表団を解散させたため、群集の激しい抗議が巻き起こり、ロシア軍の発砲で一〇〇人以上が射殺される事態になった。この弾圧事件により、ワルシャワの女性たちはその後二年間喪服を着続けたという。

農業協会は一八五八年にアンジェイ・アルトゥル・ザモイスキ公*がアレクサンドル二世の認可のもとに設立したもので、新興ブルジョアや大地主、ユダヤ系経済人も参加し、会議王国における保守穏健派勢力を政治的に代表する機関だった。ルコフフスキとザヴァッキは「農業協会」について「当初は農業改革という緊急問題を課題にしたが、会議王国の穏健派の意見を集めるフォーラムとなり、事実上国会（セイム）の代行機関となった」(*Ibid*., p. 146) と書いている。

＊アンジェイ・アルトゥル・ザモイスキ Andrzej Artur Zamoyski（一八〇〇～一八七四）ポーランド会議王国の政治家。パリ、ジュネーブ、エディンバラなどで学んだ。農業協会を創立し、会議王国の保守政治勢力の中心人物となる。

一八六一年一〇月に王国で戒厳令が布かれた。ヴィェロポルスキは翌一八六二年に王国の民間行政長官に任命され、穏健な改革案をうちだした（強制労役を地代に替える、ユダヤ人に平等な権利を与える、ワルシャワ大学を別名のもとに再開する、地方に一定の自治権をあたえるなど）。しかし、急進派に対しては厳しい態度でのぞみ、政治犯容疑者のなかから八〇〇〇人を強制徴兵することを布告し、一八六三年の「一月蜂起」を誘発することになる。

一八六三年一月蜂起へ

ウィーン会議から約三〇年後の一八四八年、「諸国民の春」といわれる革命的変動がヨーロッパ各地で起き、ナポレオン後のヨーロッパ秩序を取り決めた体制を揺るがした。すでに一八四六年二月、ガリツィアの農民が蜂起し、クラクフで極短期間ながら「国民政府」が樹立された。フランスでは一八四八年二月、街頭デモが武装蜂起に発展して国王のルイ＝フィリップが退位した。ギュスターヴ・フローベールの有名な小説『感情教育』*L'ÉDUCATION SENTIMENTALE*（一八六四～一八六九）には同月二三日の市民蜂起について事実にもとづく記述もあるとされるが、小説上の主人公フレデリックの友人で蜂起に参加したデュサルディエにこう言わせている。「共和制が宣せられたんだ、これでいよいよ幸福になれる。さっきぼくのまえで新聞記者連中が話していたっけが、ポーランドとイタリアもいずれ自由になるだろうって！　国王などというものがなくなるのさ。全世界が自由、全世界が自由なんだ！」（生島遼一訳、岩波文庫『感情教育』（下）、八七頁）。

ウィーンでは同年三月、暴動が激化して宰相メッテルニヒが英国に亡命し、ベルリンでも軍隊と市民の衝突があり、自由主義的内閣が生まれた。ポーランド人はイタリアやハンガリーでの蜂起拡大にも励まされて独立運動に決起し、ハプスブルク帝国軍と戦っていたハンガリー革命軍に加わるものもあった。その司令官は一八三一年の対ロシア戦で指揮官だったユゼフ・ベム（一七九四～一八五〇）とヘンルィク・デンビィンスキ（一七九一～一八六四）である。ベムは後にイスラム教に改宗し、ムラト・パシャと名乗る。ベムもデンビィンスキもワルシャワ市内の地区や通りにその名を残している。一八四九年五月、ロシア皇帝ニコライ一世はハンガリーに遠征軍を派遣して革命軍を鎮圧した。ポーランド人を含む数千人がオスマン帝国領土に逃れた。ポーランド人は一八四八年から四九年にかけての自身の独立回復の戦いと欧州各国の革命とを結びつけた。「われらと諸君らの自由のために」*Za naszą i waszą wolność*（*For Your Freedom and Ours*）というモットーで表される事例のひとつである。

クリミア戦争（一八五三～五六）でロシアが敗北した。アレクサンドル二世皇帝は一八六一年の農奴解放令など一定の改革をうちだした。検閲制度が緩和され、政治囚に恩赦が施され、農業協会がワルシャワに創設された。同協会に参加した貴族・土地所有者・ブルジョアジーの代表者らはその後、保守的な政治グループの「白党」を結成する。しかし、独立を希求する急進的な学生、職人、知識人らは「赤党」を結成し、社会改革とも結びついた武装蜂起へ動き始めた。

蜂起前夜

一八六〇年から翌年にかけて、ウッチ、ヴィルノ（ヴィルナ、現在リトアニアのヴィルニュス）、その他のポーランド諸都市で一連の大規模な愛国デモやロシア人との衝突、流血事件が起きた。ワルシャワ市内でも愛国デモが頻発した。ロシア帝国内で農奴解放令が布告された一八六一年二月、ワルシャワの街頭デモに対しロシア軍が発砲して五人が射殺される事件も起きた。前記のように同年四月、王国の民間行政長官ヴィェロポルスキが農業協会とワルシャワ市代表団を解散させ、政情はさらに騒然となった。

一八六一年一〇月一四日、総督カルル・ランベルト（一八一五～一八六五）により王国に戒厳令が布かれ、集会は全面禁止された。同年一一月のコシチュシュコ追悼記念日、ロシア軍兵士はワルシャワ各所の教会に乱入して多数の礼拝者を逮捕したため、すべてのカトリック教会、プロテスタント教会、ユダヤ教シナゴーグが閉鎖されて抗議の意が表明された。

急進派「赤党」の蜂起への衝動は強まっていた。一八六一年前半、知識人や職人らを中核に結成された秘密組織は社会の根本的変革と結びついた反ロシア蜂起を目的とし、合法的手段を通じて社会・経済の漸進をはかる長期戦略である「有機的労働」に反対した。「赤党」は地下にワルシャワ市委員会と国民中央委員会を発足させ、地下活動網を拡大し、「ポーランド地下国家」を樹立した。それは地下行政府、報道、税組織ももつもので、本格的な蜂起の準備となるものだった。ヤロスワフ・ドンブロフスキ（一八三六～一八七一）はワルシャワ駐在ロシア軍師団の将校のときに「蜂起計画」を秘密グループに提出し、採用はされなかったものの、ワルシャワの組織指導部に入ることになった。

一方、穏健派の「白党」は一八六一年、地主や企業家など農業協会のメンバーを中心に結成されたもので、ヴィェロポルスキのロシアへの同調政策には反対だが、社会の急進的改革や蜂起にも反対し、西欧諸国の後押しのもとにロシアとの交渉で譲歩をかちとろうとした。非公然の有力指導メンバーにはアンジェイ・ザモイスキ公やレオポルト・クロネンベルク*もいた。

*レオポルト・クロネンベルク Leopold Kronenberg（一八一二〜一八七八）ユダヤ系家族に生まれたが、ルター派キリスト教に改宗した企業家、大富豪。詳細は第六章参照。

蜂起開始から敗北へ

ヴィエロポルスキは「赤党」組織に打撃をあたえるため、軍事徴兵を布告しようとした。その前夜、一八六三年一月一四日から一五日にかけて、地下活動家の若者たちはワルシャワ市内を離れ、近隣の森林地帯に身を隠した。一月二二日、「赤党」地下指導部はかねてからの蜂起計画を実行することを決断する。国民中央委員会は「臨時国民政府」として宣言を発し、ロシアに対する武装蜂起をよびかけるとともに、農民に対しては土地と自由を約束した。ワルシャワ北西部の広大なカンピノスの森にはワルシャワ市内から大勢の若者たちが集まり、武器が集積された。ワルシャワは蜂起全体の主戦場とはならなかったが、地下指導部の司令本部がおかれるとともに、武器弾薬の補給拠点となった。だが、戦力差は著しいものだった。

「蜂起軍は当初、わずか六〇〇〇人規模で、軍備も貧弱。兵士の大半は都市の労働者や職人、貧しい貴族たちだった。対するロシア側はポーランド王国内の一〇万人規模のロシア軍と、ロシア西部地域にも同規模の軍がいた。」(Jerzy Lukowski and Hubert Zawadzki, *opcit.*, p. 151)

一八三〇年「一一月蜂起」を戦い「大亡命」での活動家でもあったルドヴィク・ミェロスワフスキ（一八一四〜一八七八）は一八四八年の革命時にポズナンにもどって蜂起を指導し、イタリアなどで軍事指導者として活動していた。一八六三年二月に帰国し、請われて「独裁官」に就任した。「白党」はミェロスワフスキを独裁官として認めなかったが、同年三月、穏健派のマリヤン・ランギェヴィチ（一八二七～一八八七）を蜂起政権の独裁官と宣言して蜂起に加わった。ロシア側は兵力・装備で圧倒的優位にありながら、蜂起勢力を一挙に壊滅することはできなかった。一八六三年四月、ロシア皇帝が恩赦を提案したが、蜂起側は拒否した。小さなゲリラ組織が各地でロシア軍兵舎を攻撃し、蜂起はリトアニア、ベラルーシの一部をまきこみ、旧共和国全土で大小の戦闘が数々起きた。パリ亡命グループの「オテル・ランベール」は西欧強国に軍事援助を求めた。

ヴィェロポルスキの改革案は挫折して、彼は同年七月国外に移り、九月にはアレクサンドル二世（一八一八～一八八一）により解任された。会議王国総督にはコンスタンティン大公に替えて前記の陸軍元帥ベルクが任命された。蜂起側・国民政府指導者はミェロスワフスキ、ランギェヴィチの後も短時日で次々に交替したが、一八六三年一〇月一七日、ロムアルト・トラウグットが独裁官に就任した。彼は一八四五年にロシア軍に入り、ハンガリー干渉戦争やクリミア戦争にも参加した経験豊かな軍人で、ゲリラ戦の指揮官としても知られていた。当初、政治的には「白党」と関係が強かったが、蜂起勃発後にポレシェ*でゲリラ戦を指揮し、ワルシャワに来て国民政府との関係をつくった。独裁官に就任すると、パルチザン部隊を正規軍に改組し、反乱軍を再編成し、軍事・民事部門を一体化する統合司令部を創設した。

＊ポレシェ Polesie（ポリーシャ Polisia）北はベラルーシ台地、南はヴォルヒニャ台地、西はポドラシェ、東はドニエプル川にかこまれた地域の歴史的呼称。

しかし、最大三〇万人の正規兵を動員したロシア側に対して武器も不十分な反乱側に勝ち目はなかった。かつてのポーランド・リトアニア共和国のどこにも安定的支配を確立できず、農民の土地改革要求にも応えられなかった。西欧諸国は介入せず、ポーランド農民はアレクサンドル二世が一八六四年三月二日に発布した土地改革法を受け入れることになる。独裁官ロムアルト・トラウグットは蜂起の力を回復できず、一八六四年四月一一日、他の指導者らとともに逮捕され、八月五日、ツィタデラで処刑された。なおも抵抗し続けていた反乱軍もほぼ掃討されていた。最後のパルチザン部隊の指揮官は急進派の司祭スタニスワフ・ブジュスカ（一八三四～一八六五）である。一八六四年一二月まで戦い続けたが、一八六五年春に逮捕されてソコウゥフ・ポドラスキの市場で公開処刑されたという。絞首刑を免れた数千人の反乱者にはシベリアでの重労働の刑が科せられ、反乱者に協力・援助した地主は罰金を科せられるか、土地を没収された。一八六四年、ピヴナ通りにある聖マルチン教会のアウグスティノ修道会は蜂起への関与のため解散させられた。

蜂起は敗れ、抵抗は圧し潰された。蜂起中全体で、大小様々一二〇〇件もの戦闘・衝突があったが、そのうち約一〇〇〇件は王国で、二〇〇件以上はリトアニアで起きたという。「一月蜂起」後、ポーランド人による自治の残滓は一掃され、リトアニアにおけるポーランド的要素も根絶され、かつての会議王国は名ばかりの「ヴィスワランド」としてロシアの行政体系に吸収され、ロシア化が押しつけられた。

一八三〇年「一一月蜂起」後から一八六三年「一月蜂起」までのワルシャワ

強硬なロシア化政策の時代である。ニコライ一世の統治下、一八三〇年「一一月蜂起」直後にワルシャワ・ツィタデラとパヴィヤク監獄の前身が建造されたことについてはすでに記した。ヴィスワ川右岸のプラガの通りにはロシア人の名前がつけられ、教育現場や役所でロシア語が強制された。一八三二年、ニコライ一世は「学術友好協会」を解散させた。協会のあったスタシツ宮殿は富籤事務所に使われた。一八六二年に男子中等学校になり、一八九〇年代初めには似非ビザンチン様式のファサードが造られて正教会の教会に使用される。

一八三二年の「基本法」は会議王国とロシア帝国の分離を厳しく制限した。一八三七年には、前述のように一八世紀初め以来のロシア行政県（グベールニヤ）がポーランド王国に導入され、一四世紀以来のポーランド郡（ポヴィャト）が統合された。これによって、八つのポーランド県（ヴォイェヴツトフォ）がグベールニヤにとってかえられる。ワルシャワはロシアのグベールニヤの一つとなり、その総督所在地となった。この行政単位が廃止されるのは第一次大戦中の一九一五年のことである。

他方、会議王国のポーランド経済はロシア経済圏との統合が進んだ。一八五一年には会議王国とロシアの関税障壁が撤廃されて大きなロシア市場がポーランドの産業にも開かれ、ウゥチの繊維工業が発展するなどポーランド経済は急速に発展し、労働者階級の成長を促すことになった。

こうしたなか、一八三〇年「一一月蜂起」後から一八六三年「一月蜂起」にかけての三〇年間にワルシャワでは鉄道や橋など社会の基幹構造にも大きな発展がみられた。次章に概説するが、一八四五年六月、民間投資家たちの資金により、ワルシャワ・ウィーン鉄道が開通した。鉄道と駅の建設によりワルシャワの商業生活の中心がワルシャワ・ウィーン駅周辺、マルシャウコフスカ通りとイェロゾリムスキェ大通りの交差点あたりに移っていった。イェロゾリムスキェ大通りのワルシャワ・ウィーン駅の近く、マルシャウコフスカ通りとヴィドク通りのかどにはワルシャワ・ウィーン・ホテルが建てられた。

一八五一年から六二年にかけて、ワルシャワ・ペテルスブルク鉄道建設工事が行われ、同年末に開通し、ペテルスブルク駅（現在のワルシャワ・ヴィルノ駅に相当する）が建造された（大戦間期に名残りは除去される）。これにより、ワルシャワからヴィルノ（ヴィルナ）に直行できるようになった。

一八五九年から六四年にかけて、ワルシャワ初の恒久的な鋼鉄製の橋が建造された（「ヴィスワ第一橋」あるいは「キェルベヂ橋」）。第二次大戦時に破壊され、戦後再建されてシロンスコ・ドンブロフスキ橋と名付けられる。

街中では一八四〇年代半ばから、馬の引くオムニバスや辻馬車が多くなり、座席のない乗客は無料で乗せるようになったという。一八六〇年代後半、ワルシャワ・ウィーン駅からヴィスワ川を渡ってプラガ地区のヴィルノ駅、テレスポル駅を結ぶ馬引きトラムが走り出した。一八四六年には、ヴィスワ川に定期蒸気船の運航が始まっている。

ワルシャワの水道施設工事は一八五〇年代初めに始まり、八〇年代末まで続いたとされる。第七章にも記すが、一八八〇年代初めから一九一五年にかけては下水道施設がつくられた。当初の水道施設建造にはイタリア出身の建築家、ヘンルィク・マルツォニ（エンリコ・マルコーニ）（一七九二～一八六三）もかかわった。サスキ公園では一八五三年にマルツォニの設計による噴水敷設（図5―11）がつくられて、一八五五年六月に稼働した。同公園には一八六三年に日時計がつくられている。

図5―11

一八五六年にはガス配給事業が始まり、ガス灯が街頭に導入された。二〇世紀初めのイェロゾリムスキェ大通りの写真を見ると、真ん中のトラムのレールのわきに優美で背の高いガス灯が一定の間隔で並び、その横にはやや背の低い街灯も立っている。（Marek Kwiatkowski, *Wspomnienie dawnej warszawy*, s. 91）

ワジェンキはいくつかの宮殿と庭園などで構成されるが、一八六一年に新オランジェリー（温室）が建造されている。ヴィスワ川右岸プラガでは一八六五年にかつての要塞跡に今日のプラガ公園がつくられ、一八七一年に一般市民に開放された（一九一六年まで公式にはアレクサンデル公園とよばれる）。プラガがワルシャワに編入されたのは一七九一年だった。

この時代のおもな建築・構造物をみてみると、「一一月蜂起」から数年後の一八三八年から四二年にかけて、サスキ宮殿のコラムが再建されて広場と庭園を結んだ。一八四四年から四六年にかけて、王宮広場からキェルベヂ橋へと続くことになるパンツェル高架橋が建造された。一九四四年蜂起のときに破壊され、現在は東西幹線道になっている。フェリクス・パンツェル（一七九八～一八五二）の建築監督によるもので、王宮広場横に丸い記念碑がある。現在ワルシャワ大学になっているウルスキ宮殿（正門左側、クラコフスキェ・プシェドミェシチェ通り30）は一八四四年から四七年にかけて建造された。ホテル・エウロペイスキは一八五五年から七八年にかけて建造された（ヘンルィク・マルツォニ、マルツェリ・ベーレントによる）。一八七七年には水圧式エレベーターが稼働し、当時ワルシャワで最新設備のあるホテルだった。戦後は一九五一年から五六年にかけて再建され、一九六二年まで軍学校がおかれた。その後、ホテルとして開業再開した。

図5―12

教会建築では、一八四一年から四九年にかけて、フウォドナ通り21に聖カロル・ボロメウシュ教会が建造された。（図5―12）隣接する小公園は一八八八年につくられた。

教会は一九三九年に破壊をまぬかれたが、戦後の一九五六年に修復されている。レシュノ通り（現ソリダルノシチ大通り）の福音主義改革派教会（カルヴァン派）がゴシック様式で建造されたのは一八六四年から七二年のことだった。

経済関係の建物では、クレディトヴァ通り1に、現在は民族学博物館となっているが、もとは土地信用組合の本部だった建物が一八五四年から五八年にかけてつくられた。（図5—13）これもまた、ヘンルィク・

図5—13

図5—14

マルツォニの設計である。同通りは当時「エルィヴァィンスカ通り」と言われていたが、博物館となった建物のすがたはいまも変わらない。一八六五年から翌年にかけて、マルシャウコフスカ通り１００にポーランド貯蓄銀行（PKO）の丸い建物が建造された。

社会施設としては「ろうあ協会」（聾唖盲人協会）が一八四二年から三十字架広場の新しい建物に本部をおくようになった。（図５―14）同協会は一八一六年にシュチェチンで発足し、ワルシャワに移転して活動していた。一八五九年から六一年にかけてエレクトラルナ通り12に聖霊病院がネオ・ルネサンス様式で建てられている。同病院の起源は古く、一四四二年にマゾフシェ公妃アンナ・フィォドルヴナが旧市街・ピヴナ通りの聖マルチン教会に設けたものだが、一八二六年にプシルィネク通り、その後、コンヴィクトルスカ通りなどに移転を重ね、一八六一年にエレクトラルナ通りに移ってきた。ワルシャワで初の独立病棟をもつ近代的病院となったが、第二次大戦で大きな被害を受け、戦後病院名も再建された建物の用途も変わっている。

広場や市民生活関係では、一八四〇年から五〇年頃にかけて、一九世紀初めに市場があって「ポチェユフ広場」とよばれていた商業地区が大劇場建設後、「劇場広場」とよばれるようになった。一八四一年にはジェラズナ・ブラマ広場のすぐ南西側に「もてなしのよい館《やかた》」とでも訳せるスーパーマーケットのような商業施設がつくられた。一九三九年のドイツによる爆撃で破壊されるまで一世紀ちかくものあいだ、この都市の商業センターだった。鉄製アーケードによる切妻型天蓋があるレンガ造りの一階建てだが、全体が水滴を絵に描いたかたちのユニークな建造物で、主たるゲートはジェラズナ・ブラマ広場側、ルボミルスキ宮殿の向かい側にあり、もう一方の小さいゲートは当時のスクジャナ通りとルィンコヴァ通りに挟まれるような位置にあった。その場所はかつてヴィエロポレ市場があった場所である。お客は当初、ロシア人とポーランド人商人だったが、後にユダヤ人商人も増えていった。そのなかにはおよそ一七〇店舗があったという。写真

図5―15

は二〇一五年にベルギー大使館そばの建物で展示されていた模型である。（図5―15）

現在旧市街広場にある人魚像がつくられたのは一八五四年から翌年にかけてのことである（一九二九年に噴水が除去されたとき、ソレッツに移設。一九五一年以来、ポヴィシレの文化公園、一九七二年に旧市街北東に移設、一九九〇年代末に旧市街広場にもどる）（プロローグの写真参照）。作者はコンスタンティ・ヘゲル（一七九九〜一八七六）である。

文化芸術関係では、一八五九年、オクルニク通りのオストログスキ宮殿にワルシャワ音楽院が入った。翌一八六〇年には「芸術奨励協会」が創立された。ギャラリーは協会名の一部をとって「ザヘンタ」とよばれた。協会は最初、クラコフスキェ・プシェドミェシチェ通りの聖アンナ教会建物におかれ、一八八四年にポトツキ宮殿に移転。二〇世紀初めに現在マワホフスキ広場に見るネオ・ルネサンス様式の建物（一八九九〜一九〇三建造）（写真第六章）に移転した。現在の国立博物館の前身である美術博物館が創設されたのは一八六二年である。一九一六年に国立博物館の名になった。

6

鉄道とヴィスワ川に架る橋

ワルシャワ・ウィーン駅の記念プレート
（ワルシャワ・シルドミェシチェ駅外壁）

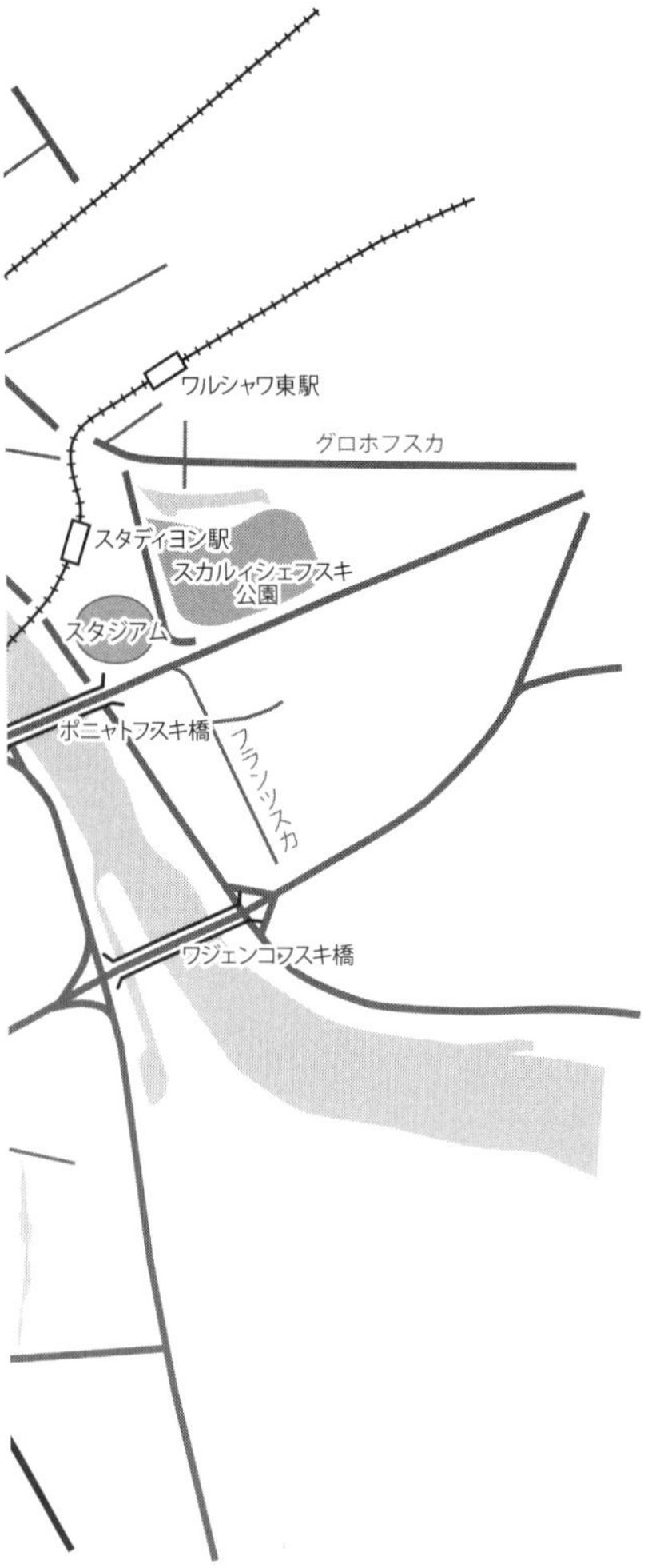

道路沿いの表記は通り名を示す

ワルシャワ中央部・現在の主要鉄道駅と橋

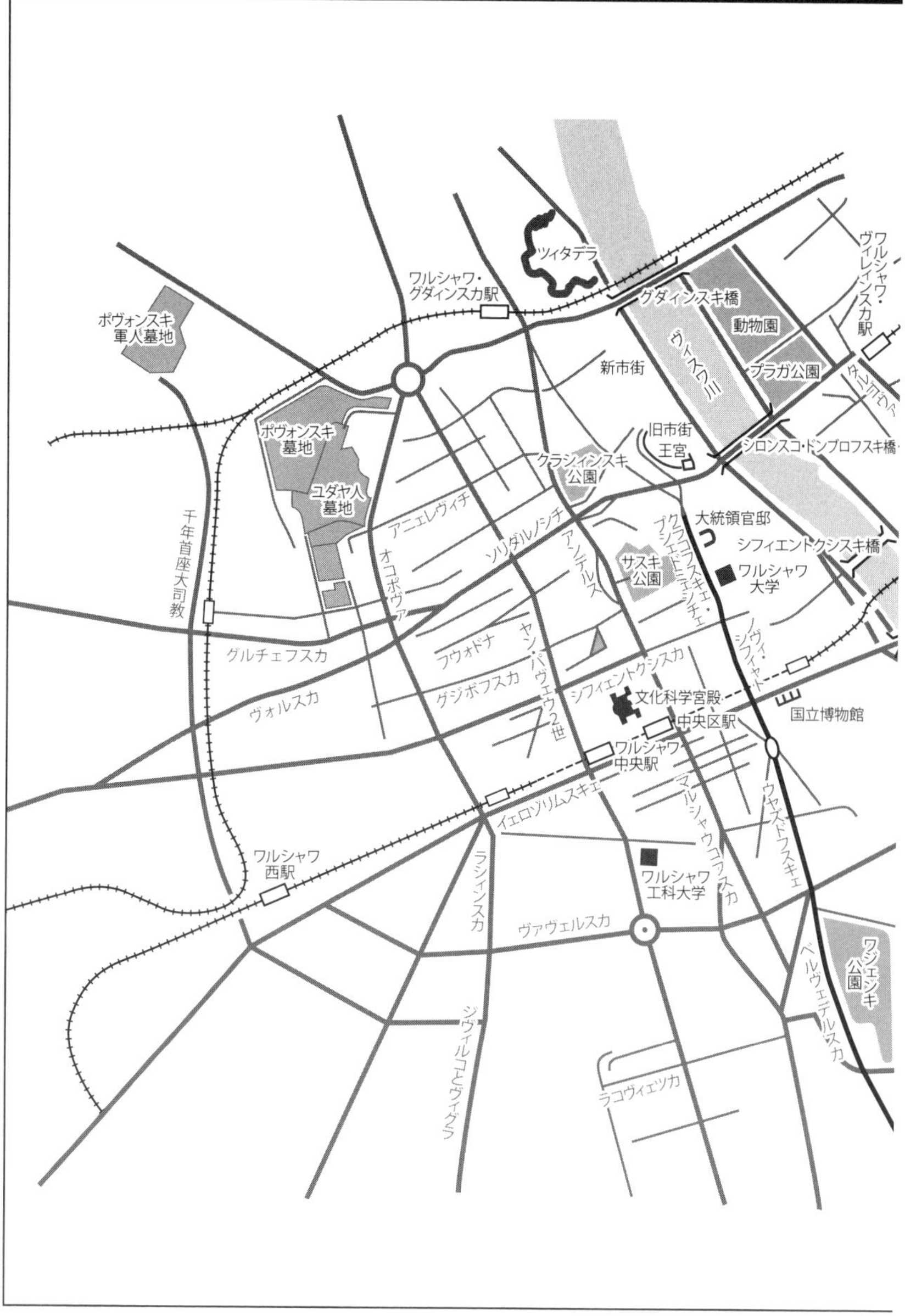

ワルシャワ・ペテルスブルク駅（ドストエフスキー『白痴』から）

「十一月も末、ある珍しく寒《かん》のゆるんだ雪どけ日和《びより》の朝九時ごろ、ペテルブルグ・ワルシャワ鉄道の一列車が、全速力でペテルブルグへ近づいていた。」――ドストエフスキー『白痴』（木村浩訳、新潮文庫、五頁）の冒頭である。長編小説は、重い癲癇症状のためスイスのサナトリウムで療養していた主人公のレフ・ニコラエヴィチ・ムイシュキン公爵がロシアへもどる途中の鉄道車中、パルヒョン・ロゴージンとの会話で始まる。療養地のスイスからどのような経路によったかは不明だが、とにかく公爵はワルシャワから、ヴィルノ（ヴィルナ、現在リトアニアの首都ヴィルニュス）を経由して北上し、ペテルブルグへ向かう列車に乗り込んだということとなのだろう。当時ポーランドは独立国家としてはすでになく、第三章に記したように、かつての領土の一部がウィーン会議（一八一四～一五）の結果発足した「会議王国」というかたちで、ロシア皇帝の支配下にあった。ドストエフスキーは同小説の末尾に「一八六九年一月十七日」と記しているが、「ペテルブルグ・ワルシャワ鉄道」が開通したのは、一八六二年一二月のこととされるので、小説に設定された状況はその数年後と考えられる。

ペテルスブルク・ワルシャワ鉄道（ワルシャワ側から言うとワルシャワ・ペテルスブルク鉄道*）の建設が開始されたのは、ロシア皇帝ニコライ一世（一七九六～一八五五）の治世下（一八二五～一八五五）、一八五一年のことで、サンクトペテルブルグからの南下工事はヴィルノを経由し、最終的にワルシャワにいたる全長一二五〇キロが完成したのは前記のように一八六二年一二月だった。ワルシャワ・ペテルスブルク鉄道の開通によって、ヴィルノにはワルシャワから直行できるようになり、会議王国の経済はロシア経済圏への統合がすすんだ。

＊ポーランド語 Kolej Warszawsko-Petersburska, Dworzec Petersbruski をカタカナ表記するときには、それぞれ「ワ

ルシャワ・ペテルスブルク鉄道」「ペテルスブルク駅」とし、一般都市名を言うときには「ペテルブルグ」と表記した。

当時のワルシャワ側起点・ペテルスブルク駅があったのはヴィスワ川右岸のプラガ地区で、左岸から右岸へと続く現在のソリダルノシチ大通り（当時アレクサンドル通り）がタルゴヴァ通りと交差した地点のすぐ東側である。同駅は一八五九年から六一年にかけて建造された。設計者は多くの駅舎建設を手がけたナルツィズ・ズボジェフスキである。第一次大戦中の一九一五年、ロシア軍が撤退するときに破壊され、第二次大戦までの大戦間期にも再建されず、タルゴヴァ通り側に一時的なバラックが建てられて駅舎に使われたという。(Robert Marcinkowski, *An Illustrated Atlas of Old Warsaw*, p. 73)

図6―1

ワルシャワ・ペテルスブルク駅が完全に再建されることはなかった。しかし、同一ではないが、現在のワルシャワ・ヴィレィンスカ（ワルシャワ・ヴィルノ）駅がそれに相当する。現在の地図上でいうと、ソリダルノシチ大通りとタルゴヴァ通りの角、かつてのペテルスブルク駅のほんのすこし南に位置するのがワルシャワ・ヴィレィンスカ（ワルシャワ・ヴィルノ）駅である。ポーランド独立回復後の一九二七年から二八年にかけて、ポーランド国営鉄道のもとに建造・開設された。同駅界隈は前述のように、ソリダルノシチ大通りとタルゴヴァ通りというプラガ地区一番の目抜き通りに挟まれた賑わいのある場所である。（図6―1）交差点をはさんで西側にはロシア正教会の聖マリア・マグダレナ正教会（ソリダルノシチ大通り52）がいまもそびえたち（図6―2）、帝政ロシア支配下の名残りをとどめている。教会は鉄道駅が完成した直後の一八六八年から六九年にかけて建造された。正教会特有の玉葱形の塔に十字架をつけたドームが五つあり、そのドームの青緑色と下の構築物の黄金色とが空の色とも鮮やかなコントラストをなして眩しい。

ロシア正教会のすぐそば、同じ交差点ちかくには、第二次大戦後間もない一九四五年にいちはやく建てら

図6―2

図6―3

れた「戦友記念碑」（図6―3）があったのだがいまはもうない。ソ連赤軍にワルシャワ解放を感謝し、その戦闘行動を讃えるもので、巨大な台座には「ソ連軍の英雄に栄光を」と刻まれていた。戦後の社会主義「人民ポーランド」の時代を終えてすでに三〇年ちかくがたつ。いまやこの国では文化科学宮殿はべつとしても、旧ソ連の影響力を誇示・象徴する「貴重」な社会主義リアリズムの記念像だったが、二〇一一年に地下鉄工事のため暫定的に撤去されたのがきっかけになり、その後元にもどすかどうか議論になった末、ワルシャワ市は二〇一五年に「共産主義時代の記念碑」を永久撤去することを決めた。

宮本百合子の書く「ワルシャワのメーデー」（宮本百合子『道標』）

「佐々伸子と吉見素子とがモスクワを出発して、ワルシャワについたのは一九二九年の四月三十日の午後だった。」――これは、宮本百合子（一八九九～一九五一）の『道標』第二部第二章（新日本文庫、二〇一頁）の冒頭である。この長編小説は著者（中條《ちゅうじょう》ユリとして出生、作家として中條百合子、宮本百合子）とロシア文学者・湯浅芳子（一八九六～一九九〇）が一九二七年末から三〇年一一月の帰国までソ連に生活した事実をもとに書かれた。もちろん小説として読むべきではあるが、主人公の佐々伸子は著者百合子、吉見素子は湯浅芳子がモデルになっていて、実体験が素材になっている。沢部仁美著『百合子、ダスヴィダーニヤ』（文藝春秋、一九九〇年）は湯浅芳子の聞き取りをもとにして書かれた半生記である。同書によると、百合子と芳子の二人はチェコスロヴァキア（当時）の「カルルスヴァード*」の温泉に向かう途中、ほんのわずかな日程ながらポーランドのワルシャワに立ち寄った（同書、二三八、三〇五頁）。二人の関心事は「ワルシャワのメーデー」だったが、百合子が実際に見て小説に書いたそれは赤旗とインターナショナルが「カーキ色外套の連中」と衝突する、おそろしくも殺気だったひどく暗いメーデーだった。一九一八年一一月の独立回復後のポーランドにおけるメーデー行進はポーランド社会党（PPS）によって合法的に組織された。一方、一九一八年末に結成されたポーランド共産党（KPP）は非合法だったため、同党の組織するメーデー行進は弾圧された。百合子たちが見たのはおそらくそちらの方だったのだろうと推測する。

＊チェコ・ボヘミアの温泉地、カルロヴィ・ヴァリ Karlovy Vary（ドイツ名カールスバート）。

二人が一九二九年四月三〇日午後に到着したワルシャワ駅については、どの駅なのか書いていない。だが、モスクワからの鉄道経路だと通常ブレストを経由してのワルシャワ入りになるので、ヴィスワ川右岸・プラガ地区、現在のワルシャワ東駅ということになる。ワルシャワのヴィスワ川両岸地区の主要駅、すなわち、当時のワルシャワ・テレスポル駅と後述するワルシャワ・グウゥヴナ（中央）駅がシレドニツォヴィ鉄橋（一九二一～一九三一建造）による旅客鉄道線で直接結ばれたのは一九三一年のことである。二人が下車したのはその運行数年前なので、モスクワからの途上、乗り換え・乗り継ぎによる迂回なしにワルシャワへ直行したと仮定するならば、到着駅は現在の東駅、当時のテレスポル駅だったと推測できる。

ワルシャワ東駅、当時のワルシャワ・テレスポル駅は「一月蜂起」直後の一八六六年、ワルシャワとキエフを結ぶ鉄道の開通にともなって開設された。テレスポル駅舎の設計はアルフォンス・クロピヴニツキ（一八〇三～一八八一）で、前述のペテルスブルク駅よりもかなり大きく豪壮な感じが写真に残っている。テレスポルは現在のポーランド東部国境の町で、ブク川をはさんで対岸にはブレスト（戦前のポーランド名ブジェシチ）がある。そのため、ワルシャワ・テレスポル駅はかつてブジェシチ駅とか、またさらに東にあるキエフの名をとってキエフ駅ともよばれた。

佐々伸子（百合子）たちは鉄道下車後、辻馬車が案内するままに近くのホテルに入る。翌日の五月一日午前、二人は「ワルシャワのメーデー」を見に出かけ、とある広場で赤旗が進んで来るのを見る。だが、それは「歌声もなく、十本足らずの赤旗はどこか悲しそうに、しかしかたく決心している者のようにいくらか旗頭を前方へ傾け、執拗に一直線に進んで来る」（『道標』第二部、二一二頁）のだった。二人が目にしたのは「メーデーの日だのに、メーデーの歌もうたわず、ほんの少数でかたまって広場に向かってつめよせて来る赤旗の下の人々」（前掲書、同頁）だった。突如、急調子のインターナショナルがわきおこるが、前進はバリケードに阻まれる。怒号がとびかい騒乱状態になり、二人はちかくの「カフェー」に避難せざるを得なかった。モスクワのメーデーを思い描いていた二人はひどく落胆する。（前掲書、二一二頁）

同日午後、小説上の伸子（百合子）と素子（芳子）はヴィスワ川左岸の旧市街、新市街を散策し、ワジェンキ公園ではその三年前に除幕されたばかりのショパン像も見ているが、ロシア十月革命で誕生したソ連に強く共感していた彼女たちのポーランド観は次の一節によくあらわれていて、それはそれで興味深い。

「ポーランドでは軍人のピルスーズスキー*が独裁者で、ポーランドの反ソ的な民族主義の立場を国際聯盟《リーグ・オヴ・ネイションズ》に訴えては、ウクライナを分割したりしている。元ソヴェト領だったウクライナのその地方では時々ユダヤ人虐殺があって、伸子たちはモスクワの新聞で一度ならず無惨な消息をよんでいた。」（前掲書、二〇五頁）

＊ユゼフ・クレメンス・ピウスツキ Józef Klemens Piłsudski（一八六七〜一九三五）のこと。独立回復後に国家主席となり、その後も自身の軍団を背景に大きな権力を行使した。後章に詳細を記す。

前述のように、現在プラガ地区一番の大通り・繁華街にあるのはワルシャワ・ヴィレィンスカ（ワルシャワ・ヴィルノ）駅（かつてのペテルスブルク駅に相当）だが、現在、ヴィスワ川の左右両岸を結ぶ鉄道幹線駅としての重要度はむしろワルシャワ東駅にある。もはやターミナル駅ではないが、モスクワ、あるいはキエフからブレストを経由してワルシャワに入り、その東駅を過ぎると左岸のワルシャワ中央駅にいたるワルシャワ中心部への入口だと言ってよい。東駅の南、グロホフスカ通りを越えると初めて国王選挙議会が開催されたかつてのカミョン村地域、その南には東西に横長のカミョン湖（図6―4）とその南に広大なスカルィシェフスキ公園（イグナツィ・パデレフスキ記念）が広がる。（図6―5）

長距離鉄道路線でワルシャワ東駅からヴィスワ川左岸へ向かうと、ワルシャワ・スタジアム駅のあと、シフィエントクシスキ橋とポニャトフスキ橋の間にあるシレドニツォヴィ鉄橋を渡り、ワルシャワ・ポヴィシレ駅があり、その後地下に入り、ワルシャワ・ツェントラルナ駅に到着する。

図6―4

図6―5

ワルシャワ・ウィーン駅

現在、ワルシャワ鉄道駅の表玄関となっているのはワルシャワ・ツェントラルナ（ワルシャワ中央）駅（図6―6）だが、通勤客が頻繁に利用するのは東隣にあるワルシャワ・シルドミェシチェ（ワルシャワ中央区）駅（図6―7）でもある。もとは戦後の一九四九年の開設だが、その一世紀も前に中央区駅があるのとほぼ同じ場所につくられたのはワルシャワ・ウィーン駅だった。マルシャウコフスカ通りとイェロゾリムスキェ大通りの交差点のすぐそば、ポロニア・パレス・ホテル（図6―8）の斜め向かいあたりである。

一八三〇年「一一月蜂起」と一八六三年「一月蜂起」のほぼ中間にあたる一八四五年にワルシャワ・ウィー

図6―6

図6―7

図6―8

ン鉄道が開通した。ロシア帝国支配下、会議王国時代の一八三五年、実業家のピョトル・ステインケルレル（一七九九〜一八五四）と銀行家のヘンルィク・ウゥビェィンスキ（一七九三〜一八八三）の発案により、ワルシャワと会議王国の南国境をつなぐ鉄道建設が計画された。三年後、ワルシャワ・ウィーン鉄道株式会社が設立された。同社自体は間もなく破綻解散したが、ロシア帝国下に計画はすすみ、ワルシャワから約三〇キロのグロヂスク・マゾヴィェツキへ初の路線が開通したのが一八四五年六月一四日だった。その後、鉄道はスキェルニェヴィツェ、チェンストホヴァ、ゾンプコヴィツェへと延びてゆき、一八四八年四月一日に当時のオーストリア帝国国境ちかくの国境駅に達した。そこはクラクフの西方、カトヴィツェのやや北東、ソスノヴィェツのあたりである。そこからはプロイセンの鉄道路線を経由し、オーストリア帝国の鉄道に接続した。

佐々木洋子著『ハプスブルク帝国の鉄道と汽船――一九世紀の鉄道建設と河川・海運航行』（刀水書房、二〇一三年）によると、ハプスブルク帝国のオーストリア鉄道として、フェルディナント皇帝北鉄道の工事が始まったのは一八三七年四月、ウィーン郊外のフロリズドルフからで（前掲書、一四頁）、三九年七月にウィーン・ブリュン間が開通した（前掲書一五頁）。さらにその後についてはこう記している。「ガリツィアとの接続には、政府との交渉に手間取ったものの、一八五六年三月一日、ついにアウシュヴィッツ（オシフィエンツィム）まで鉄道は完成した。ここからクラクフ（クラカウ）までは、すでにシュターツバーンによって鉄道が敷設されていたのだが、財政難からこの路線を北鉄道会社に売却することが決まり、これで同社によるウィーン―クラクフの営業が開始される。」（前掲書、一六〜一七頁）。

ワルシャワ・ウィーン駅は一八四四年から四五年にかけてヘンルィク・マルツォニ（エンリコ・マルコーニ）（一七九二〜一八六三）の設計により建造されたが、前述のヴィスワ川両岸連結線との関連で新たな中央駅をつくる計画のもと両大戦間期初めの一九二一年に解体計画が始まった。このとき、ウィーン駅のすぐそば、フミェルナ通りに木造の臨時中央駅がつくられた。ウィーン駅の解体が実際に始まるのは一九三〇年代初めだったが、その後も構造物は部分的に使用されて、一九三九年にドイツ軍により爆撃されるまで、前記フミェルナ通りの臨時駅とともに「中央駅」とよばれていたようだ。

ウィーン駅にとって代わるべき新中央駅、ワルシャワ・グウゥヴナ駅の建設工事が本格的に始まったのは独立回復から約一〇年後の一九三二年のことだった。ワルシャワ・グウゥヴナ駅の建設はポーランド第二共和政時代で最も意欲的なプロジェクトとして、建築家のチェスワフ・プシブィルスキ（一八八〇～一九三六）、アンジェイ・プシェニツキ（一八六九～一九四一）が設計者として参画した。一九三八年に一部完成済みの部分を使って列車運行がなされたが、翌一九三九年六月には火災被害があり、九月に始まる第二次大戦勃発とワルシャワ攻撃により工事は完遂にはいたらずに終わった。ワルシャワを占領したドイツ軍は未完成の建物を利用したが、一九四五年一月、ワルシャワ撤退の際にこれを爆破した。

現在のワルシャワ・シルドミェシチェ駅建物外壁にはウィーン駅の建物をレリーフした記念プレートがあってこう記されている。

「この場所にウィーン駅があった。一八四五年六月一四日、ここからグロヂスク行きの初列車が出発した。この出来事の一五〇周年の記念に。ポーランドの鉄道員たちより」（本章トビラ写真）

レリーフに象られた駅舎は左右対称で両側に長く、その両端に高い時計塔がある端正な建物である。

現在、名実ともにワルシャワ中央駅となっているワルシャワ・ツェントラルナ駅は一九七二年から七五年にかけて建造されたものである。ちなみに戦後、「新しい」ワルシャワ・グウゥヴナ駅が旧ウィーン駅のあった場所から西、トヴァロヴァ通りとイェロゾリムスキェ大通りの北西角あたりに建設された。ツェントラルナ駅の完成以後、一九九〇年代後半まで一部に使用されたが、その後二〇一六年までその場所にはワルシャワ鉄道博物館がおかれた。

デーブリーンのポーランド旅行（デーブリーン『ポーランド旅行』）

アルフレート・デーブリーン（一八七八〜一九五七）を二〇世紀のドイツ文学史上の大作家の一人にあげるひとは少なくない。代表作の長編『ベルリン・アレクサンダー広場』（*Berlin Alexanderplatz*, 1929）は独特のモンタージュ手法と表現技法を用いた作品として知られ、ライナー・ヴェルナー・ファスビンダー（一九四五〜一九八二）により一九八〇年に大長編のテレビ映画化もされた。そのデーブリーンがポーランドを旅行したのは一九二四年九月末から一一月末までだった。奇しくも、同時代の文豪、トーマス・マン（一八七五〜一九五五）の『魔の山』*Der Zauberberg* が世に出たのも同じ年の一一月末だった。デーブリーンの旅の主な訪問地は、第二次大戦前・旧ポーランド領のワルシャワ、ヴィルナ（ヴィルノ）、ルブリン、ルヴフ（ドイツ語名レンベルク、現在はウクライナのリヴィウ）、クラクフ、ザコパネ、ウゥチ、グダィンスク（ドイツ語名ダンツィヒ）である。紀行は翌一九二五年に『ポーランド旅行』*Reise in Polen* として出版され、ドイツ文学者の岸本雅之氏による貴重な邦訳書（鳥影社、二〇〇七年）がある。ポーランドが独立を回復してわずか数年後だったが、なるほど長編小説『ベルリン・アレクサンダー広場』の作者だなとうなずかせるような独特の筆致によって当時の街々の濃密な空気まで感じられる実に興味深い紀行作品である。

「長い車両に乗って線路の上を揺られて行く。列車はベルリンから矢のように放たれていた。」（前掲邦訳書、五頁）——『ポーランド旅行』はワルシャワへちかづく列車から始まる。ベルリンからワルシャワへの鉄道経路は当然東へ進み、オドラ（オーデル）川を越し、ポズナン、コニン、クトノを経由してワルシャワ入りしたのだろう。この鉄道ルートはいまも変わらず、所要時間は当時よりも短縮されているだろうが、現在はベルリンから約六時間でワルシャワ・ツェントラルナ駅に到着する。だが、デーブリーンがワルシャワ入りした一九二四年秋当時、その到着駅がどこだったのかは書かれていないし、* 駅の様子についてヒントになるようなこともとくにない。よって推察になるが、当時ウィーン駅は解体計画が始まった時期で、フミェルナ通りに設けられた木造臨時駅とともに「中央駅」とよばれていたので、作家が降り立ったのはそのいずれかのプラットフォームだったことになる。

＊「ヴィルノ」の章の始めでは「ヴィルノ行きの列車にたどり着くまでに一苦労する」とし、そこを「中央駅」と書いているが（岸本雅之訳『ポーランド旅行』、一二二頁）、ヴィレィンスカ駅の前身のことだろう。

デーブリーンの『ポーランド旅行』は前記の諸都市について、街路、建物、店舗、交通、風俗など街々の表情を実に生き生きと書き記し、公的人物から市井の人びとにおよぶ様々な生の話声が耳に入りくるかのような稀有な記録でもある。それはまた、当時の政治情勢や社会階層についての貴重な解説にもなっている。

ワルシャワ・グダィンスカ駅（島尾敏雄『夢のかげを求めて――東欧紀行』）

ワルシャワの主要駅のなかでもうひとつ、ワルシャワ・グダィンスカ駅について記しておく。

元々の駅舎建物は一八八〇年の建造・開設で「ヴィスワ河畔鉄道中央駅」とよばれた。ロシア帝国支配下の一八七七年にコヴェル（現在ウクライナのコーヴェリ）とワルシャワを結ぶ鉄道が開通していたので「コヴェル駅」ともよばれたが、駅舎は第一次世界大戦中の一九一五年にロシア軍がワルシャワを撤退するときに焼かれた。その名のヴィスワ河畔鉄道は同河川右岸沿いに北からムワヴァ、チェハヌフ、ワルシャワ、デンブリン、ルブリン、ヘウム、そして現在ウクライナのコーヴェリを結ぶ路線だった。現在のワルシャワ・

グダィンスカ駅、すなわち旧ヴィスワ河畔鉄道中央駅は本線のあるプラガ地区から左岸へ入りこみ、ツィタデラのすぐ南西に位置した。

一八七〇年代前半、すぐ東側のツィタデラ要塞の脇からヴィスワ川右岸には鉄道・車両用の橋が建造されたが、当初はロシア軍の専用だった。駅舎は独立回復後に一度再建され、さらに第二次大戦後に何度か再建が重ねられて現在にいたる。開設当初はその名の通り、バルト海方面、グダィンスク行き列車の専用駅だったが、現在はグダィンスク方面もワルシャワ・ツェントラルナ駅を使う。一九四四年八月のワルシャワ蜂起では、同月二〇日と二二日に同駅周辺で大激戦があった。第二次大戦後、ワルシャワの鉄道駅はほとんど壊滅状態だった。グダィンスカ駅はワルシャワ・ツェントラルナ駅が名実ともに首都の中央駅として完成する一九七〇年代半ばまで、相当長い間外国にも出かける長距離路線にも対応する事実上の中央駅の役割を果たした。

小説『死の棘』でとくに有名な島尾敏雄（一九一七〜一九八六）は『夢のかげを求めて――東欧紀行』（河出書房新社、一九七五年）をのこしているが、その三分の二はポーランドについて書かれている。作家は一九六七年一〇月二四日に横浜から船でナホトカ、そこから鉄道でハバロフスクを経由してモスクワへ向かう。そこからまた鉄道を乗り継ぎ、ワルシャワに入ったのが一〇月三一日のことだった。前述の小説で佐々伸子（中條百合子）と吉見素子（湯浅芳子）がモスクワからワルシャワ入りしたのと同じブレスト経由だが、島尾が到着したのはワルシャワ・グダィンスカ駅だったことがはっきりと記されている。ツェントラルナ駅ができるまでの様子がうかがわれる記述なので、やや長いが引用しておく。

「ワルシャワの町に列車がはいったのが私の腕時計で七時、ワルシャワ時間ではもっと早い時刻になるはずだが、外は全くの夜。いよいよ徐行をはじめると、車掌が、『ワルシャワ！』、といきおいのいい声で叫びながらドアをたたきまわっていた。さあ、ワルシャワだ、といさみ立つ感じだ。線路わきのコンクリートを敷きつめただけの、露天のプラットフォームにおりながら、Kが来ていないかと期待したが、それらしいすがたはあらわれない。もしかしたら国営旅行社、オルビスの係員でもと、荷物を下に置き、降車客の人波のひくのをまったが、やがて私だけが、くらやみの外に置きのこされそうになった。あきらめて私は建物の方に歩いた。きまった出札口はなく、出られるところから町の方に出ればよいが、私には予約されたホテルまでたどりつくのがひと仕事。まず屋根に Warszawa Gdańska のネオン文字をかかげた中央の建物の中にはいり、informacja と書いた部屋をみつけたのだ。」（『夢のかげを求めて——東欧紀行』、河出書房新社、一九七五年、四三〜四四頁）

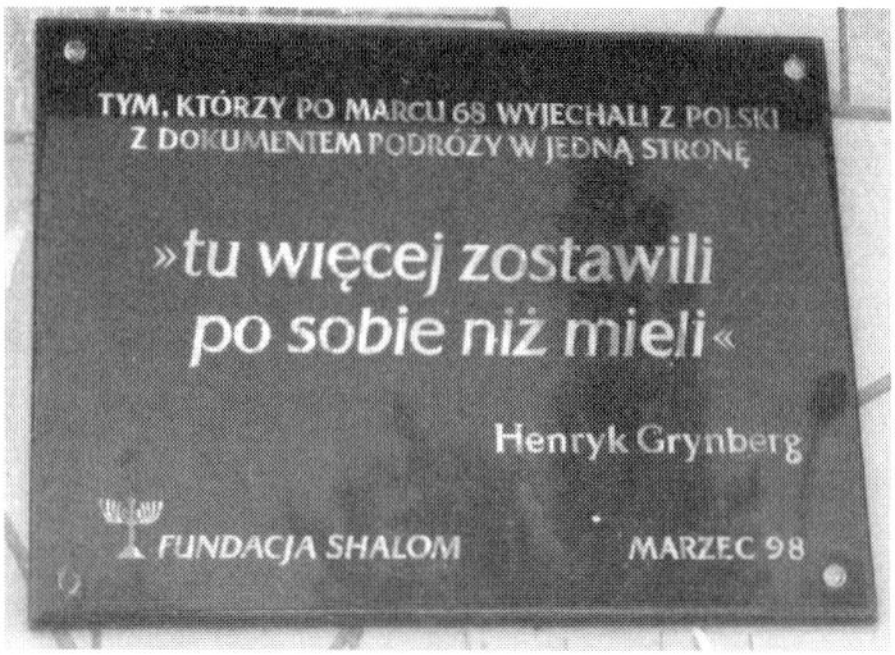

図6—9

ワルシャワ・グダインスカ駅が事実上の中央駅として果たしていた役割を示すできごとで、ぜひ記憶にとどめておくべきことがある。『記憶するワルシャワ』にも書いたが、同駅舎の外壁にある小さな記念プレートである。「一九六八年三月以降に片道切符をもってポーランドを出て行った人々に捧げる」との前置きのあとにこうある。（図6—9）

tu więcej zostawili
po sobie niż mieli
（出て行った人々は、かつて自分たちがもっていたよりも、
もっと多くのものを、自分たちのあと、ここに残した）
ヘンルィク・グルィンベルク
シャローム財団
一九九八年三月

第二次大戦中、のちにホロコーストとかショアとよばれる大虐殺をかろうじて生き延びたユダヤ人が戦後を生きてゆくこともまた容易ならぬことだった。ポーランドでは一九四六年夏ごろ、ユダヤ系住民はおよそ二四万人を超して戦後のピークに達したが、その後の反ユダヤ主義暴動やイスラエル建国などによる国外への脱出で一九五一年までに約八万人までに激減し、一九六〇年代半ばには三万人になっていた。そして、一九六七年、第三次中東戦争の勃発と反ユダヤ主義の再燃で、翌一九六八年三月から七月をピークに約二万人が国外に脱出したのだった。ヘンルィク・グルィンベルクは一九三六年生れのユダヤ系ポーランド人の作家・詩人である。

橋のはなし

最初の橋

ワルシャワのヴィスワ川に最初の恒久的な橋がつくられたのは第一章にふれたとおり、一五六八年から七三年にかけて、ヤギェウォ王朝最後の国王、ズィグムント二世アウグスト（一五二〇〜一五七二）の命によるものだった（ズィグムント・アウグスト橋）。国王の父はズィグムント一世スタルィ、母はボナ・スフォルツァ（一四九四〜一五五七）である。

全長五〇〇メートル、橋梁の支柱から支柱まで（一三メートル間隔）をいうスパンは二二あったが、水上交通の便のために一部開くことができたという。橋の幅は六メートル。建造の主たる目的は、ポーランド・リトアニア共和国議会がヴィスワ川右岸のカミョンで開催されたことにあった。（*WISŁA WAW. Mapa Wisły według Marka Ostrowskiego*）橋そのものは一六〇三年に氷の重さで崩壊したが、モストヴァ通りのレンガ造りによる監視塔（橋塔）は後に火薬庫に改造され、現在はスタラ・プロホヴニャ（古い火薬庫）劇場という演劇施設として名残りをとどめている。（図6—10）現在のモストヴァ（橋の）通りの名もその名残りであろう。その後、恒久的な橋がワルシャワのヴィスワ川に建造されるのは三〇〇年も経ってからだった。それまでは、共和国議会の開催や国王の選挙など特別の目的には浮橋（ポンツーン）が活用された。

ワルシャワで最初の恒久的な橋のすがたは、ケルン生まれの地誌・地形学者、ゲオルグ・ブラウン（一五四一〜一六二二）とフランドルの画家、フランス・ホゲンベルク（一五三五〜一五九〇）が世界各所の俯瞰図にまとめた *Civitates Orbis Terrarum* の中の一枚のなかに描かれていて、たしかにそこに橋脚のスパンが二〇個余りあるのがわかる。（Muzeum Historyczne m. st. Warszawy, *Old Warsaw Town Walls*, p. 5）

図6—10

一六五七年から六〇年にかけての対スウェーデン戦争*のときに軍隊を横断させるのに二つの橋が造られたことがあるが、一七〇二年から〇七年にかけてのスウェーデンとの衝突時には橋の建造計画は放棄されて、戦闘の際に全部破壊された。（Adriana Gozdecka-Sanford, *Historical Dictionary of Warsaw*, p. 49）その後、浮橋は毎年春につくられて、秋に解体された。冬場はフェリーやボートが使われた。

＊ポーランドとスウェーデンの間では一般に一五六三年から一七二一年まで長い対立時代があり、その間に何度も戦争が起きた。そのなかでも一六五五年のスウェーデンの侵略はとくに「大洪水」（ポトプ potop）と言われる。一六五七年にスウェーデン軍はポーランドを退去することに

なり、一六六〇年にオリヴァ（グダィンスク郊外）で講和条約が締結された。

図6―11

第一の橋

ワルシャワで初めて恒久的な鋼鉄製の橋ができたのは一八六四年のことで、それは「第一の橋」あるいは「キェルベヂ橋」として知られた。ロシア支配下では皇帝の名から「アレクサンドロフスキ橋」とよばれたこともあった。第二次大戦時に破壊され、戦後再建されてシロンスコ・ドンブロフスキ橋と名づけられた。（図6―11）最初の建造工事は一八五九年に始まり、一八六四年の完成である。「キェルベヂ橋」の名は、ポーランド系ロシア人技術者でロシア帝国軍人でもあったスタニスワフ・キェルベヂ（一八一〇～一八九九）からきている。彼はペテルブルグのネヴァ川に架けるものなど多くの橋の建設に携わった。

第二の橋

ヴィスワ川「第二の橋」の建設工事が始まったのは一八七三年二月、現在の「グダィンスキ橋」にあたるもので、ツィタデラ脇の鉄道・車両用橋だった。ワルシャワ～テレスポル～モスクワの鉄道が開通し、ロシア軍の輸送路を確保する必要にせまられて建造された。設計者はポーランド人のタデウシュ・フヂャノフスキ。

二層構造になっていて、上段が鉄道専用だが、ロシア軍の要請にもとづき輸送を迅速にするためのもので、一八七五年に完成した。下段は馬車・車両が通れたが、通常一般市民が利用することはできなかったという。こうして、一八七五年にヴィスワ川に鉄道橋が開通した。

第三の橋

「第三の橋」は現在の「ユゼフ・ポニャトフスキ橋」である。一八六四年に開通したキェルベヂ橋（「第一の橋」）では交通量に見合わなくなり、一八七九年にイェロゾリムスキェ大通りの出口に鉄道と車両両用の橋をつくる計画が出された。一八九四年に橋の建設が決定されるが投資が始まらず、工事が本格的に始まったのは一九〇四年、完成は一九一四年一月となった。前年がユゼフ・ポニャトフスキの没後一〇〇周年だったが、当時は「ツァーリ・ニコライ二世橋」とされた。設計はミェチスワフ・マルシェフスキ（一八五七〜一九一六）とブロニスワフ・プレビィンスキである。イェロゾリムスキェ大通りの延長となったこの「第三の橋」は第一次大戦の終わり、一九一五年にワルシャワを出るロシア軍により他の橋とともに爆破された。代わって進入したドイツ軍が再建するが、さらに原因不明により焼け落ちた。ポーランド独立回復後、ユゼフ・ポニャトフスキ橋となり、一九二〇年に再建されたが、第二次大戦中にも一九四四年に破壊された。戦後また再建され、一九六三年と六六年に幅が拡大されている。

ヴィスワ川に架る橋の現況（北から。太字は戦前に前身のあった橋）

・マリヤ・スクウォドフスカ＝キュリー橋　二〇一二年開通の新しい橋。ワルシャワ行政区で一番北のビェラヌィ（左岸）とビャウォウェンカ（右岸）を結ぶ。

・ステファン・グロト・ロヴェツキ将軍橋*　一九八一年開通。

図6—12

＊ステファン・ロヴェツキ　Stefan Rowecki（一八九五〜一九四四）ポーランド軍指導者でコードネームは「グロト」。一九一九年から二一年の対ソ連戦争、一九三九年のワルシャワ防衛戦に参加。同年一二月に国内軍（AK）の前身組織である武装闘争同盟（ZWZ）の最高司令官となる。反ドイツ抵抗武装勢力を国内軍に統合した。一九四三年六月三〇日、ワルシャワ市内で逮捕され、ザクセンハウゼン強制収容所に送られた後、翌年八月のワルシャワ蜂起勃発直後にヒムラーの特別命令により殺害された。

・**グダィンスキ橋**（鉄橋、トラム用、自動車・歩行者用橋をふくむ）前身は戦前の「第二の橋」であるツィタデラ橋（一八七五年建造）。一九四四年九月にナチス・ドイツが破壊。鉄道橋は一九四六年に再建開通。一九五九年、二層構造（上部は四車線の輸送車道、下部はトラムと車道、脇に舗道）の橋が完成・開通。

・**シロンスコ・ドンブロフスキ橋**　前身は戦前の「第一の橋」であるキェルベヂ橋（一八六四年建造）。一九四四年にナチス・ドイツが破壊。一九四九年に再建開通。

・シフィエントクシスキ橋　二〇〇〇年開通。高い柱の上から長いケーブルを何本も張って橋桁を支える斜張橋という工法によるもの。（図6—12）左岸の橋のたもとには、クルィスティナ・クラヘルスカをモデルにした人魚像がある。

・**シレドニツォヴィ鉄橋**　一九三一年建造。一九三三年にヴィスワ川両岸地区を結ぶ旅客鉄道線（リニヤ・シレドニツォヴァ）開通。一九四四年九月にナチス・ドイツが破壊。戦後の一九四九年に再建。
・ユゼフ・ポニャトフスキ橋　前身は戦前の「第三の橋」（一九一四年建造）。一九四四年にナチス・ドイツが破壊。一九四六年に再建開通。
・ワジェンコフスキ橋　一九七四年開通。
・シェキェルコフスキ橋　二〇〇二年開通。

7

1863年「1月蜂起」後から19世紀末、第一次大戦前夜まで

1864年～1914年

ミロフスキ市場の装飾壁

クロネンベルク宮殿

サスキ公園と無名戦士の墓のすぐそば、ユゼフ・ピウスツキ元帥広場の南側のクルレフスカ通りをはさんで、ソフィテル・ヴィクトリア・ホテルがある。社会主義時代の一九七六年開業で、ブリストルやエウロペイスキのように長い歴史はないが、五つ星の豪華ホテルである。そのすぐ西側、マゾヴィェツカ通りをはさんでは、ポーランド国立芸術ギャラリー・ザヘンタがある。かつて、そのホテルの建つ場所にあったのはクロネンベルク宮殿だった。ポーランドの大富豪、レオポルト・クロネンベルク（一八一二～一八七八）が「一月蜂起」敗北直後の一八六八年から七一年にかけて、ベルリンから来たゲオルク・ヒッツィヒ*の設計により、一〇〇万ルーブルの巨費を投じて建設したというもので、一九世紀のワルシャワでもっとも豪華な宮殿だった。だが、一九三九年に焼け、戦後の一九六一年から翌年にかけて完全に取り壊された。

*ゲオルク・フリードリヒ・ハインリヒ・ヒッツィヒ Georg Friedrich Heinrich Hitzig（一八一一～一八八一）、ドイツ生まれ、プロテスタントに改宗したユダヤ人建築家。

クロネンベルクは裕福なユダヤ人銀行家の家に生まれ、一八四六年にルター派キリスト教に改宗したが、ユダヤ人社会とも緊密なつながりを保った。一八六三年「一月蜂起」では保守穏健派の「白党」を支持した。ポジティヴィズム（実証主義）の熱心な唱道者でもあり、証券取引委員会の会頭をつとめ、ワルシャワ商業銀行を創設し、鉄道建設や産業発展に力をつくした有力者だった。ワルシャワのヴォラ地区、ムウィナルスカ通りとジトニャ通りにあるプロテスタント墓地にはクロネンベルク家の大きな礼拝堂があり、そこに埋葬されている。

ホテル・ヴィクトリアも二〇〇八年以来改装を重ねているので、いまも見ることができるかどうか断言できないが、二〇〇六年当時、正面玄関にかつてのクロネンベルク宮殿の写真が掲げられていた。（図7—1）

写真説明には「この場所にクロネンベルク宮殿があった」とあるが、現在のホテル・ヴィクトリアの建つ場所にそのまま宮殿の場所が重なるわけではないし、同じように当時のサスキ広場に正面があったのでもない。厳密に言うと、宮殿はホテルの西側にあるスタニスワフ・マワホフスキ広場に面して建っていたので、場所が重なるのはホテルの西側の一部分だろう。世紀の転換点に広場をあいだにして真向かいに建ったのが国立芸術ギャラリー・ザヘンタだった。

一八六三年「一月蜂起」の敗北はポーランド人の思考に大きな転換をもたらした。西欧文芸・文明思想を支配したロマンティシズム（ロマン主義）が後退し、一九世紀後半から二〇世紀初めにかけて、ポジティヴィズム（実証主義）が文化・知識人やブルジョアジーのなかでの有力な思潮となった。それは、革命的行動による独立回復の道が挫折した状況のもとで、とりあえず政治的には独立喪失の現実を受け入れ、むしろ、経済、教育、文化活動を発展させ、「実業」あるいは「有機的労働」praca organiczna（organic work）によってポーランド国民の後進性を克服しようというものである。ポジティヴィズムは「封建主義の残滓とたたかい、女性、ユダヤ人、市民、農民の解放を支持し、経済的企業を奨励し、社会的・民族的背景にかかわらず、すべてのポーランド人市民が国の発展に寄与できると主

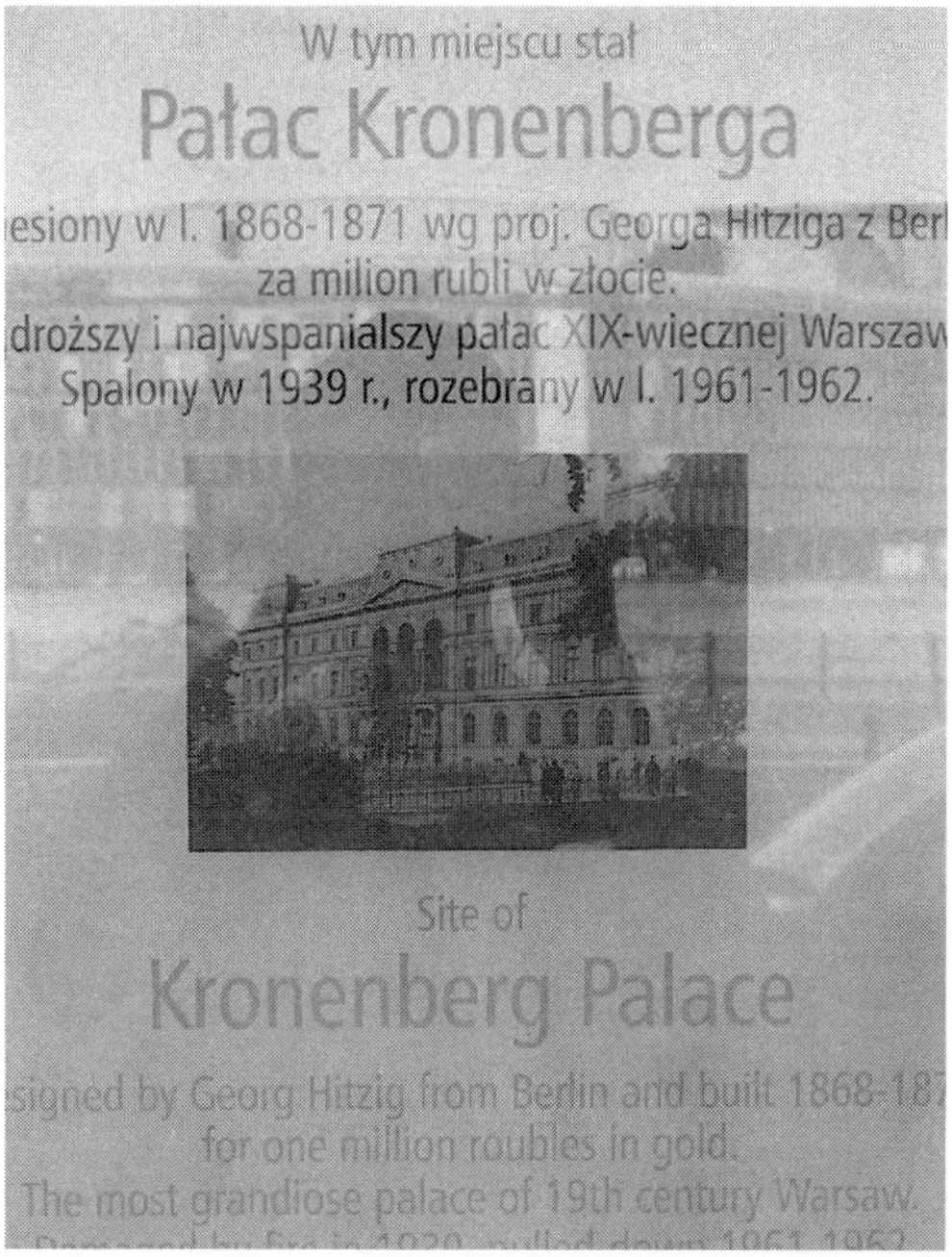
W tym miejscu stał
Pałac Kronenberga
esiony w l. 1868-1871 wg proj. Georga Hitziga z Berl
za milion rubli w złocie.
droższy i najwspanialszy pałac XIX-wiecznej Warszaw
Spalony w 1939 r., rozebrany w l. 1961-1962.
Site of
Kronenberg Palace
signed by Georg Hitzig from Berlin and built 1868-187
for one million roubles in gold.
The most grandiose palace of 19th century Warsaw.
図7—1

張した」（George J. Lerski, *Historical Dictionary of Poland, 966-1945*, p. 468）とも説明される。ポジティヴィズムは労働者階級が組織化され始める一九世紀末まで影響力をもった。文芸作品におけるポジティヴィズムの代表者にエリザ・オジェシュコヴァ（一八四一〜一九一〇）やボレスワフ・プルス（一八四七〜一九一二）らがいるが、経済・実業界における代表的人物がクロネンベルクだった。

ポーランド銀行

サスキ公園前のユゼフ・ピウスツキ元帥広場からヴィェジュボヴァ通りを北西に進むとビェラインスカ通りになる。その通りと北東に枝分かれするダニウォヴィチョフスカ通りには、一九四四年八月のワルシャワ蜂起当時の激戦のあとを生々しく残す「ポーランド銀行要塞」がある（ビェラインスカ通り16）。七〇余年をへてなお砲弾の痕跡と壁の崩落の有様の一部をみる建物の前に色鮮やかな花を植え込んだ花壇の奥に、国内軍（AK）のシンボルであるPW*の大きな「コトフィツァ」（kotwica 錨）が立ち、「ポーランド銀行要塞、ワルシャワ蜂起において、旧市街を防衛するため、国内軍の兵士がここで戦い死亡した。一九四四年八月一日〜九月二日」と記す記念プレートがある。

＊ Polska Walczy あるいは Polska Walcząca「戦うポーランド」を意味する。

この建物は一九〇七年から一一年にかけてロシア人建築家がロシア帝国銀行として設計・建築したもので、ダニウォヴィチョフスカ通り側の建物壁にある小さな記念プレートに建物全体の写真があり、以下のように説明されている。（図7―2）

「この壁はポーランド銀行の残存部分である。一九〇七年から一九一一年にかけて、一八世紀と一九世紀に造幣局があった二つの宮殿の場所に、レオンティ・ベノイスの設計によりロシア帝国銀行本部として建造された。ネオ・ルネサンス様式。一九四四年の蜂起期間、ポーランド部隊の要塞だったが、ドイツ軍機により爆撃された。」

建物全体の写真を見ると、現在残っているのは当時の建物の右翼部分であることがわかる。ファサードと左翼部分はおそらくそのまま残すことは不可能だったのであろう。かなり最近まで解体作業があったが、二〇一二年に真新しいオフィスビルとして改築が成った。しかし現在は「セナトル・ビル」と称されるその建物内部、正面入り口には蜂起当時の痕跡のある一部を残し留めている。

建物はポーランド独立回復後、ポーランド銀行の本部となった。しかし、一九四〇年から四四年まではナチス占領当局の任命による総督府の中央銀行がおかれた。ポーランド初の中央銀行は会議王国時代の一八二八年にフランチシェク・クサヴェルィ・ルベツキ＝ドルツキ（一七七八～一八四六）が創設したものとされる。一八六三年「一月蜂起」後、一八八六年に閉鎖され、ロシア帝国銀行に吸収された。この間の一八七〇年には、クロネンベルクが大勢の銀行家の支持のもとに商業銀行を創設している。

Mury te są pozostałością
Banku Polskiego
niesiony w l. 1907-1911 jako siedziba rosyjskiego Banku Pańs
miejscu dwóch pałaców z XVIII i XIX w. mieszczących menni
proj. Leontij Benois. Neorenesansowy.
Podczas powstania 1944 r. reduta oddziałów polskich
zbombardowana przez niemieckie samoloty.
Ruins of
the Bank of Poland
Built in 1907-1911 as the Russian Imperial Bank
site of two 18th- and 19th- century palaces used by the Sta
Neo-Renaissance, designed by Leontij Benois.
図7—2

ミロフスキ市場、パサシュ・シモンサ、ルジツキ市場

サスキ公園の西にはジェラズナ・ブラマ広場とルボミルスキ宮殿がある。その西側、ヤン・パヴェウ

図7—3

二世大通りの手前にミロフスキ市場の双子の建物「ハレ・ミロフスキェ」がある。正確には、ミロフスキ広場にあるのがミロフスキ市場「ハラ・ミロフスカ」で、ジェラズナ・ブラマ広場にあるのをグヴァルディア市場「ハラ・グヴァルディイ」という。「ミロフスカ」は地域名「ミルフ」に、「グヴァルディイ」は「グヴァルディア」（近衛軍）に由来する。一八九九年から一九〇一年にかけてミロフスキ兵舎の建物が解体されたのにともない、同じ年から一九〇二年にかけてミロフスキ市場が建造・開設された。（図7—3）

　ミロフスキ兵舎は一七三三年に「サクソン軸」の構成部分として建造され、その後近衛騎兵隊の建物に改築された。一七九四年のコシチュシュコの蜂起のときにはユダヤ人連隊が組織され、ワルシャワ公国時代には軽騎兵連隊が駐屯した。兵舎解体跡に開設された屋根付きの商業市場はミロフスキ広場の西建物とジェラズナ・ブラマ広場の東建物という双子の建物から成る。一九四五年までワルシャワ最大の市場であらゆる生活用品が集まっていた。ワルシャワ蜂起のときに破壊され、戦後の一九五〇年代から六〇年代にかけて元のすがたにちかいかたちで補修・再建され、往時にはおよばぬものの現在も賑わいがある。西側建物の後方部分の塔には円形のなかに「一八九九～一九〇一」の数字があり、そのまわりには見事な装飾が掘り起こされている（本章トビラ写真）。だが、建物の脇を歩いてみると、側面のレンガ壁には無数の弾痕が残っていて、深く大きく抉られている部分もある。

　前章に言及したアルフレート・デーブリーンは一九二四年秋にワルシャワを訪れた時、フウォドナ通りからミロフスキ広場に入り、サスキ公園西入口近くのジェラズナ・ブラマ広場に向かって歩いた。そのときに見たミロフスキ市場についての記述はこうである。

「フウォドナ通りに続く広場に入る。ミロフスキという名のようだ。たくさんの馬車が乗りつけている。大きな黄色い建物が、広場を横切るように立っている。近代的な市場ホールだ。広場入り口の左側一帯は、乱雑に積み上げられた藁と空の籠でいっぱいだ。果物をのせた台がいくつか連なって、市場ホール入り口へ延びている。ホールを通り抜ける。魚。魚。魚。水槽。死んだ魚。生きている魚。ホールの裏側には別の市場があって、古道具や衣服を扱っている。その次の二番目のホールではバター、チーズ、果物も売っている。ここで値切っているのは、たいていカフタンを着て頭蓋帽をかぶったユダヤ人たちだけだ。砂糖菓子が安売りされている。」（デーブリーン著、岸本雅之訳『ポーランド旅行』、三四頁）

ミロフスキ市場の開設と同じ世紀の転換期、一九〇〇年から一九〇三年にかけて、クラシィンスキ公園の南、ドウゥガ通りの旧兵器庫の向かい側（旧ナレフキ通り２Ａ、現在はゲットー英雄通り）にオーナーの名に由来するパサシュ・シモンサ（シモンズのアーケード）という大きな商業サービス施設が建てられた。一般店舗、卸売業者の店、会社事務所、レストラン、ホテル、ユダヤ人の小劇場、スポーツクラブなど多目的使用のために設計されたコンクリート造り五階建てのきわめて現代的で斬新な建物だった。電気設備とエレベーターもあった。だが、いまそのあたりには駐車場と横に低層の建物があるだけで、当時の面影も賑わいもまったくない。パサシュ・シモンサは一九三九年のドイツ軍によるワルシャワ包囲と空爆では大きな被害を受けず、占領期間も商業施設としての役割を果したが、一九四四年八月のワルシャワ蜂起のときに激戦の場となり、爆撃も受けて破壊された。現在そこは緑地公園になっていて、高い鉄製十字架を真ん中にして四つの石塊、楕円形の記念プレートからなるモニュメントがあるが、それは一九四四年八月三一日のドイツ

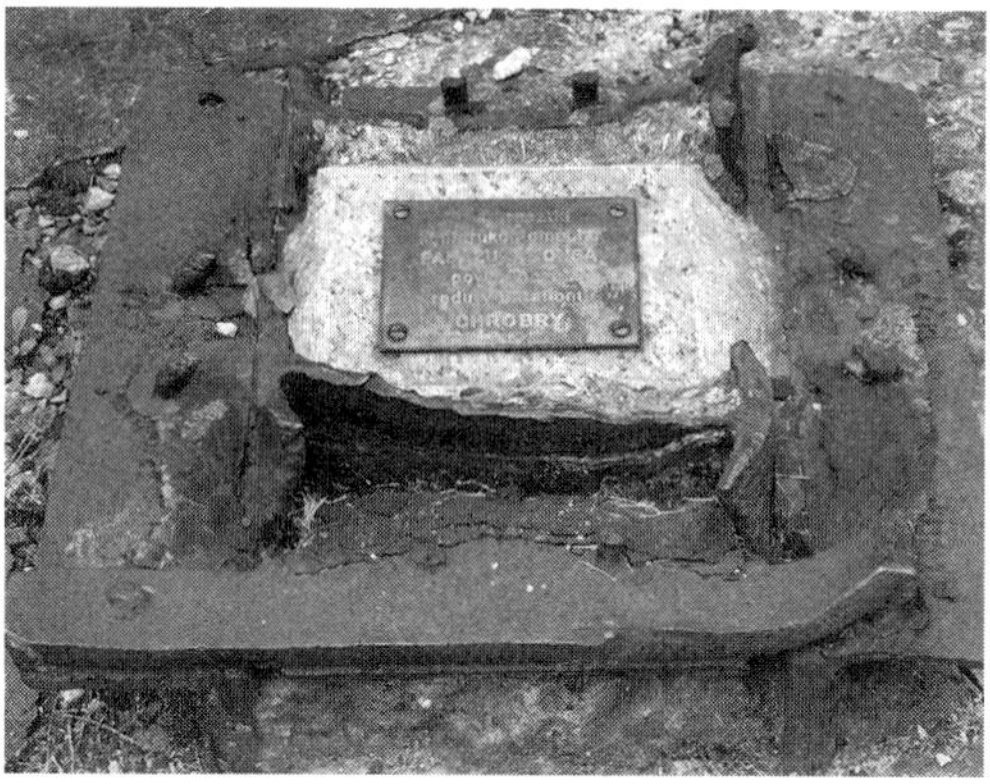

図7―4

図7―5

図7―6

軍空爆による犠牲者を追悼するものである。ただそのそばには、「ここにフロブルィ大隊の要塞だったパサシュ・シモンサの建物の一部がある」という小さな四角い記念板をはめつけたコンクリート片がひとつだけある。（図7―4）（『ワルシャワ蜂起』第四章参照）

対照的に現在のゲットー英雄通り（旧ナレフキ通り）をはさんだ向かい側の旧兵器庫は補修されながらもいまは国立考古学博物館としてかつての様子をとどめている。

ヴィスワ川左岸ではこのほか、一九〇五年から〇八年にかけて、現在のトヴァロヴァ通りとミェヂアナ通りの間にヴィトコフスキ市場が開設されたが、現存しない。一九〇六年から〇九年かけては、コシコヴァ通りの市場建物がワルシャワ南部地域の特別な供給センターとして開設された。一九一三年から一四年にかけては、ブラツカ通り25にヤプウコフスキ兄弟の百貨店が建造された。

ヴィスワ川右岸のプラガでは一九世紀末から二〇世紀初めの転換期、タルゴヴァ通り54にルジツキ市場（バザル・ルジツキ）ができた。（図7―5）（図7―6）タルゴヴァ通りはプラガの目抜き通りでソリダルノシチ大通りと交差して南東にはしる。その通りとゾンプコフスカ通りの交差点の東側区域にあるのがルジツキ市場である。同区域の定期市の歴史は古く一七世紀半ばともいう。一九世紀の三〇年代にはタルゴヴァ通りと当時のヴォウォヴァ通りの間とヤギェロィンスカ通りに沿って市場ができた。前章にもみたように、一八六二年にワルシャワ・ペテルスブルク鉄道が開通し、同年にペテルスブルク駅（タルゴヴァ通り）と一八六七年にテレスポル駅（現在のワルシャワ東駅）ができたことにより、プラガはヨーロッパ各地へ積み荷を輸送する中継地点となった。

ルジツキ市場の名は記念プレートにあるように、その土地の購入者であるユリアン・ユゼフ・ルジツキに由来する。薬剤師・薬局経営者であり投資家でもあったルジツキは一八七四年にこの土地を入手した。ルジツキ市場はかつてワルシャワでも最も重要な買い物マーケットだったが、都市開発にともないその役割は終わっている。しかし、ひしめくように並ぶ露店のすがたは古き時代のワルシャワをいまもとどめている。ゾンプコフスカ通り27／31のヴォトカ工場は一八九五年から九七年の建造である。

ワルシャワ工科大学とワルシャワ大学

ワルシャワ工科大学の本館建物の建造は一八九九年に始まり、一九〇二年に完成した。ネオ・ルネサンス様式とネオ・バロック様式の壮麗な建物の設計者はステファン・シルレル（一八五七〜一九三三）であ

図7―7

る。（図7―7）中欧最大の工科大学のひとつで起源は古く、一八二六年に工学研究の予備学校として当時ワルシャワ大学のあったカジミェシュ宮殿に設置されたことにさかのぼる。「一一月蜂起」後、一八三一年に閉鎖され、一八九八年から一九一四年までロシア語を使用言語とする工学教育機関「ツァーリ・ニコライ二世記念工科研究施設」となった。第一次大戦中の一九一五年、ドイツ軍がワルシャワに進駐し、ポーランド語を教育言語としたワルシャワ工科大学の開設とワルシャワ大学の再開をみとめた。このため、ワルシャワ工科大学の創立は一九一五年とされる。第二次大戦中のナチス・ドイツによる占領中、両大学の教育・研究は地下に追いこまれた。一九四二年からは地下国家のもとに「国立高等工学校」の教育課程が設けられ、ワルシャワやクラクフなどの市内各所に場所を変えての教育が継続されて学位も授与された。

　クラコフスキェ・プシェドミェシチェ通り26／28に面したワルシャワ大学の優美な正門もステファン・シルレルが一九〇〇年頃に設計したものである。（図7―8）ワルシャワ大学創設の起源は工科大学よりも一〇年ほど早い一八一六年、ポーランド国家三分割後の会議王国発足直後のことで、すでにあった法学と医学の学校をもとにロシア皇帝アレクサンドル一世のもと設置がみとめられた。工科大学と同様、「一一月蜂起」後の一八三一年に閉鎖された。一八六二年、これに替わる教育機関として「中央学校」が開校した。哲学・歴史、医学、数学、物理学の四学部があり、学問教育に重要な役割を果たした。学生のなかにはアレクサンデル・シフィェントホフスキ（一八四九～一九三八）、ヘンルィク・シェンキェヴィチ（一八四六〜一九一六）、ボレスワフ・プルスらポジティヴィズムの重要な作家・学者らがいる。一八六〇年に建造された同校建物は現在、ワルシャワ大学構内を正門から入って南側にある。しかし、「中央学校」の存続期間は短く、一八六九年、同校はワルシャワ帝国大学に改組された。ワルシャワ大学が完全に復活再開されたのは、工科大学と同じ一九一五年のことである。一九一八年の独立回復後、同大学は西欧諸国のなかでもとくに顕著な発展をとげた。第二次大戦中、ナチス・ドイツ占領者によって大学は閉鎖されたが、大勢の教育者が地下で教育研究活動を続けたのは工科大学と同様である。この時期の地下学校で学んだなかにはカロル・ユゼフ・ヴォイティワ（ヨハネ・パウロ二世教皇）（一九二〇〜二〇〇五）もいる。

図7—8

図7—9

ちなみに、ワルシャワ大学旧図書館*（図7—9）が建造されたのは一八九一年から九四年にかけてである。施設としての図書館の歴史は一八〇四年、ワルシャワ・リツェウムの読書室開設にさかのぼる。

＊新図書館は、ドブラ通りとリポヴァ通りの角に一九九九年に開館している。（『ワルシャワ蜂起』第六章参照）

マリヤ・スクウォドフスカ＝キュリー（一八六七〜一九三四）がポロニウムとラジウムを発見したのは一八九八年のことだった。一九〇三年にノーベル物理学賞、一九一一年にはノーベル化学賞を受賞した。よく知られるように、マリヤ・スクウォドフスカの学生時代、初等・中等学校にはロシア語の使用が強制されていて、パリへ出る前にはロシア帝国支配下での地下移動大学で学んだ。

ユダヤ教シナゴーグとキリスト教会

この時期、ユダヤ教の重要なシナゴーグが二つ建造された。ひとつは一八七六年から七八年にかけて建造されたトウォマツキェ通り7の大シナゴーグである。レアンデル・マルツォニ（レアンドロ・マルコーニ、ヘンルィク・マルツォニの息子）（一八三四〜一九一九）が設計した新古典主義様式の優美かつ荘厳な建物だったが、一九四三年五月一六日、ワルシャワのナチス親衛隊・警察司令官、ユルゲン・シュトロープ（一八九五〜一九五二）の命令により爆破された。一九世紀後半、会議王国では商工業の発展とともにユダヤ人の活躍が顕著になり、クロネンベルク家、ブロッホ家、ポズナンスキ家など上流階級や知識人層でキリスト教に同化したユダヤ人も多くなった。ユダヤ人社会による大シナゴーグの建造も「進歩的」なその時代の反映で、礼拝は正統派ながらも一部にポーランド語による説教がとりいれられた。宗教文書館、宗教学校、集会場などのための部屋もあり、当時のワルシャワ・ユダヤ人の存在のシンボルだったが、一九四〇年には他のユダヤ人礼拝所と同様に閉鎖された。翌年六月に一時的に再開されたものの、一九四二年三月にまた閉鎖された。一九四三年四月のワルシャワ・ゲットー蜂起開始から一か月後、前記ナチス親衛隊・警察司令官は「シュトロープ報告」に「誇らかに」記した。

「ユダヤ人、ならず者、人間のくず連中を一八〇人殲滅した。ワルシャワにユダヤ人居住地区はもうなくなった！　大作戦は二〇時一五分、ワルシャワのシナゴーグを爆破して終了した。」（『記憶するワルシャワ』

第二章参照）

爆破されたシナゴーグのあった場所には現在、「ブルータワー」とよばれる全面ガラス張りの現代的な高層ビルがそびえたつ。一九九〇年代初めの建造である。その壁面に大シナゴーグの写真が取り付けられているが、ほとんど見過ごしかねないほどつつましく小さなものである。（図7―10）そのブルータワーの向かい側にあるのは、ユダヤ歴史研究所である。戦前そこにはユダヤ図書館とユダヤ研究所が入っていて、ラビやユダヤ人学校の教師を養成することを目的としていた。建造は独立回復後の一九二八年に始まり、一九三六年に開館した。

もうひとつのシナゴーグは一八九八年から一九〇二年にかけてトファルダ通り6に建造されたノジク・シナゴーグである。（図7―11）グジボフスカ通りとトファルダ通りに囲まれた区域の真ん中あたり。ユダ

図7―10

図7―11

ヤ人商人のゼルマン・ノジク（一八四六～一九〇三）と妻ルィフカ（一九一四没）夫妻が個人の礼拝堂として建造したものだが、夫妻の遺志により後にワルシャワのユダヤ人社会の礼拝堂に供された。現在、ワルシャワで実際に礼拝堂となっている唯一のシナゴーグである。ネオ・ロマネスク様式で、威厳というよりも均整のとれた優美な建造物である。ナチス・ドイツによる占領中、最初は小ゲットーのなかに位置したが、その後ゲットーの境界線が北に移った後も、ドイツ軍の厩舎・飼料倉庫として使用されたため、戦争被害を受けたものの完全な破壊は免れた。一九七七年から八三年にかけて完全に修復され、本来のすがたをいまもとどめている。

ヴィスワ川左岸地区の重要なキリスト教会では、一八六六年から八二年にかけて、現ソリダルノシチ大通り76にプロテスタント（福音主義改革派）の教会が建造された。（図7―12）。世紀の転換時期、一九〇一年

図7―12

図7―13

にズバヴィチェル（救世主）広場の救世主教会の建築が始まった。完成は一九二七年になるが、一九一一年には一般に開かれた。

ヴィスワ川右岸のプラガ地区では、一八六八年から六九年にかけて現ソリダルノシチ大通り52に前章にも記したロシア正教会が建造されている。一九世紀後半に増加していたプラガ地区の正教会信徒ロシア人社会のためのものだった。プラガ地区では一八八八年から一九〇一年にかけて、聖フロリアン大聖堂も建造された（フロリヤィンスカ通り3）。（図7―13）ネオ・ゴシック様式のこの教会は第二次大戦中に完全に破壊されたが、一九四七年から七二年までの長期間をかけて再建された。七五メートルもあるという双子の塔はヴィスワ川左岸からもはっきりと望むことができる。

聖アレクサンドル・ネフスキー大聖堂

威風堂々ながら幻想的雰囲気も感じられる巨大建築物だったが、わずか一五年そこそこで取り壊される運命のものがあった。一九一二年にサスキ広場に建造が完成したロシア正教会の聖アレクサンドル・ネフスキー大聖堂である。前記ポーランド銀行の設計者でロシア人建築家、レオン・ベノイス（ベノワ）（一八五六～一九二八）の設計により工事が始まったのは一八九四年で、完成にいたるまでその存在期間よりも長い二〇年ちかくかかった。

玉葱型ドームと十字架は本棟に五つ、高さ七〇メートルにもおよぶ南側の十字架のある鐘塔は当時のワルシャワでもっとも高い建造物がロシア人支配を象徴するかのようにサスキ広場（現在のユゼフ・ピウスツキ元帥広場）の真ん中を傲然と占有し、ポーランド人の誇りと感情を痛く傷つける存在となっていた。そのため、ポーランド独立回復後、一九二四年から二六年にかけて、膨大な費用と労力により完全に取り壊された。一九二四年秋にワルシャワを歩いたアルフレート・デーブリーンはその取り壊しの状況を間近に見たのだった。その記述は次章で紹介する。

一八六三年「一月蜂起」敗北後（一九世紀後半）から二〇世紀初頭（第一次大戦前夜）までのワルシャワ（一八六四年～一九一四年までの約五〇年間）

スタルィンキェヴィチ市長

一八七五年からワルシャワ市長のポストは主にロシア人が占めることになり、一九一五年まで続くことになる。独立回復により、ワルシャワ市長が初めて自由選挙で議会メンバーから選出されたのは、ピョトル・ヂュジェヴィェツキ（一八六五～一九四三）だった。

だが、独立回復以前の一八七五年に市長に就任したソクラテス・スタルィンキェヴィチ（一八二〇～一九〇二）は一八九二年までの在職期間に馬引きトラム、電話、下水道、ヴォラのガス工場などを導入し、都市としてのワルシャワの発展に多大な功績をのこした。この時代、ノヴァ・プラガ、シュムロヴィズナ、カミヨネク、タルグヴェクの一部などがワルシャワに編入され、ロシア支配下ながら首都は拡大した。ロシア人でありながらも、後述するステファン・スタジィンスキ市長に次いでワルシャワ市民に人気があるというスタルィンキェヴィチ市長時代のおもな事業で特筆すべきは下水・水道施設の建造であろう。一八八一年、英国人ウィリアム・リンドレー（一八〇八～一九〇〇）とワルシャワの下水・水道施設建造について契約した。『ワルシャワ蜂起』の「地下水道」の章にも書いたが、ウィリアム・リンドレーはその設計にとりくみ、息子のウィリアム・ヒーアレイン・リンドレー（一八五三～一九一七）のもとで一八八一年から八九年、さらに一九一五年にかけて工事が行われた。ワルシャワの濾過施設が建造されたのは一八八五年から八六年にかけてである。オホタ地区にあるこのワルシャワ濾過施設は「リンドレーの濾過施設」ともよばれ、「旧ロシア帝国内で近代的な下水道施設が最初にできたのはワルシャワ」（Malgorzata Omilanowska and Jerzy Majewski. *WARSAW. DK EYEWITNESS TRAVEL GUIDES*, p.137）だった。ロベルト・マルチンコフスキは著書でスタルィンキェヴィチについて「ロシア人だが、ワルシャワを戦利品として扱わず、その市民も戦争捕虜とみなすことはなかった。わが都市のために大きな功績を残した人物である」と書いている。（Robert Marcinkowski. *An Illustrated Atlas of Old Warsaw*. p. 115）一九四三年四月から五月にかけてのゲットー蜂起、翌一九四四年八月から一〇月初めにかけてのワルシャワ蜂起で下水道網が蜂起側の連絡・通信、脱出目的などに使用されたことはアンジェイ・ヴァイダ監督の映画「地下水道」（*Kanał*. 1956）などでもよく知られるところである。（『記憶するワルシャワ』第四章、『ワルシャワ蜂起』第一章を参照）

ワルシャワで初めての電話設備が敷かれたのも一八八〇年代初めのことである。一九〇四年にはスウェーデン電話会社セデルグレンの本部電話局建物が建造され、一九二二年にポーランド電話会社（PAST-a）に引き継がれる。ジェルナ通り37／39の電話局ビルは当時ワルシャワで最も高い八階建ての「摩天楼」だった。一九四四年蜂起の時、蜂起側に制圧されたが大きな被害を受け、戦後再建された。

ワルシャワ市の拡大

一八八九年にヴィスワ川右岸・プラガ、前記シュムルキ（現在のワルシャワ東駅の北側）とよばれる地域がワルシャワ境界内に編入された。当時、その地区の名はシュムロヴィズナと言ったが、その由来はスタニスワフ・アウグスト・ポニャトフスキ国王時代の王室出入ユダヤ商人、シュムル・ズビトコヴェル（ユゼフ・サムエル・ソンネンベルク、一七二七〜一八〇一）の名にあるとされる。二〇世紀に入り、一九一五年にヴィスワ川右岸の「古いブルドノ」、一九一六年には「新しいブルドノ」、ゴツワフ、タルグヴェク、現在のグロフフもワルシャワに編入された。ワルシャワ最大の墓地であるブルドノ墓地は一八八四年に開設された。グロフフは一八三一年、「一一月蜂起」中最大の戦闘だった「オルシンカ・グロホフスカの戦い」があったところである。プラガでは市民のレクリエーション・スポットとなっていたサスカ・ケンパも一九一六年にはワルシャワに編入された。左岸ではヴォラ、モコトゥフも編入され、ワルシャワの人口は一〇〇万人に達する。ヴォラは既述のように一七六四年にスタニスワフ・アウグスト・ポニャトフスキを国王に選んだ選挙地で、一八世紀には農業地だったが、ワルシャワ・ウィーン鉄道の開通により金属工場、皮革工場、織維工場など工業化が進んだ。半面、労働者が組織化され、労働争議も多発した。

交通・社会設備施設

一八六三年「一月蜂起」後から世紀の転換をへて、第一次大戦前夜までの約五〇年間に、ワルシャワの鉄道事情は大いに発展し、ヴィスワ川に架る橋の建造でもみるべきものが多いが、それらはすでに前章に記した。他の諸相をみる。

ワルシャワ市街にトラムが走り出したのも「一月蜂起」直後の一八六〇年代半ばのことだった。ただしそれは、馬が小型の乗客車両を引く「馬引きトラム」だった。前述のように、ヴィスワ川「第一の橋」ができたのが一八六四年のことで、「馬引きトラム」は左岸のワルシャワ・ウィーン駅と右岸のワルシャワ・ヴィルノ駅、ワルシャワ・テレスポル駅をむすぶ重要な手段となり、市街路線は増設されて市民が日常的に利用する交通手段として定着した。ルブリン合同広場にトラムが走ったのは一八八五年のことと参考資料にある。二〇世紀に入り、一九〇五年から〇八年にかけて、馬引きトラムは電気駆動のトラムにとってかわられる。ワルシャワ市がトラムを運営するようになるのは一九一八年のことだった。（Adriana Gozdecka-Sanford, *Historical Dictionary of Warsaw*, p. 63）

二〇世紀初頭、ガス灯が電灯にとってかえられた。ワルシャワのガス灯は一九〇〇年当時、六八二九灯だったが、一九九五年に残っていたのは一六〇灯だったという。（Robert Marcinkowski, *op.cit.*, p. 148）

ワルシャワ市内の電化が始まったのは一九〇一年から〇二年にかけてのことである。ポヴィシレの発電所が稼働する。ロベルト・マルチンコフスキによると、ポヴィシレの発電所建物開設は一九〇五年一月一一日とある（*Ibid.*, p. 116）。当時は在ワルシャワのフランス電力会社のものだったが、一九三四年七月、最終的にワルシャワ市所有となる。戦後の一九四五年以後は国家所有である。関連して一九〇八年三月、中央電気鉄道工場施設の発電所が開設稼働した。（*Ibid.*, p. 117）その建物は現在ワルシャワ蜂起博物館として利用されているものである。

ワルシャワで郵便事業が近代化したのも一九世紀で、郵便公印と郵便切手、郵便箱が使われるようになった。ツァーリ支配のもとで、郵便事業は当初独立性があったが、一八五〇年以降は検閲やロシア語の強制が強まっていた。

建築物・公園・墓地

さきの項で一部を記したキリスト教会を追記する。グジボフスキ広場にある諸聖人の教会は一八六一年にヘンルィク・マルツォニ（エンリコ・マルコーニ）（一七九二〜一八六三）の設計で建築が始まり、特徴ある二つの鐘塔をもつかたちで最終的完成をみたのは一八九二年と言われる。（図７―14）ナチス・ドイツ占領下のユダヤ人ゲットーのなかに位置した教会の一つだった。マルツェリ・ゴドレフスキ神父（一八六五〜

図7—14

図7—15

一九四五）は反ユダヤ主義傾向の強い人物として知られたが、ポーランド人とユダヤ人の地下での接触に協力し、ユダヤ人の改宗者を保護したり、ゲットーの外へ逃れさせたりしたという。

グジボフスキ広場から東へ入るのはプルジュナ通りで、その両側に近年美しく改修されたかつてのユダヤ人居住住宅があることについては『記憶するワルシャワ』、『ワルシャワ蜂起』、『ワルシャワから』に記してきた。そう長くはないプルジュナ通りを進んで突き当たるのが、これも短いけれど南北にはしるジェルナ通りである。マルシャウコフスカ通りの西側に平行している。一八七四年から七五年にかけてそのジェルナ通りにヤナシュ宮殿（ヤクプ・ヤナシュの屋敷）が建てられた。第二次大戦では大きな被害を免れ、一九七〇年代に補修されているが、一九世紀後半の建築物としてはよく保存された貴重なネオ・ルネサンス様式である。（図7—15）入り口左壁にある楕円形の記念プレートによると設計はヤン・カロル・ヘウリフで、一八九三年から一九三九年までチャツキ家の所有となる。一九一五年に視覚障害児童の保護施設がおかれた。これを発足させたのはフランシスコ十字架奉仕修道女会の創始者でのちに修道院長となるルジャ・チャツカ（一八七六〜一九六一）である。現在はポーランド記念碑保存事業本部がある。

一八九八年から一九〇三年にかけて、ヴォラ地区のその名の通りヴォルスカ通り80に聖ヴォイチェフ教区教会が建てられた。赤茶色の煉瓦壁のなかの各所に円形デザインをほどこし、高い尖塔をもつネゴ・ゴシック様式が壮観である。（図7―16）一九二七年にワルシャワ大司教のアレクサンデル・カコフスキ（一八六二～一九三八）の教区となったが、一九四四年八月のワルシャワ蜂起中、ヴォラ地区住民の大量処刑場ともなった。（『ワルシャワ蜂起』第二章参照）

現在「ノヴォリプキの教会」とも言われる聖アウグスティン教会（ノヴォリプキ通り18）は一九世紀末の建造で、一八九六年の完成とされる。（図7―17）ナチス・ドイツがワルシャワ蜂起を鎮圧し、ワルシャワを徹底的に破壊した後の空撮写真が多く残っているが、瓦礫の海にただひとつぽつねんと高く屹立している

図7―16

図7―17

この教会のすがたはとくに印象的である。ナチス・ドイツ占領期間、この教会は占領者の倉庫として使われたために破壊をまぬかれたのだった。

イェロゾリムスキェ大通り、トヴァロヴァ通り、グルイェツカ通り、ラシィンスカ通りが五差路をつくるザヴィシャ広場の北側、オホタ地区との境のすぐそばのスレブルナ通り12にヴォラ博物館がある。（図7―18）その建物は最初、彫刻家アレクサンデル・シコルスキが一八八〇年に建てたシコルスキの屋敷である。一九三七年から国家所有となり、一九七〇年代に再建されて現在にいたる。

図7―18

図7―19

図7―20

一九一二年にフウォドナ通り20の「時計の下の家」Dom pod Zegaremとよばれる建物が建造されたことも記憶にとどめておきたい。（図7—19）ナチス・ドイツによる占領時代、ユダヤ評議会（ユーデンラート）議長だったアダム・チェルニャクフ（一八八〇～一九四二）の住んだアパートである。

一八九八年から一九〇三年にかけてはマワホフスキ広場にザヘンタの入る建物が建造された。（図7—20）ネオ・ルネサンス様式で、設計はステファン・シルレルである。一九二二年一二月一六日、大統領に選出されたばかりのガブリエル・ナルトヴィチ（一八六五～一九二二）がザヘンタでの美術展オープニングの場で狂信的なナショナリストに暗殺された。彼は左派、中間派、民族少数派ブロックの支持で当選したのだった。

図7—21

プラガ地区では一九一一年、当時シェロカ通りとよばれていたその一角に、ユダヤ教信者の宗教儀礼のための沐浴場であるミクヴァが建てられた。赤煉瓦の建物はワルシャワ・ユダヤ人の貴重な遺産として修復・改修されていまも残っている。（図7—21）

一九〇一年、ワルシャワの最高級ホテルとされるブリストルがクラコフスキェ・プシェドミェシチェ通りに開業した。建造は一八九九年から一九〇〇年にかけてである。ルネサンス様式の設計者はヘンルィク・マルツォニの息子であるヴワディスワフ・マルツォニ（一八四八～一九一五）で、当時西欧でも指折りの豪華ホテルだった。建造の出資者でもあるイグナツィ・ヤン・パデレフスキ（一八六〇～一九四一）

図7―22

図7―23

が首相在任当時には閣僚会議の場ともなり、戦後はケネディ米国大統領、パブロ・ピカソなど世界的著名人が宿泊した。戦後は一九四七年に再開。一九八〇年代に修復されている。（図7―22）

一九〇九年から一三年にかけては、イエロゾリムスキェ大通り45にポロニア・ホテル（現ポロニア・パレス・ホテル）が建造された。

クラコフスキェ・プシェドミェシチェ通りからホテル・ブリストルを左に見てヴィスワ川方向に向かうのはカロヴァ通りである。その通りを進むと間もなく歴史的建造物に指定されたスタニスワフ・マルキェヴィチ記念高架橋になる。ネオ・ルネサンス様式の構造物を設計したのはステファン・シルレルらで、一九〇二年から〇五年にかけて建造された。記念の名がつけられたスタニスワフ・マルキェヴィチ（一八三九～一九一二）は医師で社会活動家でもあった。

公園をみてみると、サスキ公園には一八七一年に「夏の劇場」が建てられたが、一九三九年、ドイツの空襲で焼失する。同公園には一八九四年にオランジェリー（温室）もつくられた。ウヤズドフスキ公園が現在の様子につくられたのは一八九三年から九六年にかけてである。設計はフランチシェク・シャニョルで正式開園は一八九六年八月である。プラガ地区では一九〇五年から二二年にかけて後のスカルィシェフスキ公園が整備された。その後、同公園にはイグナツィ・パデレフスキ記念の名もつけられる。

ポヴォンスコフスカ通りにある軍人墓地がつくられたのは一九一二年のことである。もともとはロシア兵士のために設けられたらしいが、一九一八年以来、ポーランド軍関係の墓地となった。一八六三年「一月蜂起」参加者、第一次大戦に参加したポーランド軍兵士、一九一九年から二一年にかけての対ソ連戦争参加兵士、第二次大戦の戦闘に参加したポーランド軍兵士、一九四四年八月蜂起の戦闘員、戦後社会主義時代の指導者、対抗した民主化活動家など、ポーランドの独立と抵抗の歴史の参加者が多数埋葬されている。（図7―23）

図7―24

ミツキェヴィチ像とショパン像

記念像ではとくに重要なものが二つある。一八九八年一二月二四日、ポーランドの代表的詩人、アダム・ミツキェヴィチの生誕一〇〇年で、ワルシャワ、クラクフ、ルヴフにミツキェヴィチ像が除幕された。クラコフスキェ・プシェドミェシチェ通りに立つ記念像（図7―24）の設計者はツィプリヤン・ゴデプスキ（一八三五～一九〇九）である。一九四四年にナチス・ドイツ占領者が廃棄したが、戦後の一九四九年にヤン・シュチェプコフスキ（一八七八～一九六四）をチーフとするチームにより再建された。もう一つは一九〇八年、彫刻家ヴァツワフ・シマノフスキ（一八五九～一九三〇）が設計制作したショパン像だが、ワジェンキ公園での除幕は一九二六年まで待たねばならなかった。

8

第一次大戦と独立回復、対ソ連戦争から ピウスツキの死まで

第一次大戦勃発（1914年)、対ソ連戦争（1919 ～ 1921年)、
デーブリーンが歩いた1924年秋、ピウスツキの死（1935年)

ユゼフ・ピウスツキ記念立像（ユゼフ・ピウスツキ元帥広場そば、トカジェフスキ＝カラシェヴィチ通り）

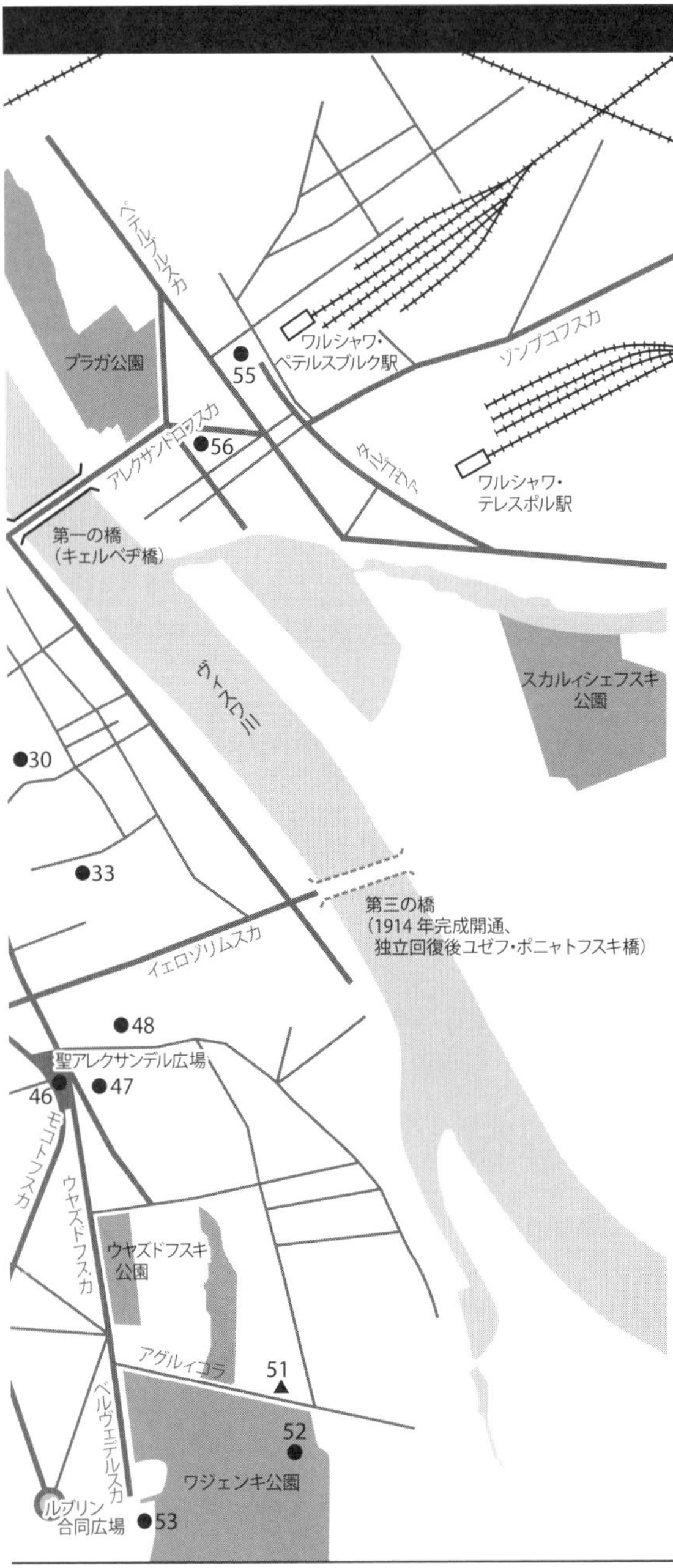

記念・歴史スポット

1 王宮・王宮広場
2 ズィグムント三世像
3 聖ヤン大聖堂
4 聖マルチン教会
5 聖ヤツェク教会
6 サクラメント教会
7 カジミェシュ教会
8 聖母マリア訪問教会
9 聖ヤン教会・病院
10 クラシィンスキ宮殿・広場
11 兵器庫
12 ホテル・ポルスキ
13 パツ宮殿
14 ワルシャワ市庁舎・ラトゥシュ（ヤブウォノフスキ宮殿）
15 大劇場
16 ホテル・アンギェルスキ
17 大シナゴーグ
18 聖アントニ・パデフスキ教会
19 国立銀行
20 サスキ宮殿
21 聖アレクサンドル・ネフスキー大聖堂
22 ザヘンタ
23 福音主義信仰告白派教会
24 聖アンナ教会（ベルナルディン教会）
25 ミツキェヴィチ像
26 パスキェヴィチ将軍像
27 ナミェストニク宮殿
28 カルメル会教会
29 ヴィジトキ教会
30 大学（カジミェシュ宮殿）
31 聖十字架教会
32 コペルニクス記念座像・スタシツ宮殿
33 音楽院
34 郵便局
35 聖アウグスティン教会
36 福音主義改革派教会
37 聖母マリア誕生教会
38 聖カロル・ボロメウシュ教会
39 聖霊病院
40 ミロフスキ市場
41 グヴァルディア市場
42 もてなしのよい館
43 諸聖人の教会
44 ウィーン・ホテル
45 ヴォイチェフ教区教会
46 聖アレクサンデル教会
47 ろうあ協会
48 聖ワザシュ病院
49 幼子イエス病院
50 工科大学・広場
51 ヤン三世ソビェスキの騎乗像
52 ワジェンキ宮殿（水上宮殿）
53 ベルヴェデル宮殿
54 ズバヴィチェル（救世主）教会
55 聖マリア・マグダレナ・ロシア正教会
56 聖フロリアン大聖堂

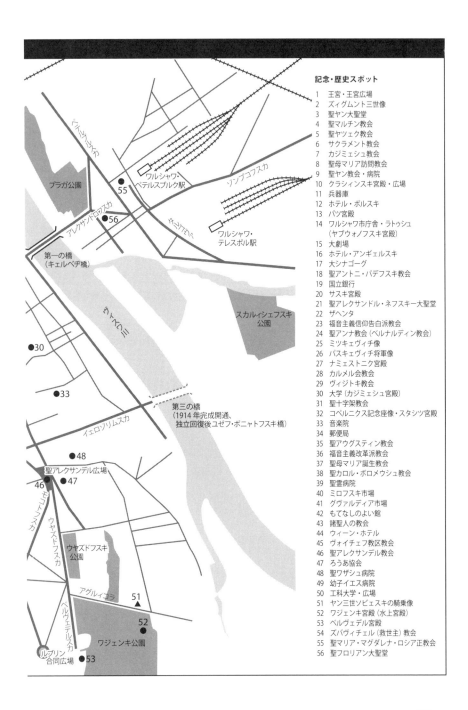

第一次大戦、独立回復前、1910年頃のワルシャワ

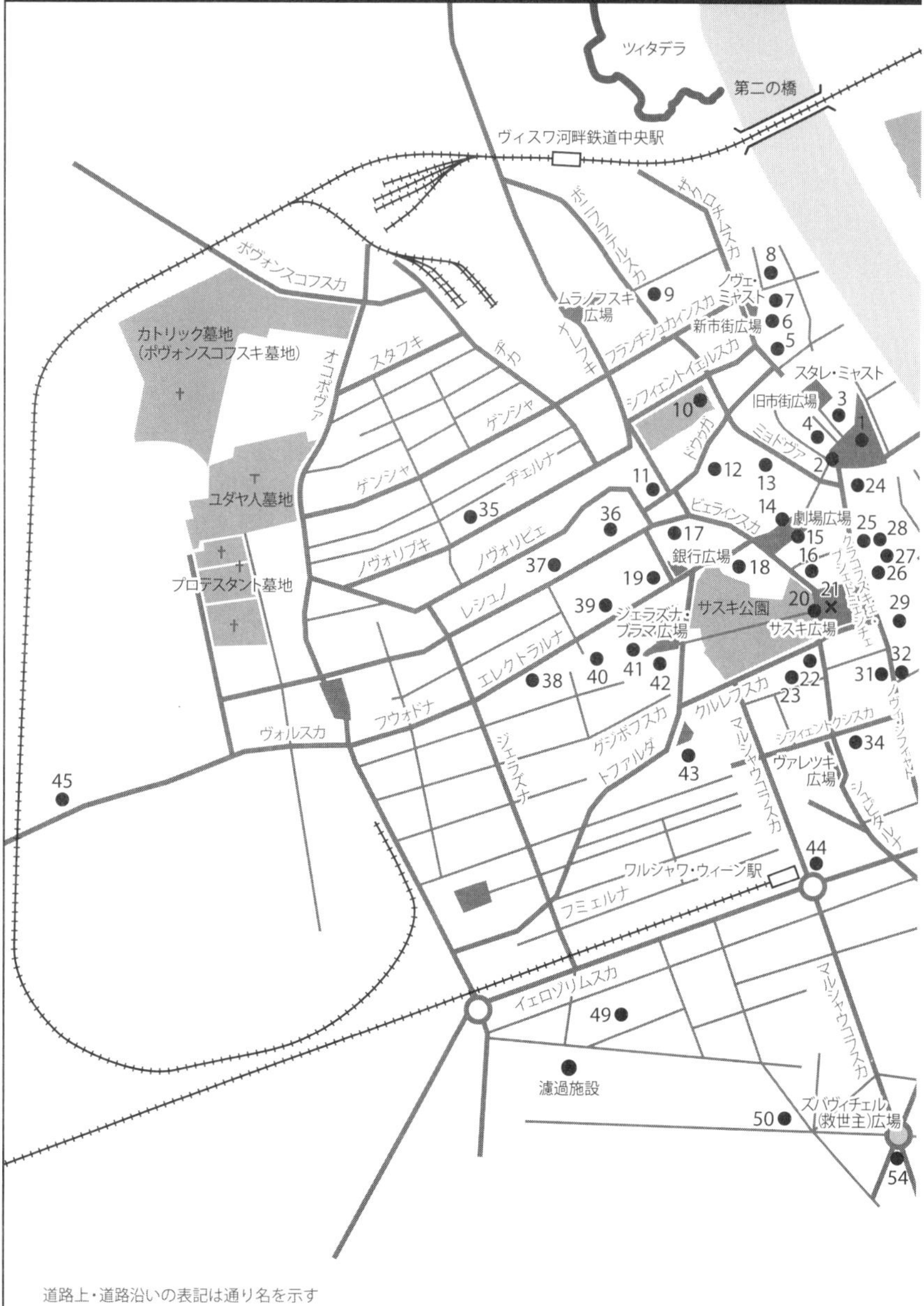

道路上・道路沿いの表記は通り名を示す

図8―1

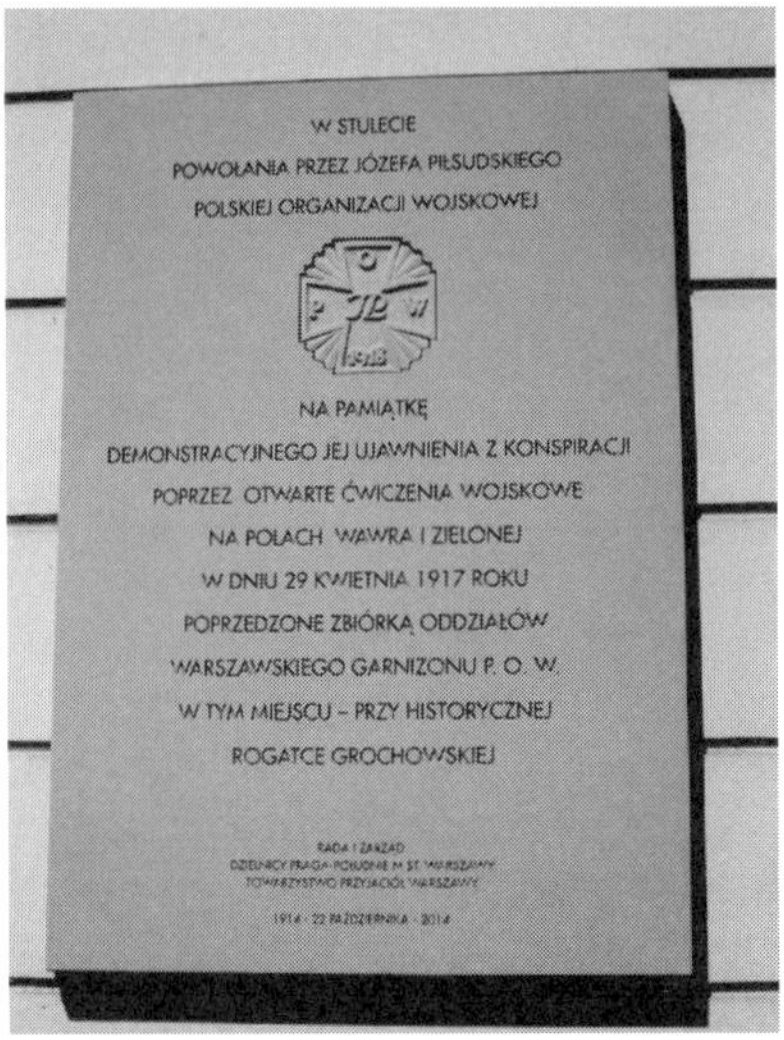

図8―2

ポーランドの独立回復

第三章にみたクラコフスキェ・プシェドミェシチェ通りの現大統領官邸の北翼建物壁に記念プレートがある。街中の記念プレートは数え切れぬほどにあるので、つい見過ごしてしまいそうだが、ある重要な歴史局面の展開を知らしめる。「ポーランド軍事組織・ワルシャワ大隊のポーランド人兵士たちは一九一五年八月五日にこの場所で、一八三一年九月八日*以来はじめて公然たる戦闘に起ちあがった。」（図8―1）

＊一八三一年九月七日、前年一一月に始まった「一一月蜂起」は最後の抵抗拠点だったヴォラ地区が陥落して完全に鎮圧され、停戦・降伏をよぎなくされた。

ポーランド軍事組織（POW）は一九一四年八月、ユゼフ・クレメンス・ピウスツキ（一八六七～一九三五）によって創設された地下軍事組織で、ロシアやドイツの軍事情報収集やサボタージュ（破壊活動）を当初の目的としていた。プラガ地区では、第五章で言及したスカルィシェフスキ公園の北、ヤン・ザモイスキ通りとルベイスカ通りの交差点ちかくの真っ白い建物に「ユゼフ・ピウスツキによってポーランド軍事組織が組織された一〇〇周年にあたって」という真新しい記念プレートをみた。二〇一四年に掲げられたもので、「一九一七年四月二九日、ヴァヴェルとジェロナの原での公然たる軍事演習によって地下活動から堂々とすがたを現した」ことを記念している。（図8―2）

第一次世界大戦は同盟国（ドイツ、オーストリア＝ハンガリー）と協商国（フランス、英国、ロシア）の戦いだった。つまり、一八世紀末以来、かつてのポーランド・リトアニア共和国を三分割していたロシア、プロイセン、オーストリアが敵対する構図になったのである。当然、それぞれに居住したポーランド人の多くが参戦三国の軍隊に徴集されるということになった。参戦三国は戦局を有利に運ぶため、ポーランド人の独立への希求を利用しようとしてあれこれ策を弄した。しかし結局、一九一五年にロシア軍はワルシャワを撤退し、プロイセン軍がワルシャワを占拠した。占領は一九一八年一一月まで続くが、同月九日、ドイツに革命が勃発し、ワルシャワ駐屯軍の撤退が決まった。オーストリア＝ハンガリー帝国は同年六月に解体していた。旧占領三帝国の権力が空白となり、独立回復の好機が訪れた。一九一七年七月以来、マグデブルク要塞に収監されていたユゼフ・ピウスツキが釈放され、一九一八年一一月一〇日に帰国し、翌日にはドイツ軍の武装解除が行われた。ピウスツキはポーランド軍総司令官に指名され、国家主席の地位に就いた。こうして一九一八年一一月一一日はポーランドの独立回復記念日となった。

ピウスツキ元帥広場とピウスツキ像

一九一八年一一月、第一次世界大戦の結果独立を回復したポーランドの国家主席に就いたユゼフ・ピウスツキは、一九二一年に採択された「三月憲法」のもとでの大統領選挙には立候補を辞退したが、一九二六年にクーデタを敢行し、自身に忠実な軍幹部の圧力も背景にして独裁・専横的政治運営をおこなった*。それでも、一九三五年に死去した際、建国の英雄として歴代国王と同様にクラクフのヴァヴェル大聖堂地下墓所

図8—3

に埋葬された。その最大の功績とされるのが一九一九年から二一年にかけての対ソ連戦争の中で「ヴィスワの奇跡」をもたらして祖国の危機を救い独立を守ったということである。

＊一九二六年のクーデタ後、ピウスツキと彼に忠実な軍人たちの政治陣営は「サナツィア」Sanacjaとよばれた。その語源はラテン語の「サナチオ」（浄化）にあり、国民生活の「道徳的浄化」を標榜するものだった。

一九世紀の一〇年代から「サスキ広場」とよばれていたサスキ公園の東側の大きなスペースは一九二八年から四〇年まで「ユゼフ・ピウスツキ元帥広場」とよばれたが、一九三九年九月末以降のナチス・ドイツ占領中は「アドルフ・ヒトラー広場」と改名された。戦後は社会主義「人民ポーランド」の時代、一九九〇年までながく「勝利広場」とよばれていたが、一九八九年の民主的政治変革を機にかつての「ユゼフ・ピウスツキ元帥広場」の名が半世紀ぶりに復活して現在に至っている。その名の変更には、ワルシャワ条約機構の一員だった戦後「人民ポーランド」政権が「対ソ連戦争の英雄」としてのピウスツキをどう評価していたかがうかがえる。

サスキ公園入口のすぐ東側には後述する無名戦士の墓があり、広場の真ん中をまっすぐ東方向に歩くとユゼフ・ピウスツキの記念立像（本章トビラ写真）がある。その向こうの通りはミハウ・トカジェフスキ＝カラシェヴィチ通り、左手は一九世紀半ばに建造されたホテル・エウロペイスキである。近年長期にわたり営業を停止していたが、ラッフルズ・ホテル&リゾーツの傘下で二〇一八年、改装新たに営業を再開した。ミハウ・トカジェフスキ＝カラシェヴィチ（一八九三～一九六四）は戦前の国内軍（AK）の前身「ポーランド勝利奉仕団」（SZP）の創始者でポーランド軍将軍である。ピウスツキ記念像はベルヴェデル宮殿のすぐそば、ウヤズドフスキェ大通りにもある。（図8―3）

ピウスツキ元帥広場の街路表示の下には写真プレートもあり、次のように記している。（図8―4）

「ユゼフ・ピウスツキ（一八六七～一九三五）　ポーランドの傑出した政治家・元帥。独立への志向を体現した。軍団を創設。初代国家元首。対ボリシェヴィキ・ロシア戦争勝利の指揮官。」

ピウスツキ記念立像に向かって右側の建物壁には対ソ連戦争のときのハンガリーの支援を讃える重厚なプレートがあり、両国の紋章の下、左側にポーランド語、右側にハンガリー語の浮き出し文字で以下の様に記されている。（図8―5）

「ボリシェヴィキの侵略による決定的な危機に際してポーランド共和国に友情と援助を差し伸べてくれたハンガリー国民を讃えて。一九二〇年八月一二日、ブダペシュト・ツセペルのマンフレッド・ヴァイス工場からの二二〇〇万発の銃

図8—4

図8—5

弾輸送がスキェルニェヴィツェに到着した。ハンガリー王国は一九一九年から一九二一年までの期間全体でポーランドに対し、約一億発の銃弾だけでなく、相当量の砲弾、戦闘装備物資を提供した。ポーランド国民の感謝を表して。二〇一一年」

　同じ建物壁には、対ソ連戦争後の一九二三年八月、同月一五日が「兵士記念の日」と定められたことについて、スタニスワフ・シェプティツキ将軍を記念したプレートもある。（図8―6）

図8―6

「兵士記念日制定九〇周年に。スタニスワフ・シェプティツキ将軍（一八六七年一一月三日〜一九五〇年一〇月九日）の栄誉を讃えて。第三旅団指揮官。一九一七年四月からポーランド軍団全体の指揮官となり、ポーランド軍統合参謀本部長。リトアニア・ベラルーシ戦線指揮官、その後、ポーランド・ボリシェヴィキ戦争では第四軍指揮官。一九二三年に軍事大臣。一九四六年から一九五〇年まで、ポーランド赤十字総裁。

　一九二三年八月四日、軍事大臣スタニスワフ・シェプティツキ将軍の命令一二六の一部を下記に示す。八月一五日を兵士記念の祝日として制定するもの。

『今日、軍と社会はポーランド軍の栄誉を讃え祝う。それを体現するのは兵士である。ワルシャワ近郊で多数のボリシェヴィキを敗走させた忘れられぬ勝利の記念日に、ポーランドの保全と独立のための多年にわたる敵との戦いでの戦死者の記憶が聖別される。』戦闘と受難の記憶保護評議会、二〇一三年八月一五日」

ポヴォンスキ軍人墓地の対ソ連戦争犠牲者記念のオベリスク——ポーランド・ソ連戦争と「ヴィスワの奇跡」

ワルシャワの中心からみて北西、ポヴォンスキ軍人墓地の北端ちかくの入口を入ってしばらく進んで左折し、まっすぐ進むと右手に見えるのは、一九二〇年のポーランド・ソ連戦争で斃れた兵士を記念する「ワルシャワの鷲」のオベリスクである。（図8—7）白い十字架を背にした白鷲を戴く高い円柱の下の碑文には「一九二〇年、ボリシェヴィキの襲来のときにワルシャワを防衛して斃れたポーランドの鷲たちに捧げる」と太く刻み込まれている。碑文の両側には社会主義リアリズム風ではあるが、戦う人々のすがたがレリーフされている。向かって左側で、右手に十字架を高く掲げているのは後述する従軍司祭イグナツィ・スコルプカを想像させる。

図8—7

ポーランド・ソ連戦争の目的について、ボリシェヴィキのソ連はドイツ革命を支援して西欧に革命を広げ、世界革命を完遂すること、ピウスツキのポーランドは三分割されたかつてのポーランド・リトアニア共和国の領土を回復して中欧に多民族連邦国家を樹立することだったと言われる。英国の歴史家ノーマン・デイヴィスはこう書いている。「ボリシェヴィキよりも白軍を嫌ったピウスツキの政府にとっては、旧ツァーリ帝国の非ロシア人諸地域の独立を維持するために戦われた。*レーニンの政府にとっては、その帝国を社会主義の装いで再興し、西欧資本主義諸国に革命を広げるために戦われた。この戦争は最初、ドイツ軍が一九一九年二月に占領干渉地帯・東部領地（オーバーオスト）から撤退したことから起こり、一九二〇年一〇月一二日まで絶え間なく続いた。」（Norman Davies, *God's Playground: A History of Poland, Volume II・1795 to the Present*, p. 396）

＊ポーランドの独立という観点からすると、ロシアの反革命白軍はポーランドの独立を旧来の会議王国の枠でしか容認せず、ボリシェヴィキはともかくもポーランド三分割を無効とみなしたと考えられた。

戦争の発端は一九一九年二月一四日、西進するソ連赤軍と東進するポーランド軍が旧ポーランド領のベレザ・カルトゥスカ（現在ベラルーシ領）で偶発的な衝突事件を起こしたことだった。当初、事態はポーランド側に有利にはこび、ヴィルナ（ヴィルノ）、ミンスクが占領された。一九二〇年に入り、戦闘は双方数十万の兵力を動員して一挙に拡大した。ソ連側の司令官は若干二七歳のミハイル・トゥハチェフスキー（一八九三〜一九三七）だった。同年五月七日、ポーランド軍はキエフを占領したが、広大な戦線を維持することはできなかった。赤軍が猛反攻に転じてポーランド軍を押し返し、七月半ばにヴィルナを奪還、八月初めにはワルシャワ郊外のラヂミンにまで到達した。七月三〇日にはビャウィストクにボリシェヴィキの後押しで臨時革命委員会が樹立され、西欧外交使節はワルシャワを離れた。連合国・英国政府から提示された暫定国境線案（英国外相の名によって「カーゾン線」と言われる）はポーランド、ソ連双方からともに受け入れられなかった。

ワルシャワは危機に瀕した。だが、トゥハチェフスキーが攻撃の手を一瞬弱めたとき、ワルシャワ南方のヴィスワ川支流・ヴィエプシ川に集結したポーランド軍による奇跡的反撃が起きた。北方のソ連軍はナレフ川の支流・ヴクラ川でヴワディスワフ・シコルスキ（一八八一〜一九四三）指揮下のポーランド軍により封じ込められた。八月一六日に開始されたポーランド側の反攻でソ連軍は一八日には総崩れして退却した。

九月二六日、ニェメン川でポーランド軍は敗走するソ連軍に決定的打撃を与えた。一〇月一二日、停戦協定が成り一八日発効、一九二一年三月一八日にリガ（ラトヴィアの首都）での講和条約で戦争は終結した。同条約による東部国境線はベラルーシ人やウクライナ人が多く住む領域をふくんでいた。イェジ・ルコフスキとフベルト・ザヴァツキはこう書いている。

「リガ条約は、いまや不評の『カーゾン線』よりもずっと東よりに国境線を画定した。しかし、ピウスツキの連邦構想はかくも多くの血を流しながら破産した。同様に、ヨーロッパ革命というボリシェヴィキの野望も阻止された。モスクワでは『一国社会主義論』が生まれ、レーニンの『新経済政策』が資本主義との部分的妥協をうちだすことになった。」（Jerzy Lukowski and Hubert Zawadzki, *A Concise History of POLAND*, p. 203）

ノーマン・デイヴィスは「ポーランド・ソ連戦争が大きな歴史研究の主題になってこなかったことは奇妙に思われる。英国の歴史家は概ねそれを無視してきた。ソ連の歴史家はそれを内戦と干渉政策の一断片として扱い、すっ飛ばした。大戦間期のポーランドの歴史家は一九一九年から二一年の出来事の重要性を理解しながらも、バランスのとれた評価をするには接近しすぎていた」と書いた。（Norman Davies, *White Eagle, Red Star: The Polish-Soviet War 1919-20 and 'the miracle on the Vistula'*, p. xv）

イグナツィ・スコルプカ像――対ソ連戦争で死亡した従軍司祭

一九二〇年の対ソ連戦争も「ワルシャワの戦い」の一つに数えられるが、そのメモリアルが少なからずあるのはヴィスワ川右岸のプラガである。その一つは、シロンスコ・ドンブロフスキ橋を渡ってすぐ右手に見える聖フロリアン大聖堂のすぐそばに立つイグナツィ・ヤン・スコルプカ司祭（一八九三〜一九二〇）の

図8—8

記念像で（図8—8）、二〇〇五年除幕という比較的新しいものである。碑文にはこうある。

「イグナツィ・ヤン・スコルプカ神父　一八九三年、ワルシャワに生まれる。ポーランド軍プラガ守備隊の従軍司祭。第二三六志願軍歩兵連隊第一大隊の従軍司祭。一九二〇年八月一四日、オスッフでのボリシェヴィキとの戦闘で死亡。軍事十字勲章を受ける。二〇〇五年八月一三日、ワルシャワの戦い八五周年に。」

二〇一一年に対ソ連戦争を描いた映画「一九二〇年・ワルシャワの戦い」*1920 Bitwa warszawska*（イェジ・ホフマン監督）が公開されたが、ウゥカシュ・ガルリツキの演ずるスコルプカ神父も登場し、戦場での最期が描かれている。ちなみに同映画では世界的にも有名なポーランド映画俳優ダニェル・オルブルィフスキがユゼフ・ピウスツキを演じている。

前述したが、戦後一九九〇年までの社会主義「人民ポーランド」時代に「勝利広場」とよばれていたサスキ公園前広場は、一九八九年の民主的政治変革を機にかつての「ユゼフ・ピウスツキ元帥広場」の名にもどされた。このことが示すように、対ソ連戦争での勝利をもたらしたピウスツキに対する「人民ポーランド」時代の評価は冷たいものだった。スコルプカ神父の記念像が比較的最近の二〇〇五年に建造されたことも、「ヴィスワの奇跡」に象徴されるピウスツキの功績を補強する英雄的エピソードの表現のひとつと言えるのかもしれない。

図8—9

サスキ宮殿

再びサスキ公園にもどる。ワルシャワで近年、過去に破壊された約五〇の歴史的な重要建築物のミニチュア（ポーランド語で「マキェタ」）をつくり、各所に移動展示するプロジェクト（「ミニチュア公園」）があった。そのなかのひとつであるサスキ宮殿のマキェタは二〇一四年にはまさにサスキ公園入口の前、後述する無名戦士の墓の背後に展示され、二〇一五年にはセナトルスカ通り38／40のベルギー大使館（ムニシェフ宮殿）そばの建物で展示されていた。（図8—9）サスキ公園前での展示には次の説明があった。

「サスキ宮殿の名前は、一七一三年に当時モルシュティン家の所有だったバロック様式の宮殿を購入して国王の居所に発展させたザクセン選帝侯アウグスト二世モッヌィに由来する。一七九七年、プロイセン国王はその宮殿を国家のために買い取った。コシチュシュコの蜂起と一一月蜂起の後、宮殿は衰退して売却されることになったが、新所有者は改築を義務づけられた。一八三七年、商人のヤン・スクファルツォフが宮殿を購入し、アダム・イヂコフスキの修正を取り入れながら、ヴァツワフ・リッヘルの設計により全面的に改築した。当時、二つの切り離された建物が中庭とともに付け加えられた。宮殿主要部は取り壊された。その場所にコロネードが建てられ、庭園に直接つながることになった。その後、宮殿は何度もかたちが変わった。一九二五年一一月二日、無名戦士の墓がコロネードのアーケード下につくられた。大戦間期、宮殿はポーランド軍統合参謀本部となったが、第二次世界大戦中の一九四四年一二月に爆破された。無名戦士の墓のアーケードの一部だけが残った。」

二〇一五年六月、ベルギー大使館（ムニシェフ宮殿）そばの建物で催された展示の説明文にはさらに詳しく興味深い記述があった。それによると、宮殿は前記説明にあるように、一八三七年から四二年にかけての大改築後約二〇年間にわたり「ワルシャワで最も豪奢なアパート建物」だった。向かって右側の北翼建物地上階（一階）には高級ワイン会社、フランスのファッション雑誌、化粧品会社などがあったほか、宮殿管理人のアントニ・レンビェフスキも住んでいた。妻のヴィクトリアはポーランド会議王国のなかでも最も活動的な内通者の一人だった。二階には、貧しい患者を無料で診察した歯科医のスタニスワフ・ロウヴェンスタイン、酸素のポーランド語名（tlen）をつけたという医師ヤン・オチャポフスキが居住していたほか、アルベルト・ヴィルチェクの絵画のギャラリーがあった。

南翼建物には貴族向けの部屋数が多いアパートメントがあった。居住者のなかにはゾフィヤ・オッソリィンスカ伯爵夫人、ツェツィリヤ・ルボヴィヂカ伯爵夫人、小説 *Panienka z okienka*（*The Lady in the Window*）の著者、ヤドヴィガ・ウゥシュチェフスカ（デオティマ）がいた。ほかには、ヴァイオリニストで音楽協会の創設者・会長だったアポリナルィ・コンツキのオフィス、オーストリア領事館、コンサートホールなどもあった。

宮殿内には、ラウラ・グエリンが経営する女子寄宿学校もあったが、その講師の一人が児童書の著者でもあったスタニスワフ・ヤホヴィチだった。宮殿のコロネードには、ワルシャワで初めてのアーク灯があって、慈善事業の庭園パーティのときなど公園の大通りを照らしていた。

一八六四年、宮殿にはワルシャワ軍事地区本部がおかれ、ポーランドが独立を回復した後にはポーランド軍統合参謀本部所在となり、一九二八年には総参謀本部と改名され、ドイツのエニグマ暗号機を解読したマリヤン・レイェフスキ、ヘンルィク・ズィガルスキ、イェジ・ルジツキの作業場所ともなる。一九二三年、ベルテル・トルヴァルセンが制作したユゼフ・ポニャトフスキの記念像が宮殿前におかれた。

図8―10

無名戦士の墓（図8―10）

前記説明文にあるように、「無名戦士の墓」は独立回復七年後の一九二五年一一月二日、サスキ公園の前、サスキ宮殿のアーケード内におかれた。後述するが、最初のシンボリックな営みは、旧ポーランド領だったルヴフ（現在、ウクライナのリヴィウ）の防衛で戦死した兵士の遺灰を埋葬することだった。宮殿は一九四四年にナチス・ドイツにより破壊されたが、「無名戦士の墓」のアーケード部分がかろうじて残った。無名戦士の墓の説明プレートにはその歴史的経緯が以下のように記されている。（図8―11）

「サスキ宮殿のアーケード下に墓をつくることを主導したのは、軍事大臣のヴワディスワフ・シコルスキ将軍だった。また、霊廟の計画を考案したのは、彫刻家のスタニスワフ・オストロフスキ教授だった。軍事史局により、無名戦士の遺体を得るのが可能な場所として一五の戦場が選ばれた。一九二五年四月四日、軍事省は一九一八年から

図8—11

一九一九年におきた『ルヴフの戦い』*の場所を選んだ。兵士の遺体を入れた棺がルヴフの防衛者たちの墓地からワルシャワに運ばれ、一九二五年一一月二日、サスキ宮殿のアーケード下の霊廟に安置された。ポーランドの戦場の土を収めた一四個の骨壺が献辞のある棺の周りに置かれた。ポーランド軍の戦闘の場所と日付は柱につけられた四つのプレートに記念された。サスキ宮殿は一九四四年のワルシャワ蜂起の後破壊され、無名戦士の墓の周りのアーケードだけが残った。

ワルシャワがドイツの占領から解放されると、無名戦士の墓は、ヘンルィク・グルンヴァルトの計画に従って復興された。その内部建築は変更されて、六つのプレートが新たにつくられ、一九三六年から一九四五年までのポーランド共産主義勢力の軍事努力が表示された。戦後の困難な時期、無名戦士の墓は、独立と自由を求めるポーランド人の熱望が表出された場所だった。

ポーランドが一九九〇年に完全な独立を回復した時、霊廟内部のオリジナルの構築物が復元された。歴史的なプレートが再現された。一九九一年、一四個の新しいプレートが付け加えられ、受難の場所と何世紀にもわたるポーランド軍の最も重要な戦いが記された。

再興されて新しくなった霊廟が正式に除幕されたのは、一九九一年五月三日で、『五月三日憲法』の採択二〇〇周年の日だった。」

＊一九一八年秋、オーストリア帝国の崩壊にともない、ウクライナ人民族主義者がルヴフに政権を樹立して西ウクライ

ナ人民共和国の首都を宣言した。これに対して、ルヴフのポーランド人部隊が西ガリツィアから作戦を起こして三週間後の一一月二二日に同市を奪回した。その後もルヴフ周辺での戦闘は一九一九年夏まで続いた（ポーランド・ウクライナ戦争）。

広場のすぐそば、ピウスツキ記念立像横の前記建物には「無名戦士の母」という記念プレートもあり、一九二五年一一月二日の「無名戦士の墓」のシンボリックな埋葬にまつわる女性について記されている。（図8―12）

図8―12

「無名戦士の母に　ヤドヴィガ・ザルギェヴィチを讃えて。一八七八年、クティ生まれ、一九六八年、スヴァウキ没。ポーランド系アルメニア人の家系、カルチェフスキ家出身。アンジェイ・ザルギェヴィチの妻。銀行総裁、ルヴフの社会・慈善活動家。一九二五年一〇月二九日、ルヴフ防衛者の墓（ルヴフ・オルロント墓地）にあった名の知れぬ兵士の遺骨が入った三つの棺のなかから一つを選び、一九二五年一一月二日、ワルシャワの無名戦士の墓に厳かに納められることになった。ルヴフの小鷲の母」

その下の写真はコンスタンティ・ザルギェヴィチ（一九〇一〜一九二〇）。一九二〇年八月一七日、対ボリシェヴィキ戦争中にザドヴッツで戦死した三一八人の一人である。ポーランド・ウクライナ戦争（一九一八〜一九一九）のときにはルヴフ防衛にあたった若者で「ルヴフの小鷲」ともよばれる。

第一次大戦前後からピウスツキの死までのワルシャワ（一九一四年〜一九三五年の約二〇年間）

ワルシャワ市政と都市交通・放送

独立回復の翌一九一九年にワルシャワで初めての自由な市議会選挙が行われた。前章に記したように、長くロシア人が占有していたワルシャワ市長職にポーランド人のピョトル・ヂュジェヴィェツキ（一八六五〜一九四三）が就いた。一九二一年まで同職にあり、その後数人のあと、一九三四年に市長に就任したのがステファン・スタジィンスキ（一八九三〜一九三九？）だった。

ワルシャワでバスの運行が始まったのは一九二〇年のことで、トラムの運行網が少なかったプラガ地区でもバスが走り出した。一九二七年にオホタ地区で電気鉄道（EKD）の操業が開始された。これにより、学校、軍学校、病院、工場、空港などの建設が促進された。

一九三三年、ワルシャワの都市交通事情で特筆すべき出来事があった。ヴィスワ川両岸の旅客駅がシレドニツォヴィ鉄橋で結ばれたのである。鉄橋は一九二一年からおよそ一〇年をかけて、アレクサンデル・プストロコィンスキの設計で建造された。現在、シフィェントクシスキ橋とポニャトフスキ橋の間に架る。下流のシフィェントクシスキ橋は二〇〇〇年に開通した新しいものなので、東西横断の鉄橋建造当時は存在しなかった。この鉄橋は一九四四年にナチス・ドイツにより破壊されたが、戦後一九四七年から四九年にかけて再建された。

一九二六年、ワルシャワでラジオの定期放送が始まり、一九三〇年代にはワルシャワⅡのローカル局がニュースなどの放送を開始した。

広場・公園

サスキ公園前に無名戦士の墓がつくられた翌一九二六年には、ロシア皇帝支配のシンボルとしてサスキ広場を威圧していた聖アレクサンドル・ネフスキー・ロシア大聖堂の取り壊しが終わった。第五章に言及したアルフレート・デーブリーンは一九二四年秋、柵囲いのなかにその取り壊しの最終段階を見たのだった。

デーブリーンはブリストル・ホテルの前に立ち、サスキ広場の方に「なんとも異様な光景」（デーブリーン著、岸本雅之訳『ポーランド旅行』、一一頁）を目にした。そこに見たのは「見る者を混乱させ、唖然とさせるその外観。そこに無気味で幻想的な建造物、ロシアの大聖堂が建っているのだ」（前掲書、一一～一二頁）と表現したアレクサンドル・ネフスキー大聖堂の取り壊し中のすがただった。巨大で威圧的な正教会は一九世紀末に建造され、戦後の文化科学宮殿がそうであるように、ワルシャワ市内のどこでもその丸屋根が目に入ったのだが、ポーランド独立回復後に取り壊しが始まった。デーブリーンが見た時にはかつてあった煌びやかな五つの丸屋根はなく、「ただ、塔のような形をした奇妙な円形の構造物をもった石の殿堂」（前掲書、一二頁）が柵囲いの中にあるだけだった。デーブリーンはこれを見て、「取り壊されて、止めを刺されつつあるこの建物の姿は、見る者を動転させ、暗い不安に落とし入れる」としながらも、辛辣に評する。

「ここにあるこの建造物は教会とはみなされていなかったし、そのように意図されたものでもなかった。これはこの都市きっての広場にふり下ろされた拳骨、文字通りの鉄拳で、その気配に人々はいつも耳をそばだてていなければならなかった。この教会を看過することはできなかった。これはまたしてもパスキェヴィチ将軍の記念像と同じ意図に基づいたものだったのだ。この柵囲いはつまり、怪物を閉じ込めた檻であり格子なのだ。悲しみと憐憫の情を禁じえないが、かといって私には反対もできない。」（前掲書、一二～一三頁）

一方、前世紀に完成しながらロシアに持ち去られていたユゼフ・ポニャトフスキ侯の騎馬像が独立を回

図8—13

復したポーランドにもどり、サスキ公園前の広場で除幕されたのは一九二三年五月の憲法記念日のことだった。それからわずか一年半後、デーブリーンはその騎馬像をサスキ公園の前、「この柵囲いからほど遠からぬところにある低い石台の上」（前掲書一一三頁）に見た。

一九二五年にはザクロチムスカ通り近く、旧軍団要塞の場所に第五章に記したトラウグット公園ができた。一九二八年には、ワルシャワ動物園がヴィスワ川右岸に開園している（ラトゥショヴァ通り1／3）。一九二六年、ワジェンキ公園にショパン記念像が除幕された。（図8—13）ヴァツワフ・シマノフスキ（一八五九〜一九三〇）の制作（一九〇八）による。一九四〇年にナチス・ドイツが爆破したため、戦後再度鋳造されて一九五八年に除幕された。王宮広場では一九二〇年代後半にズィグムント記念像の噴水が撤去されている。対ソ連戦争の結果、一九二一年のリガ条約により、王宮の美術品が返還された。

建築物

一九二五年から三〇年にかけて、ヤン・フルィスティヤン・シュフ大通り25に国民教育省の建物が建造された。正面中央に新古典主義様式の高いコラムがある重厚な建造物で戦前は公教育宗教省が入っていたが、ナチス・ドイツ占領時代に接収されてゲシュタポ本部（悪名高い「アレヤ・シュハ」）として使用されたものである。現在、その一部がミュージアム「戦闘と受難の廟」になっている。（図8—14）。（詳細は『記憶するワルシャワ』第七章 参照）

オホタ地区、グルイェツカ通り38（ガブリエル・ナルトヴィチ広場前）の無原罪聖母懐胎教会（聖ヤクプ教会）の建造は一九一一年に始まったが、一九一四年に中断し、一九二七年に工事が再開された。（図8—15）通常のカトリック教会によく見られる高い尖塔よりも、グルイェツカ通りに面した天辺が平たい建物部分が重厚で印象的である。一九二二年一二月、選出直後に暗殺されたガブリエル・ナルトヴィチ大統領（一八六五～一九二二）の名をつけた広場が教会前に整備されたのも一九二三年である。ナルトヴィチ広場の学生寮（ドム・アカデミツキ）（アカデミツカ通り5）はワルシャワ大学とワルシャワ工科大学の学生寮として、一九二三年から三〇年にかけて建造された。前記の無原罪聖母懐胎教会のやや南東向かい側に位置し、九階建ての本部棟と両翼に四階建てを擁する堂々

図8—14

図8—15

図8—16

図8—17

図8—18

図8—19

たる建築物である。（図8—16）

ジョリボシュ地区では一九二七年にスタニスワフ・ホジュユシュ通り1に聖スタニスワフ・コストカ教会が建造された。（図8—17）ずっと後の一九八四年一〇月、「人民ポーランド」時代の秘密治安機関により誘拐されて惨殺されたイェジ・ポピェウシュコ神父（一九四七〜一九八四）が自主独立労組・連帯の運動を支持する立場から「祖国のための月例ミサ」をとりおこなうことになる教会である。

一九三一年から三四年

にかけて、現在のワルシャワ蜂起者広場、当時のヴァレッキ広場に当時市内で最高、一六階建てのプルデンシャル・ビルが建造された。（図８―18）英国の保険会社プルデンシャルのものである。一九四四年八月、この高層ビルにナチス・ドイツのミサイルが命中して巨大な砲煙に包まれた。写真家スィルヴェステル（クリス）・ブラウン（一九〇九〜一九九六）がとらえたその写真はあまりにも有名である。建物は戦後再建・改築されて、一九五四年に「ホテル・ワルシャワ」として開業する。

図８―20

現在、ヴィェイスカ通り、あるいはヤン・マテイコ通りに高さ三〇メートルもあるというポーランド地下国家と国内軍（AK）の記念碑がある。通りをへだててその東側に共和国議会があるが、その半円形ホール（ヴィェイスカ通り４／６）が建造されたのは一九二八年のことだった。

一九二二年から二三年にかけて当時のポーランド貯蓄郵便局（PKO＝ペカオ）（現在中央郵便局）が建造された（シフィエントクシスカ通り31／33）。（図８―19）戦前の中央郵便局は旧ナポレオン広場、プルデンシャル・ビルのやや南東、ヴァレツカ通りのかどにあった（一九〇二建造）。

ドウゥガ通り13／15、ワルシャワ蜂起記念群像が通りを隔てた向かい側にあるのは「ポーランド軍野戦聖堂」である。（図８―20）起源はヤン・カジミェシュ国王時代の一六六〇年頃に建造が始まったというはるかむかしだが、ロシア支配下では玉葱形ドームと十字架のある正教会のスタイルに改築されたこともあった。だが、ポーランド独立回復直後の一九二三年から二七年にポーランド軍の聖堂としてロシア支配下以前のオリジナル・スタイルに再改築された。そ

図8—21

の入口のレリーフが印象的で、長いポーランド史上における八つの戦闘が描かれている。*（図8—21）

＊野戦聖堂レリーフ　①レグニツァの戦い（一二四一年、対モンゴル軍）②グルンヴァルトの戦い（一四一〇年、対ドイツ騎士団）③ヤスナ・グラ防衛の戦い（一六五五年、対スウェーデンの侵略「大洪水」）④ウィーン救援戦争（一六八三年、ポーランド軍によるウィーン防衛戦）⑤コシチュシュコの反乱（一七九四年）⑥ポーランド・ソ連戦争（一九二〇年）⑦モンテ・カッシーノの戦い（一九四四年）⑧ワルシャワ蜂起（一九四四年）

博物館

イェロゾリムスキェ大通り3の国立博物館の現在の建物は一九二七年から三八年にかけて建造されたものだが、博物館自体は一八六二年に開館した美術館に発足起源があり、一九一六年に国立博物館となった。となりにあるポーランド軍事博物館は一九二〇年にピウスツキの命により創設されたもので、一九三三年以来、現在のイェロゾリムスキェ大通り3に所在している。同じく独立回復直後の一九二三年にはドウゥガ通り52の旧兵器庫に国立考古学博物館が開設された。

デーブリーンが歩いたユダヤ人街

ポーランドの独立回復直後、一九二一年のワルシャワの人口は約九三万六〇〇〇人、うちユダヤ系が三一万人（三三・一パーセント）だったというデータがある（Virtual Shtetl、二〇一九年八月最終閲覧）。同じ情報源によると一〇年後一九三一年のワルシャワの人口は約一一七万一〇〇〇人、うちユダヤ系が三五万二〇〇〇人（三〇・一パーセント）である。アルフレート・デーブリーンがワルシャワの街を歩いたのはほぼ中間にあたる一九二四年の九月末から一一月のことだった。ちなみに数年後、一九三一年の国勢調査によると、ポーランド語を話すもの七〇パーセント、イディッシュ語もしくはヘブライ語が二八・三パーセントだった。（Adriana Gozdecka-Sanford, *Historical Dictionary of Warsaw*, p.131）当時、ユダヤ人の主な定住地域は、ヴィスワ川左岸ではナレフキ通り、ポヴォンスキ、レシュノ通り、右岸ではタルグヴェク、シュムロヴィズナなどだったとされる。

デーブリーンが『ポーランド旅行』で歩いた「ワルシャワのユダヤ人街」の主な通りは、ナレフキ、ゲンシャ、ヂカ、オコポヴァ、ドウゥガ、トウォマツキェなどである。このなかのナレフキとゲンシャの両通りが戦前のユダヤ人街としてもっともよく知られるものだが、デーブリーンが歩いた当時の通りはもうない。

ナレフキ通りは当時、北はムラノフスキ広場から下るとゲンシャ通りがフランチシュカィンスカ通りとつながる地点で交差し、さらに南下して左手にクラシィンスキ公園を見、さらに進んで右手に旧兵器庫を見る地点、ドウゥガ通りに行き当たるところまでのびる長い通りだった。だが、そのほとんどは第二次大戦後の復興過程でヴワディスワフ・アンデルス将軍通りができたためになくなってしまった。当時のナレフキ通りがほんの一部だけ残るのはドウゥガ通りとの結節点から左手に旧兵器庫を見、クラシィンスキ公園の入口近くまでなのだが、その名は「ゲットー英雄通り」に変わっている。現在「ナレフキ」という名前だけを残している通りが（現在の）ルドヴィク・ザメンホフ通りとモルデハイ・アニェレヴィチ通りの交差点のやや北にあるが、当時のナレフキ通りと重なる部分はない。*

*ルドヴィク・ザメンホフ通りは現在、モルデハイ・アニェレヴィチ通りと交差しているが、戦前はそのあたりからやや北西方向にのびてヂカ通りへとつながっていた。

ゲンシャ通りはというと、西端はオコポヴァ通りのユダヤ人墓地で、ユダヤ人の葬列が幾度も通り過ぎた道筋であり、墓地の南東角からわずかに北東方向に傾きながら東へまっすぐに長く伸びていた。かつてのザメンホフ通りと交差し、さらに東進すると前記ナレフキ通りと交差し、フランチシュカィンスカ通りへと続いていた。戦後の復興で敷かれたモルデハイ・アニェレヴィチ通りは、戦前のゲンシャ通りのうちユダヤ人墓地からザメンホフ通りの手前までは重なるがその東側の部分はもうない。それゆえにこそ、いまはもうない「ユダヤ人街」についてのデーブリーンの見聞と記述がきわめて貴重なのである。

デーブリーンはナレフキ通りについてこう書いている。

「この広い通りはユダヤ人街の目抜き通りだ。ここから長い街路が左右に分かれ、さらに横町や小路へ分岐してゆく。いたるところにユダヤ人が溢れ、混雑している。ナレフキ通りには路面電車が走っている。建物の外観はワルシャワのたいていの建物と同じように崩れそうで不潔だ。どの建物も奥に入ると中庭がある。そのひとつに入ってみると、方形をしており、市場のように大声を上げるカフタン姿のユダヤ人たちで溢れている。翼屋には家具商店や毛皮商店が入っている。ひとつの翼屋を通り抜けると、また人々が群がり、木箱が山のように積まれた中庭に出る。馬車が止まっていて、ユダヤ人の荷役夫が積み下ろしをしている。ここナレフキ通りには大きな商店が集まっていて、派手な看板がずらりと並んでいる。皮革。毛皮製品。婦人服。帽子。鞄。一階にも上階にも店が入っている。」（岸本雅之訳前掲書、七八頁）

デーブリーンはさらに「市の中心方向、つまりドゥウーガ通りと交差する南方面には、香水、スタンプ、織物製品などの大きな開放的な近代的商店が並んでいる」（前掲書、七八頁）と続け、目につく「奇妙な屋号」の数々を列記する。*通りを歩く人々については、黒いショールをまとったユダヤ人女性たち、小さなキッパを頭上にのせた若者、清潔なカフタンを着た夫とポーランド風の化粧をした妻などをイディッシュ語によるお喋りも聞こえるかのように描き出す。さらに、車道で交通整理しているポーランド人警官を見ては「二つの民族のこの共存」（前掲書、七九頁）と書く。

*ヤロスワフ・ジェリィンスキはワルシャワ・ユダヤ人の商業中心地の様子の特徴として「数多くの店舗看板」をあげ、こう書いている。「その多くはベニヤ板や布地に粗雑な感じで描かれていたが、時を経てその後には色付きの灯光などで装飾されるようになった。一九一八年まで、看板は二か国語だった。最初はロシア語とポーランド語、戦時中はドイツ語とポーランド語がよくあった。」(Jarosław Zieliński, *Przedwojenna Żydowska Warszawa: Najpiękniejsze fotografie*, s. 109)

デーブリーンがゲンシャ通りを歩いたのは「ユダヤ教の贖罪の日」、すなわち「原著編集者の注によれば、一九二四年の贖罪日」とされた「十月十日」の「前日」だった。（前掲書、九四頁）

まもなくオコポヴァ通りのユダヤ人墓地に着く。「赤煉瓦の低い塀が墓地の周囲を囲繞しており、鉄の門が開いている。中にはベンチを置いた前庭があり、男たちが座っている。多くはカフタンを着て、キッパかつば付きの制帽をかぶっている。何人かが煙草をくゆらせている。塀ぎわや樹木のそば、樹間に男たちが立っている。一人でいる者、寄り集まっている者、聖書を手にして、体を揺り動かし、脚を踏み替えてはぶつぶつ唱えている。（…）人々の流れは塀にそって右へ折れてゆく。そこは貴紳たちの墓が立ち並ぶ本通りだ。黒や白の大理石の豪華な記念碑や板碑がそびえている。銘はヘブライ語とポーランド語で刻まれているが、長いヘブライ語の碑文を刻んだだけのものも多い。」（前掲書、九四〜九五頁）

「名望家たち、富豪たちの大理石の墓が立ち並ぶ大通りを後にして、塀沿いに曲がってゆくと、そびえるような墓はなくなり、地面に埋もれてしまったような小さな墓石や、少し大きめの墓石が据えられた、騒然とした大きな草原が現われる。踏み荒らされ、雑然としている。祈祷書をもった男たちがあちこちの墓石の後ろに立っている。歌う声、叫び、喘ぎ、うめく声が草原全体から聞こえてくる。」(前掲書、九六頁)

いまはもう、このユダヤ人墓地を歩いて、デーブリーンが書いたほどの人影を見ることも人声を耳にすることはほとんどない。だが、それから一世紀ちかく経ち、多くの墓石がそこに加わっても、「大通り」や墓石・記念碑の数々に作家の記述を重ねてみることは可能である。『記憶するワルシャワ』第二章を参照されたい。

ワルシャワのユダヤ人街――ナレフキ地区から

ワルシャワのユダヤ人街というとすぐにワルシャワ・ゲットーが連想されるのだろうが、第二次大戦前にはその都市人口の三分の一を占めるまでになった長い歴史と活力に満ちた街のすがたが存在したことを忘れてはならない。ワルシャワ・ユダヤ人の歴史はとおく一四世紀に起源をもち、市内中心に居住することはゆるされなかった。だが、ウィーン会議の結果として一八一五年に発足した会議王国の時代から第二次大戦前までにその活発な経済・商業活動、文化・教育活動が発展した。その時代、ユダヤ人がとくに多く居住した地区・地域にはもちろん粗末な家屋もあったが、中心的な街路には見事な集合住宅や店舗の建造物が建ち並んでいた。それらは第二次大戦、ナチス・ドイツによる占領、ゲットーの蜂起などで完全に破壊されていまは歴史的写真でしかそのすがたをしのぶことはできないが、デーブリーンがその目で見た「ワルシャワのユダヤ人街」は、ワルシャワ・ユダヤ人がその歴史でもっとも活動的で輝かしい時間だったに違いない。大小各種の荷車、荷馬車、自動車、トラムが行き交い、人々の活気ある話声があちこちに混じり合って聞こえたはずである。その悲惨を軽くみるつもりはまったくないが、恐るべき過密状態で呻吟するユダヤ人を連想するワルシャワ・ゲットーは、ワルシャワ・ユダヤ人の長い歴史と大きな時代の流れのなかではほんの一瞬のことだったともいえる。

ワルシャワ・ユダヤ人が多く集まり居住し始めたのは「ナレフキ・ムラヌフ地区」とも言われるワルシャワの「北部地区」だった。もうすこし正確に言うとスタレ・ミャスト（旧市街）の北西になるが、簡単にワルシャワの「北部地区」とも言った。もちろん、ワルシャワという都市自体が歴史的に拡大し続けてきたので、現在の地図でみるとその位置は相対的にみる必要もあろう。ワルシャワ・ユダヤ人の居住地区としての「ナレフキ地区」ができたのは、ユダヤ人がワルシャワ中心部での居住を禁じられた一九世紀初めの頃だった。だが、ロベルト・マルチンコフスキによると、ナレフキ通りと「ナレフキ地区」のもともとの起こりは一五世紀でとても古い。ベウチョンツァという川のそばを流れる道が後にナレフカとかナリフカとよばれるようになり、兵器庫を起点とし、ムラノフスキ広場に至るものとなったという。最初は木造建物が集まっていたが、石造りも増えていった。一七世紀のスウェーデンの侵略で破壊されたが、一八世紀末には悪名高い売春町になった。市内他地域やロシア帝国内からユダヤ人が多く集まってきた。その後、二階建てや三階建ての古典主義的建物が次々に出現して発展するのは一八一五年以後、会議王国の時期になる。その時代、ナレフキ、ゲンシャ、フランチシュカィンスカ通りなどに数階建てで長いファサードのあるユダヤ人集合住宅が建ち並ぶようになった。一九一〇年代に撮られたこれらの通りの写真にはトラムが走っており、二つの軌道があるのがわかる。マルチンコフスキはナレフキ通りについて「一九世紀半ばから一九四三年の破壊にいたるまでのこの場所の変化はそう大きなものではない。戦争がなかったら、もうひとつのノヴィ・シフィャト*のようになっていたであろうが、様式では均質で建物の規模でも大きな違いがないので、もっとよい地域になっていただろう」とまで書いている。(Robert Marcinkowski, *An Illustrated Atlas of Old Warsaw*, pp. 201-202)

＊ノヴィ・シフィャト Nowy Świat（新世界）は、クラコフスキェ・プシェドミェシチェ通りがシフィェントクシスカ通りと交差するあたりから南下してイェロゾリムスキェ大通りと交差するあたりまで続く有名な通り。

第二次大戦前のナレフキ通りの写真はすくなからず残っている。通りはそう広くはない。両側に五、六階建ての集合住宅があり、地上階（一階）は店舗のようで、デーブリーンが書いたように数々の看板が見られ、キッパを頭に着けた男性だけでなく、背広・ネクタイの男性、端正な服装の女性たちでひしめきあっている。(Andrzej Sołtan, *Warszawa wczoraj*, s. 67)

ワルシャワのユダヤ人街はゲンシャ＋フランチシュカィンスカ通りとナレフキ通りが構成する十字路を起点にさらに北西方向と南の方へと拡大していった。北西方向のヂカ通りはデーブリーンも歩いたようだ。一八七〇年代半ばにワルシャワ・グダィンスカ駅の前身である「コヴェル駅」ができたので（第六章参照）、ヂカ通りの東側に貨物の引き込み線が敷かれ、ナレフキ通りともつなぐ輸送路線となった。後にワルシャワ・ゲットーから絶滅強制収容所・トレブリンカへのユダヤ人大量移送の起点となる。ナチス・ドイツ占領下に「ウムシュラークプラッツ」（積替場）で活用されたのはこの引き込み線だったのだろう。ゲンシャ通りの南を平行してはしるのはパヴィヤ通り、ヂェルナ通り、ノヴォリプキ通りである。一九三〇年代のノヴォリプキ通りの写真には三、四階程度の高さだがファサードが長く続く当時の典型的な住宅のながめがある。ヂェルナ通りとパヴィヤ通りにかかっては悪名高い「パヴィヤク監獄」があったので、街に明るい雰囲気はなかったようだ。戦前のザメンホフ通りは現在とは違っていてヂカ通りから南東にはしっていたが、店舗付きの大きな建物がたくさんあって賑わっていた。

ムラノフスキ広場から南下したナレフキ通りが行きつく先はドゥゥガ通りで、その周辺地域はユダヤ人商人らが多数住むようになっていった。ナレフキ通りとドゥゥガ通りが凸型をつくるその西側に旧兵器庫があり、二〇世紀初めには東側にパサシュ・シモンサ（シモンズのショッピング・アーケード）（第七章参照）ができた。

一九世紀後半、ユダヤ人居住地域はフランチシュカィンスカ通りからシフィエントイェルスカ通りへとスタレ・ミャスト（旧市街）方向にも拡大していった。フランチシュカィンスカ通りと十字に交差するボニフラテルスカ通りは現在のワルシャワ・グダィンスカ駅のちかくから南東方向に下ってくる長い通りだが、同通り周辺からノヴェ・ミャスト（新市街）の方へもユダヤ人居住アパートができていった。ヤロスワフ・ジェリィンスキによれば、「スタレ・ミャスト（旧市街）にもユダヤ人が大勢流れ込んできたが、そこに新しい建物がつくられるのはめったになく、既存の建物の改修や増築がおこなわれた。」（Jarosław Zieliński, *op.cit.*, s.55）

ワルシャワ・ユダヤ人居住地域としての「北部地区」の南端境界は当時のレシュノ通り、現在のソリダルノシチ大通り周辺である。ジェリィンスキによると、レシュノ通りより南、オルラ通り、エレクトラルナ通り、ジムナ通り、プタシャ通りには正教会の人々が多く住んでいた。すぐ東側はサスキ公園の西出口もちかいジェラズナ・ブラマ広場で、「北部地区」南端地域はユダヤ系住民も混在して特異な雰囲気があったにちがいない。ジェラズナ・ブラマ広場からグラニチュナ通りをまっすぐ南下するとグジボフスキ広場である。ジェリィンスキは「一九世紀後半、グジボフスキ広場は北部地区外で最も重要なユダヤ人の飛び地の中心になっていた」「同広場は鉄製品を売り出して賑わう商業中心地となった」（*Ibid.*, *s.* 62）と書いている。ユダヤ人は一九世紀半ば頃すでにこの地域に定住していて低層住宅が特徴だった。広場からジェルナ通りへぬけるプルジュナ通りのやや高層の住宅は近年美しく改修されてしまったが、戦前のすがたを長い間とどめてきた

貴重な遺産である。（詳細は『ワルシャワから』第一章参照）

こうして、ワルシャワ・ユダヤ人のまちの拡大をみてくると、ナチス・ドイツ占領下に壁で封鎖されたゲットーというものがきわめて正確な囲い込みだったという非情な事実が確認できるのである。

9

第二次大戦勃発、ワルシャワ防衛戦とスタジィンスキ市長

1936 年～第二次大戦勃発（1939 年）、
ナチス・ドイツの侵攻とワルシャワ防衛戦（1939 年 9 月）

ステファン・スタジィンスキ市長記念壁と十字架
（ポヴォンスキ墓地）

一九三五年五月一二日、ユゼフ・ピウスツキが六七歳で病死した。ピウスツキの「サナツィア」勢力は内部対立したが、一九三六年にフェリツィヤン・スワヴォイ・スクワトコフスキ将軍（一八八五～一九六二）を首班とする暫定政権が発足し、結局は一九三九年の第二次世界大戦勃発まで続いた。同政権は新たな統制的経済政策を打ち出し、軍の近代化や産業の振興などを追求したが、一方では反ユダヤ主義的国民感情を容認するところがあった。ロマン・ドモフスキ*は一九三九年一月に七四歳で死亡した。二〇世紀初めの四半世紀あまり、独立回復前後のポーランド史に大きな足跡を残したピウスツキとドモフスキという二人が追求したポーランド国家についての理念は鋭く対立していたが、いずれにしてもその強力な指導者たち亡き後、第二次世界大戦が勃発した。

＊ロマン・ドモフスキ Roman Dmowski（一八六四～一九三九）は、ナショナリズムで反ユダヤ主義傾向の国民民主党 Narodowa Demokracja（ND）あるいはエンデツィア Endecja の指導者。ドイツを主要な危険とみなして、ロシアとの妥協も必要と考えた。ピウスツキが複数民族による連邦国家を理念としたのに対して、ポーランド民族主義国家を志向した。

ツーリスト・ビル：宝塚歌劇団のワルシャワ訪問（一九三八年一一月二六日～一二月一日）

一九三七年から三九年にかけて、イェロゾリムスキェ大通り99とソクラテス・スタルィンキェヴィチ通り7のかどにツーリスト・ビルが建設された。ワルシャワ市が旅行者の宿泊用に建てたもので、丸みのある正面入口が印象的なすがたはいまも変わらない。第二次世界大戦勃発の一〇か月ほど前、日本の宝塚歌劇団の一行が一九三八年一一月二六日から一二月一日のワルシャワ公演で滞在したのが当時完成したばかりのその建物だった。（図9―1）

宝塚歌劇団のワルシャワ公演は、日独伊防共協定締結一周年を記念する文化使節として、数か月におよぶドイツを中心としたヨーロッパ滞在公演のなかの一週間だった。ヨーロッパ遠征の出発は一九三八年一〇月二日靖國丸で神戸出港、帰路は翌一九三九年一月二九日伏見丸でナポリを出帆して、三月四日に神戸港に帰着した。一部団員がこの間のベルリン滞在中にワルシャワを訪れ、大劇場（テアトル・ヴィェルキ）で公演して歓待された。そのときに宿泊したのがツーリスト・ビルだった。『寶塚少女歌劇團』の『日・獨・伊親善藝術使節　渡歐記念アルバム』という記録誌がある。ワルシャワ公演については団員の春日千鶴子「ワルソー公演」と牧藤尾「ワルソーの茶話會」の手記が同誌の「歐洲公演旅日記」に収められており、後者の手記掲載のページには「ワルソーの宿泊ホテル・ツウリスティチヌィ」として小さなものだがツーリスト・ビルの写真が掲載されている。（同書、二六頁）

図９―１

春日千鶴子の手記には「公演は大成功フィナーレで唱ふポーランド國歌に、歡衆は破れる様な拍手を送つて熱狂する」とあり、最後にこう書いている。

「十一月三十日　最後の公演も凄いアンコールの中に終り、その夜、極東青年會主催の『菊の夕』に出席、私達が、ポーランドの國歌を唱ふと、『君が代』『愛國行進曲』『大陸行進曲』等をあざやかな日本語で贈られる。やがて晝の様にまばゆい燭光の下で第二回目の舞踏会が始まる。動くことさへ出來ない程ぎつしりつまつた人の波にもまれて、メチヤメチヤにされてしまひさうだつた。」（同書、二五頁）

「極東青年会」はポーランド人のいわゆる「シベリア孤児」の有志が相互支援と親睦を目的に一九二八年に結成した組織である。日本赤十字社によるシベリアのポーランド人孤児救済事業は一九二〇年七月から二一年七月にかけて五回、一九二二年七月と八月に実施され、東京や大阪の施設に保護された子どもたちは一歳から一六歳まで合計七六五名にのぼった。当時、ロシア支配下で抵抗して追放された人々や避難民の子どもたちが多数孤児になり飢餓にもさらされていた。日本に一旦引き取られたポーランド人児童・少年少女は日本赤十字社のもとに手厚い看護を受けて、一九二〇年と一九二二年に順次、祖国ポーランドに送りとどけられた。極東青年会はワルシャワで発足後、ポズナン、ルヴフ（現在ウクライナ・リヴィウ）、ウゥチ、カトヴィツェなどにも活動を広げ、六〇〇名以上の会員を擁するようになった。会長に選ばれたのはイェジ・シュチュシャウコフスキ（一九一一〜一九九二）だった。彼は一九二二年八月にウラジオストクから大阪に引き取られた三九〇人のポーランド人孤児の一人で、当時は一一歳だった。帰国後、極東青年会の指導者として活動し、一九四四年八月のワルシャワ蜂起のときには「イェジキ特別蜂起部隊」隊長として多くのポーランド人孤児仲間とともに国内軍（AK）の戦いに参加した。

旧ツーリスト・ビルの正面入り口には現在、国内軍（AK）の軍人でアウシュヴィッツ強制収容所に自ら潜入してその実態を知らしめようとしたヴィトルト・ピレツキの記念プレートがある。

「一九四四年八月、ワルシャワ蜂起のとき、この建物には自由共和国の要塞があった。ここで指揮したのは、ポーランド第二軍・国内軍の英雄的兵士、騎兵隊長ヴィトルト・ピレツキ（ヴィトルト）だった。彼は真実の証拠をもたらすために自らの意志で潜入したアウシュヴィッツ強制収容所で抵抗運動を創始した。一九四八年、共産主義政権は彼に法廷で死刑を宣告した。占領下のヨーロッパでもっとも勇敢な六人の一人としてその名誉を讃える。」（図9―2）

ピレツキがドイツ占領者による一斉検挙（ワパンカ）に自ら進んで身を投じたジョリボシュ地区の建物（ポーランド軍大通り40）には以下の記念プレートもある。

「騎兵隊長ヴィトルト・ピレツキ（一九〇一〜一九四八）の名誉を讃えて。アウシュヴィッツを志願。一九四〇年九月一九日、ポーランド地下軍指揮官の同意のもと、この家から出て、自らの意志でドイツ占領者が行ったワパンカで検挙された。その後、アウシュヴィッツ強制収容所の拘禁者として、収容所内の秘密組織（ZOW）をZWZ*=AKの下部組織としてつくった。一九四三年四月に収容所を脱出した後、国内軍司令部ケディフで働き、ワルシャワ蜂起を戦った。共産主義ポーランドで囚われの身となり、残忍な被告審理で死刑判決を受け、一九四八年五月二五日、ワルシャワ、ラコヴィェツカ通りのモコトゥフ刑務所で共産主義政権機関によって殺害された。ポーランドの自由のために死す。」（図9—3）

＊武装闘争同盟（ZWZ）は国内軍（AK）の前身組織で、一九三九年に結成された。

図9—2

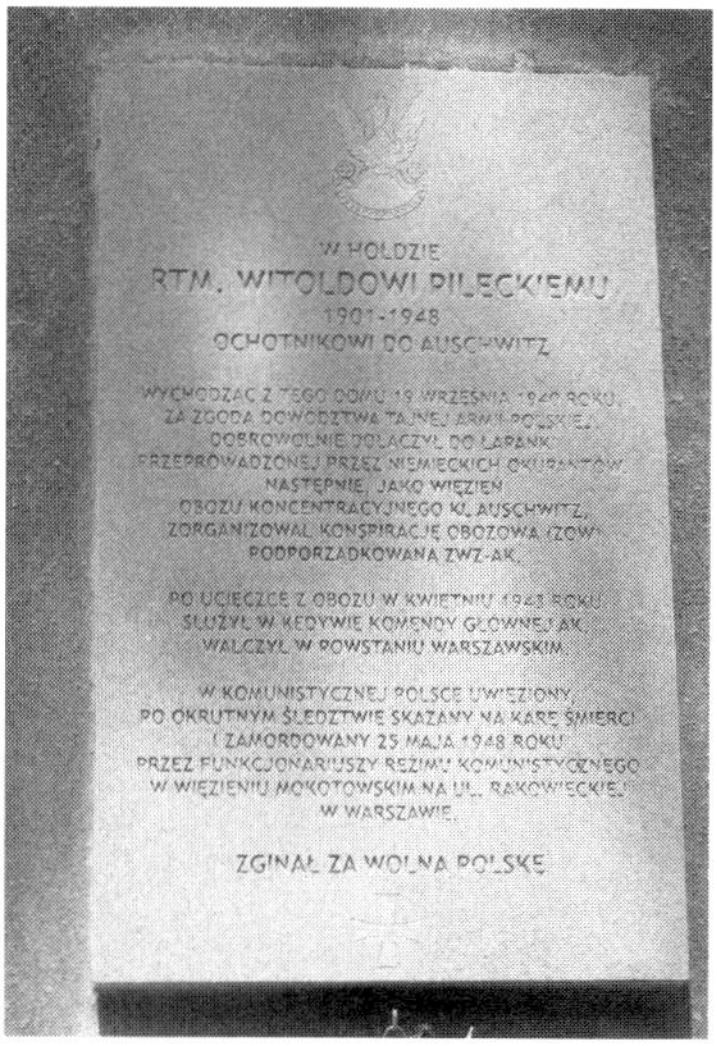

図9—3

図9—4

第二次大戦勃発：ヴェステルプラッテ、海岸防衛者記念碑

ワルシャワからやや北西に列車ならば四時間ほど、バルト海に面した都市グダィンスクのヴェステルプラッテ半島に巨大な「海岸防衛者記念碑」（一九六四年から六六年の建造）がある。（図9—4）

一九三九年九月一日未明、午前四時四五分、現在のグダィンスク（第一次世界大戦後、国際連盟保護下の「自由都市ダンツィヒ」）のヴェステルプラッテ半島内湾に停泊していたドイツ艦船シュレスヴィヒ・ホルスタインが同地のポーランド軍守備隊に対して一斉砲撃を開始した。ドイツ軍が宣戦布告なくポーランドとの北部・西部・南部国境を越えて、第二次世界大戦が始まった。* ワルシャワの西部地区、オケンチェ空港やコウォが空爆された。ポーランド軍最高司令官のエドヴァルト・ルィツ＝シミグウィ元帥（一八八六〜一九四一）は、ヴァレリヤン・チュマ将軍（一八九〇〜一九六二）にワルシャワ防衛の任をあたえた。ワルシャワ市内はまだ比較的平穏だった。

＊開戦当時のドイツ・ポーランドの戦力比較

兵員数　ドイツ軍 一八〇万人：ポーランド軍 一二五万人

戦車　ドイツ軍 新型二五〇〇両：ポーランド軍 旧型三〇〇両

航空機　ドイツ軍 二〇〇〇機：ポーランド軍 旧型四〇〇機

（Geroge J. Lerski. *Historical Dictionary of Poland*, 966-1945, p. 535）

三日、英国とフランスが対独宣戦布告した。ワルシャワでは空襲の危険にもかかわらず、両国大使館に熱狂した群衆が集まり、「英国万歳」「フランス万歳」「ヒトラー出て行け」と叫んだ。しかし、英仏両国は即刻軍事作戦にでることはせず静観した。チュマ将軍はワルシャワ防衛本部を設置し、市民の間では様々なボランティア相互援助委員会ができた。

六日、ポーランド軍宣伝部局高官のロマン・ウミャストフスキ（一八九三〜一九八二）がラジオ放送で、すべての健康な成人男子に対して新しい防衛線構築のために首都を離れるようよびかけ、チュマがこれを撤回するまで、パニックと混乱状態が生じた。イグナツィ・モシチツキ大統領、フェリツィヤン・スワヴォイ・スクワトコフスキ首相と閣僚、最高司令官のエドヴァルト・ルィツ＝シミグウィらはワルシャワを離れたが、ステファン・スタジィンスキ市長は職務を続け、ワルシャワ住民に対する熱烈なラジオ放送で「市民諸君はみな兵士として自制せねばならない。パニックに陥るのを鎮み、落ち着いて賢く行動すべきである」と訴えた。七日には、スタジィンスキ市長の任命で、ヤヌシュ・レグルスキ（一八八七〜一九八三）のもとに市民防衛隊が発足した。空爆が続く中、市民はポーランド社会党（PPS）の新聞「ロボトニク」*Robotnik* の「祖国は危機に瀕す。市民諸君武器をとれ」とのアピールにこたえて集結した。同党指導者トマシュ・アルチシェフスキ（一八七七〜一九五五）、ズィグムント・ザレンバ（一八九五〜一九六七）はチュマ将軍の同意を得て、労働者志願兵部隊の結成に着手した。

一九三九年九月・ワルシャワ防衛戦

ナチス・ドイツ側から言うと「ワルシャワ包囲攻撃」、ポーランド側から言うと「ワルシャワ防衛戦」は集約すると九月二八日までの実質三週間余りということになる。

九月八日午後三時、ドイツ軍第四機甲師団部隊が、オホタ地区とヴォラ地区のポーランド陣地に迫り、

図9—5

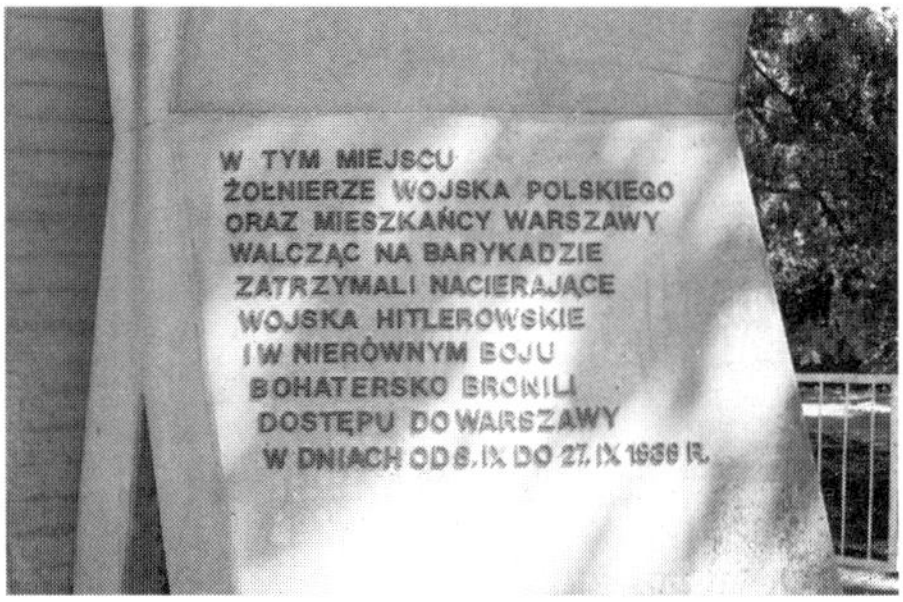

図9—6

首都ワルシャワに速攻で進入しようとしたが、強力な抵抗に逢い、退却をよぎなくされた。夜間は砲撃が続き、朝は激しい空爆に見舞われた。ワルシャワ側の防衛拠点は古くからあるシュチェンシリヴィツキ要塞、ヴォルスキ要塞だった。(Grzegorz Jankowski. *Historia II wojny światowej*, s. 18-19)

オホタ地区へのナチス侵攻

オホタ地区の目抜き通りであるグルイェツカ通りを南西に下ると東からのヴァヴェルスカ通りと交差し、さらに進むと「一九二〇年ビトファ・ヴァルシャフスキェイ(ワルシャワの戦い)通り」との交差点に出る(「一九二〇年通り」はグルイェツカ通りと交差した後、ステファン・バナフ通りと名が変わる)。そのグルイェツカ通り95の交差点ちかく、車が頻繁に往来する道路の両側にコンクリートでつくられた文字通り重厚堅固なモニュメントがある。それぞれ、高さは三、四メートルほどだろうか、「一九三九年」を真ん中に、トラムの線路をはさんで左側に「九月八日」(8—IX)と、道路をはさんで右側には「九月二七日」(27—IX)を象った分厚いコンクリート柱がまさに要塞のようにどっしりと打ち立てられている。(図9—5)

それぞれの側面には以下の説明がある。

「一九三九年九月八日から二七日まで、この場所でポーランド軍兵士とワルシャワ市民はバリケードを築

いて戦い、進撃するナチス軍を阻止し、不利な戦闘にもかかわらずワルシャワへの道を英雄的に防衛した。」(図9—6)

「一九三九年九月八日から二七日の歴史的バリケード　一九三九年九月八日、金曜日の午後六時頃、当時トラム・ループ線のすぐそばグルイェツカ通りに構築されたバリケードはナチス侵略者の最初の襲撃をむかえうった。効果的に撃退され、侵略者は火砲を浴びて炎上した。」(図9—7)

「夜間構築されたバリケードは九月二七日の最後、すなわち降伏の日まで叙事詩的重大事件のすべてをもちこたえた。上の写真は、戦いが終わった後のバリケードの残骸である。一九七九年九月一二日、歴史的なバリケードがつくられた場所に、一九三九年九月八日から二七日という共通の日付をもつ三つのコンクリート塊で構成された、ユリアン・パウカ教授設計による記念碑が除幕された。記念碑のそばでは、毎年九月八日午後五時に、一九三九年九月のワルシャワ防衛戦を記念する式典が催される。」(図9—8)

HISTORYCZNA BARYKADA 8-27 WRZEŚNIA 1939 ROKU
Barykada Września 1939 roku zbudowana na ul. Grójeckiej obok ówczesnej pętli tramwajowej przyjęła na siebie pierwsze natarcie hitlerowskiego najeźdźcy w piątek 8 września 1939 roku około godziny 18.00 . Po skutecznym odparciu napastnika spłonęła podpalona ogniem artyleryjskim.
図9—7

Odbudowana w nocy przetrwała całą epopeę obrony aż do 27 września, czyli do dnia kapitulacji. Na zdjęciu: resztki barykady po zakończeniu walk.
W miejscu, gdzie stała historyczna barykada 12 września 1979 roku odsłonięty został pomnik składajacy się z trzech zespołów brył połączonych wspólną datą 8-27 września 1939 roku wg projektu prof. Juliana Pałki.
Przy pomniku, każdego roku 8 września o godz.17.00 odbywają się uroczystości upamiętniające obronę Warszawy we wrześniu 1939 roku.
図9—8

　前記のシュチェンシリヴィツキ要塞は、モニュメントのある交差点ちかくからみると西方、イェロゾリムスキェ大通りちかくに位置し、その東側には現在シュチェンシリヴィツ

図9—9

キ公園がある。

ヴォラ地区への侵入と抵抗

第四章で、ヴォルスカ通り、かつてのヴォラ要塞の要所に位置する聖ヴァヴジィンツァ教会の記念石板に一九三九年のワルシャワ防衛戦について言及したものがあると書いたが、それは以下の通りである。（図9—9）

「一九三九年九月、歴史的要塞56で、ナチス侵略者からワルシャワへの道を防衛したのは第四〇歩兵連隊・ヂェチ・ルヴォフスキフ（「ルヴフの子供たち」）の兵士たちで、指揮官は英雄的な陸軍中尉、後の陸軍大佐、ズジスワフ・パツァク＝クジミルスキ*である。当地の墓に眠る指揮官、その勇敢な兵士たち、英雄的な戦死者たちのために。ワルシャワ市民の永遠の栄誉と感謝をこめて」

＊ズジスワフ・パツァク＝クジミルスキ Zdzisław Pacak-Kuźmirski（一九一一〜一九八一）は一九三九年九月当時、第四〇歩兵連隊・ヂェチ・ルヴォフスキフの指揮官としてヴォラ地区防衛にあたった。

また、同章で紹介した要塞56の説明記念板にはこうある。

「要塞の土塁はワルシャワ防衛体系の一部として一九三九年九月に戦闘対象となったが、このとき、ヴォラのこの地区を防衛したのはパツァク・クジミルスキ中尉指揮下の第八中隊第四〇歩兵連隊で、同部隊は九月九日、襲撃してきたナチス・ドイツの第一機甲師団に打撃をあたえ、終日にわたる敵攻撃の全面包囲を撃退したが、九月二七日にようやく、ワルシャワが力の前に降伏したときに戦闘を停止した。」

五年後の一九四四年八月のワルシャワ蜂起開始当初、蜂起部隊はヴォラ地区を制圧したが、同月四日にはドイツ軍の空爆があり、翌五日にはドイツ軍戦闘部隊の総攻撃が始まり、悪名高いディルレワンガー旅団が一般市民を組織的に大量虐殺する。このことについての記念碑文があることも第四章に記した。

九月八日から二三日までの抵抗

一九三九年九月、ワルシャワは侵入軍に激しく反撃した。スタジィンスキ市長は九月八日、ワルシャワ防衛に責任をもつ文民長官に指名され、各種の権限が集中された。ドイツ軍によるワルシャワ包囲作戦当時、首都西部地区の防衛責任者だったのはマリヤン・ポルヴィト（一八九五～一九八八）で、九月二八日まで抵抗を続ける。ユリウシュ・ルンメル将軍（一八八一～一九六七）が同日、ワルシャワ全域の指揮官としてウッチから復帰した。この日、ヴォラ地区のガス施設が炎上した。

九日から一〇日にかけて、ドイツ軍はポズナン、ポモジェに進出を試みるが、ワルシャワ西方の「ブズラ川の戦い」*として知られる戦闘で、ドイツ軍五個師団が強力な反撃を受けた。

*ワルシャワ防衛戦におけるドイツ軍との最大の激戦。主な戦闘地域は現在のポーランド中央部、ワルシャワの西でウッチの北に位置するクトノ南方のブズラ川流域。タデウシュ・クチュシェバ将軍 Tadeusz Kutrzeba（一八八六～一九四七）指揮下のポーランド軍は九月九日からの緒戦で優位に立ったが、同月半ば以降はドイツ軍が反攻。一九日に敗北が決定的になり、敗残兵がカンピノスの森を通ってモドリン、ワルシャワにもどり、首都防衛戦に加わった。

一一日から一四日にかけて、スタジィンスキ市長のアピールに応えて、市民志願者で組織されるワルシャワ防衛大隊が結成された。労働者旅団もさらに五〇〇〇人の兵士を加えて強化された。（Adriana Gozdecka-

Sanford, *Historical Dictionary of Warsaw*, p. 242）市民は落ち着きをとりもどし、様々な社会組織が首都防衛のための行動に参加した。

九月一五日、プラガ地区に対する襲撃が始まった。第三六歩兵大隊が機甲・火砲部隊の掩護のもと、一七日にかけて首都進入をはかるが不首尾に終わる。ワルシャワ空爆は続いていたが、抵抗も続いた。スタジィンスキとポーランド社会党（PPS）指導者で労働者旅団司令官のミェチスワフ・ニェヂャウコフスキ*らは連合国の支援を訴えるが反応はなかった。王宮、発電所、聖ヤン大聖堂、セイム（国会）、旧市街の住宅地が炎上した。ワルシャワの軍事防衛力は歩兵師団が二個、軽戦車三六両、六四砲だけになった。（*Ibid*., p. 242）

*ミェチスワフ・ニェヂャウコフスキ Mieczysław Niedziałkowski（一八九三〜一九四〇）は、ポーランド社会党指導者。一九二六年のピウスツキのクーデタは支持したが、その後の強権的政治には反対した。一九三九年のワルシャワ防衛戦では市民防衛隊を組織して抵抗を指導した。ワルシャワ陥落後、反ナチ闘争に参加するが、ゲシュタポに逮捕され、パルミルィで殺害された。

一七日、ソ連軍がポーランド東部に侵攻した。同日、ポーランド政府と軍幹部はルーマニアに逃れたが、ルーマニア政府はドイツの影響下にあり、翌日ポーランド側幹部は拘束された。この日早暁から激しい砲撃が続いた。王宮が炎上し、正面塔が破壊された。塔上の時計は一一時一五分で止まってしまった。国立博物館館長スタニスワフ・ロレンツ（一八九九〜一九九一）の下で王宮内の貴重な美術品の保護救済活動がなされた。このとき、歴史家で王宮管理員のカジミェシュ・ブロクル（一八七七〜一九三九）が死亡した。その記念碑が現在王宮・グロツカ門のちかくにある。

一八日から二一日にかけて、ブズラの戦いに参加したポズナン部隊、ポモジェ部隊の残存兵力がワルシャワに向かった。一九日、タデウシュ・クチュシェバ将軍指揮下の部隊はカンピノスの森を通ってモドリン、ワルシャワにもどり首都の援護防衛に加わった。

二〇日から二一日にかけて、ワルシャワ防衛勢力は様々な構成員による約一〇万人の戦闘員になっていた。(*Ibid*., p. 242) 対する敵側は第一、第四空挺団の爆撃機と、重軽砲十分の歩兵師団八個だった。

二二日、ドイツ軍は市民施設の破壊に攻撃を集中した。ポモジェ軍司令官としてブズラの戦いを指揮したヴワディスワフ・ボルトノフスキ（一八九一～一九六六）が負傷して捕らわれた。二三日、ドイツ側は水道施設、発電所、中央電話局など首都の公共機関・施設に対して効果的砲撃を開始し、終日攻撃を緩めなかった。ワルシャワは国内他地域から完全に孤立した。ドイツ軍の爆撃により、病院その他の市民施設、市内の電気、水道、衛生施設が使用不能となった。スタジィンスキ市長が最後のラジオ演説をおこなった。

ワルシャワ防衛戦の最後——スタジィンスキ市長最後の演説

劇場広場とセナトルスカ通りをはさんで、大劇場の向かい側にあるのはヤブウォノフスキ宮殿である（セナトルスカ通り14／16）。もとは一八世紀後半、貴族で政治家のアントニ・バルナバ・ヤブウォノフスキ（一七三二～一七九九）のためにヤクプ・フォンタナ（一七一〇～一七七三）とドミニク・メルリーニ（一七三〇～一七九七）の設計により建造されたもので、一八一七年から一九年にかけてワルシャワ市庁舎「ラトゥシュ」として再建された。とおく一五世紀から一九世紀初めまで旧市街にあった市庁舎は取り壊された。新しい市庁舎建物は一八六三年の「一月蜂起」のときに焼けたが、一八六五年から六九年にかけて再建された。一九三九年九月にナチス・ドイツが侵攻したとき、スタジィンスキ市長のもとで首都防衛の司令本部となったが爆撃を受け、さらに一九四四年のワルシャワ蜂起中、ドイツ軍によって破壊された。戦後、一九九五年から九七年にかけて戦前のかたちで再建された。その旧市庁舎の壁に記念プレートがあって、スタジィンス

図9—10

図9—11

キ市長がワルシャワ市民と世界に向けて発した最後のラジオ演説の一部が刻まれている。（図9—10）

「私は、ワルシャワが偉大となることを望んだ。偉大になることを信じていた。いま、ワルシャワはポーランドの誇りを守りながら、自身の偉大さと栄光の頂点にある。」（一九三九年九月二三日、スタジィンスキ市長がおこなったラジオ演説の一節）

旧市庁舎（ヤブウォノフスキ宮殿）についての記念プレートはこう説明する。（図9—11）

「一七六八年から一七八五年にかけて、ヤクプ・フォンタナとドミニク・メルリーニの設計により建造され、一八一七年に市庁舎となった。一八六五年から一八六九年にかけ、ラファウ・クライェフスキとユゼフ・オルウォフスキの設計により折衷主義様式で増築された。一九四四年に火災被害を受け、一九五三年に取り壊された。一九九七年に建てられたファサードは一九三七年の市庁舎ファサードの正確な復元である。」

一九三九年九月、スタジィンスキ市長が抵抗のメッセージを発してワルシャワ市民を鼓舞し続けたその市庁舎建物、旧ヤブウォノフスキ宮殿はいま美しく再建されている。宮殿東（右）翼（図9—12）、同中央部（図9—13）。

第四章で言及したが、現在のワルシャワ市庁舎は銀行広場、豪壮な新古典主義様式の建物にある。一八二四年から三〇年にかけて、大劇場、スタシツ宮殿、モストフスキ宮殿などを設計したアントニオ・コラッツィ（一七九二〜一八七七）により建造された。

スタジィンスキ市長の歴史に残るラジオ演説の一節は、ポヴォンスキ墓地（古いポヴォンスキ）にある大きな十字架のある記念碑にも刻みつけられている。（本章トビラ写真）

図9—12

図9—13

スタジィンスキ市長の記念像は二つある。ひとつは現在の銀行広場で、ブルータワーを背にしてメトロの入口のすぐそばである。（図9—14）彫刻家のアンジェイ・レネスの制作による。一九九三年に除幕された比較的新しいもので、ワルシャワの地図の象りをベースにした記念像である。銀行広場は社会主義時代、ポーランド人でソ連秘密警察の長だったフェリクス・ヂェルジィンスキ（一八七七〜一九二六）の名がつけられ「ヂェルジィンスキ広場」と呼ばれていた。一九八九年、ポーランド銀行が一八二五年に創設されて以来の本来の名である「銀行広場」

図9—14

図9—15

にもどされ、ヂェルジィンスキ像も引き倒された。また、第四章に記したように「銀行広場」の名は残っていても、そのすがたは戦前と同じではない。かつて広場にあった印象的な噴水はいまはノヴォリプキ通り、現在のワルシャワ警察本部（旧モストフスキ宮殿）の近くに移設されている。

もうひとつのスタジィンスキ像は一九八一年一月にサスキ公園前に除幕されたものである。（図9—15）制作者はルドヴィカ・ニトスホヴァ（一八八九～一九八九）。この像は二〇〇八年九月、プラガ地区、「合衆国大通り」のステファン・スタジィンスキ記念第一四三小学校の正面入口の右側に移設されている。

九月二五日は「ブラック・マンデー」と言われ、最も激しい攻撃のあった日とされる。ドイツ軍は空爆、砲撃による総攻撃をかけた。四〇〇機が一一時間も空襲を続け、六〇〇トンにおよぶ爆弾を投下した。（Grzegorz Jankowski, *opcit.*, *s.* 18-19; Grzegorz Konsalik i Jacek Korpetta, *Warszawa 1939, Tem się tylko żyje, za co się umiera*）およそ九〇〇門の火砲による猛攻で首都は破壊された。二六日早朝五時、チェルニャクフ要塞に対する攻撃が始まった。六時間後、前哨がドイツ側の手に落ちる。ドイツ側はその後さらに、サディバ守備隊の抵抗も打ち破る。二七日正午頃、軍事行動は終わり、翌二八日にワルシャワは降伏した。一九一八年に独立を回復したポーランドは、わずか二〇年余りにしてナチス・ドイツとソ連により分割支配されることになった。同じ九月二七日、のちの国内軍（AK）の前身となる「ポーランド勝利奉仕団」（SZP）がワルシャワで結成され、新たな抵抗と一九四四年八月蜂起の芽が生まれた。

首都ワルシャワ防衛戦で市庁舎に残り、市民を鼓舞し続けたスタジィンスキ市長は一〇月二七日に逮捕され、三〇日にはダニウォヴィチョフスカ通りの監獄、次いでパヴィヤク監獄に移送されたという。だが、同市長の逮捕から最期までの状況はいまも定かではない。従来の説では一二月二三日、ドイツ国内のダッハウ強制収容所に送られて一九四三年に死亡したとする説や、一九四四年死亡説まであった。最近では一九三九年一〇月の逮捕直後、一二月にワルシャワかその近辺でゲシュタポに射殺されたとする説が国民記憶院（IPN）でも有力なようである。スタジィンスキ市長逮捕の後、ドイツ占領者当局は副市長だったユリアン・クルスキ（一八九二～一九七六）を市長に指名した。クルスキは占領中、市長権限を縮小されながらも、ポーランド亡命政府や地下抵抗組織と連絡をとり、市民生活維持のために力を尽くした。

ポヴォンスキ軍人墓地、一九三九年戦争犠牲者の墓石群（図9―16）

一九三九年のワルシャワ防衛戦での戦死者の墓はポヴォンスキ軍人墓地にならんでいる。実質三週間あま

図9—16

りだったが、兵士約五〇〇〇〇人、市民約二万五〇〇〇〇人が死亡し、五万人以上が負傷した。(George J. Lerski, *opcit.*, p. 243) ポーランド・ドイツ戦争全体では、ドイツ側が「全軍で合計五万人の死傷兵をだし、戦闘機五〇〇機と一〇〇〇輌以上の装甲車を失った。他方、ポーランド軍は二〇万人を超える死傷兵をだしたうえに、市民がドイツ空軍の無差別爆撃の犠牲となり、官吏や市民が大量処刑された。」(Jerzy Lukowski and Hubert Zawadzki, *A Concise History of POLAND*, p. 225)

「九月戦役」の正規軍による戦闘終結は一九三九年一〇月五日とされる。フランチシェク・クレエベルク将軍（一八八八～一九四一）のポレシェ軍はこの日までソ連軍、ドイツ軍の双方を相手にもちこたえたが、ルブリン近郊の小町コックで降伏した。この日、ヒトラーがワルシャワ入城し、ウヤズドフスキェ大通りを閲兵した。他方、モシチツキ大統領は首都を離れていたが、一九三五年憲法にもとづき、ヴワディスワフ・ラチュキェヴィチ（一八八五～一九四七）に大統領職を引継いだ。フェリツィヤン・スワヴォイ・スクワトコフスキ首相は解任され、ヴワディスワフ・シコルスキ将軍（一八八一～一九四三）を首班とする亡命政府がパリに発足した。この手続きにより、亡命政府は戦後の「人民ポーランド」時代もロンドンにあって、（形式的ではあったが）第二共和政継続の正統性を主張することになる。*

＊ポーランド亡命政府（ロンドン）最後の大統領はルィシャルト・カチョロフスキ Ryszard Kaczorowski（一九一九～

二〇一〇）である。一九九〇年一二月、レフ・ヴァウェンサ（ワレサ）大統領就任式で「第二共和政から第三共和政」へ権力を引継ぎ、半世紀におよんだポーランド亡命政府の歴史は形式的にも終わった。カチョロフスキは二〇一〇年四月のスモレンスクちかくでの飛行機事故により、レフ・カチィンスキ大統領夫妻ら九十数名とともに死亡した。

ピウスツキの死亡（一九三五年）からワルシャワ防衛戦（一九三九年）までの建築物と記念像

ピウスツキが死亡した一九三五年から三九年九月にナチス・ドイツによる激しい空爆にさらされるまでわずか数年間だったが、現在も残る重要な建築物がいくつかある。

建築家のボフダン・プニェフスキ（一八九七〜一九六五）は一九三五年、ナ・スカルピェ大通り*20／26に石垣状の堅固な壁のヴィラを建造した。その建物は現在ポーランド科学アカデミー地質博物館の一部となっていて、貴重な岩石や化石などの標本が多数展示されている。（図９—17）だが、博物館に入ってすぐの階段を下ると、その中ほどの大理石の床にガラス板で保護された血痕の広がりが残されている。すぐそばには白と赤の国内軍（AK）の腕章と同色のヘルメットがあり、壁の記念プレートには「大理石の上に残されているのは、一九四四年のワルシャワ蜂起で名も知れぬ蜂起兵が流した血の跡である」とある。（詳細は『ワルシャワ蜂起』第七章参照）。建物は一九四四年の蜂起のときに激戦の場となり、無惨に破壊された。

図９—17

＊ポーランド語の aleja は都市の「大通り」を意味するが、ソリダルノシチ大通

図9—18

図9—19

りのように文字通り大きな通りもある一方、実際には小さな通りに使われているものも少なくない。ナ・スカルピェ大通りもその一例である。

現在のソリダルノシチ大通りとヴワディスワフ・アンデルス将軍通りの交差点を東にすこしばかり行くと南に入る小さなトウォマツキェ通りがある。かつてそこには第七章で言及した大シナゴーグ（一八七六〜一八七八建造）があった。そのすぐそば（トウォマツキェ通り3／5）の場所にいまあるのはユダヤ歴史研究所である。（図9—18）戦後一九四七年に再建され、一九九七年から二〇〇〇年にかけてさらに一部が修復されたが、もとの建物は一九二八年から三六年にかけて建造されたユダヤ中央図書館の建物だった。大シナゴーグが一九四三年五月一六日にナチス・ドイツにより爆破されたそのときまで、わずか一〇年にも満たないあいだだったが、大シナゴーグとユダヤ図書館の建物が隣接した美しいすがたが写真には残っている。

ユダヤ歴史研究所は一九四六年から四七年にかけて創設された。ポーランド・ユダヤ人の歴史的・文化的遺産の保護・研究にあたっている。第二次大戦前、旧ポーランド領内のユダヤ系人口はおよそ三五〇万人だったと推定されるが、戦争直後の一九四六年には二〇万人になっていた。ユダヤ歴史研究所には博物館が併設されている。貴重な所蔵品のなかには、ユダヤ人の歴史家エマヌエル・リンゲルブルム（一九〇〇〜一九四四）と彼が指導した地下アーカイブ「オネグ・シャバト」がナチス・ドイツ占領中、ポーランド・ユダヤ人の生活・文化について収集した資料を隠して保存しようとした大きなミルク缶もある。（図9—19）

図9—20

　現在のソリダルノシチ大通り127に大きな裁判所建物がある。（図9—20）一九三五年から三九年にかけて、ボフダン・プニェフスキの設計で建造された。正面入り口の上には横に大きく「正義は共和国の力と安定の基礎である」Sprawiedliwość jest Ostoją Mocy i Trwałości Rzeczypospolitej と刻まれている。戦前はソリダルノシチ大通りの名ではなくてレシュノ通りだった。裁判所建物はレシュノ通りとオグロドヴァ通りの間にあり、ナチス・ドイツ占領下で封鎖された当時の大ゲットーの下腹に食い込むように位置していて、レシュノ通り側の入口はゲットーの内に面し、オグロドヴァ通り側の入口はゲットーの外に面していた。そのため、この建物はゲットーのユダヤ人と「アーリア」地区のポーランド人がその中で合法的に

図9―21

図9―22

接触できる唯一の場所となり、そこを通じて物品が秘密裡に持ちこまれたり、連絡場所になったりした。（詳細は『記憶するワルシャワ』第二章参照）戦後、共産党（統一労働者党）はこの裁判所建物を反対勢力の「見世物裁判」の場に使用したが、一九八〇年に自主独立労組・連帯が公式登録されたのもこの場所だった。現在、ワルシャワ管区裁判所となっている。

記念碑について言えば、前記のルドヴィカ・ニトスホヴァの作品をさらに二つあげることができる。ひとつは一九三五年に放射線学研究所に除幕されたマリヤ・スクウォドフスカ＝キュリー記念像である。（図9―21）記念像が立つのはオホタ地区、ナルトヴィチ広場のドム・アカデミツキ学生寮近くの小公園となっている。研究所はナチス・ドイツ占領下で破壊された。戦後再建されて、現在はマリヤ・スクウォドフスカ＝キュリー記念腫瘍学中央研究所としてウルスィヌフ地区のヴィルヘルム・コンラト・ロエントゲン通りにある。記念像は戦争の被害を受けずに残った。

もうひとつはヴィスワ河畔、シフィェントクシスキ橋のたもとの人魚像である。一九三八年から三九年にかけて制作された。（図9―22）モデルはワルシャワ蜂起の有名な抵抗歌「若者よ、銃剣を着けよ」*Hej, chłopcy, bagnet na broń* の作者、クルィスティナ・クラヘルスカ（一九一四〜一九四四）である。

ワルシャワ守護のシンボルとされる人魚像のもうひとつは現在旧市街広場にある。一九世紀にコンスタンティ・ヘゲル（一七九九〜一八七六）が制作したより古いもので、一八八五年に旧市街広場の噴水そばに置かれたが、その後の諸事情によりいくつかの場所に移設され、もとの旧市街広場にもどったのは一九九九年末のことだった。こちらは「ポムニク・スィレンキ」（「小さな人魚像」）とよばれる。

一九三六年には第一章に書いたヤン・キリィンスキ像がクラシィンスキ広場に除幕されたが、一九四二年にナチス占領者により撤去される。一九三七年には、ワルシャワ旧市街のバルバカン（城砦門）の再建が始まっている。第二次大戦で中断されるが、戦後再開されることになった。

10

ナチス・ドイツ占領下のワルシャワ、連合軍でのポーランド軍の戦い

イレナ・センドレル（センドレロヴァ）の墓石
（ポヴォンスキ墓地、墓石の上に紙切れの詰まった小瓶）

ワルシャワ・ゲットー（戦前から戦後へ拡大したワルシャワのなかでの相対的位置を示す）

＊図示したゲットー地域は1940年11月に封鎖された当時の最大範囲でユダヤ人墓地をふくむ。
その後、墓地は除外され、大ゲットーと小ゲットーとなり、破壊・縮小されていく。

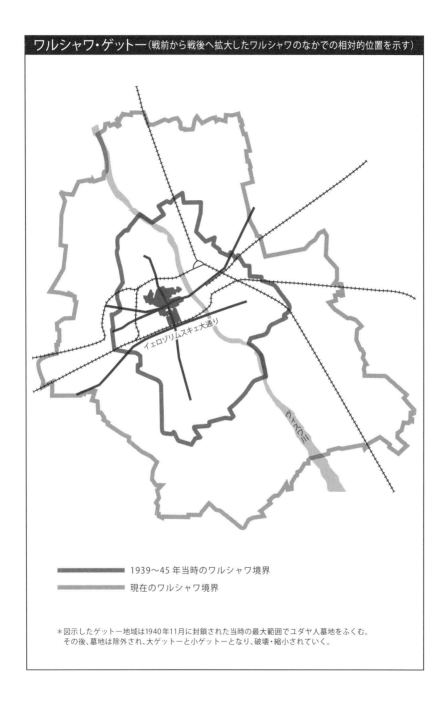

ナチス・ドイツ占領下のワルシャワ

一九三九年九月二八日、ワルシャワは陥落した。同月一七日にはソ連も東部領土に侵攻しており、ポーランドは八月二三日に締結されていた独ソ間の勢力圏分割をふくむ秘密協定にもとづいて以下のように再分割された。

東部　ソ連が占領（二〇万二〇六九平方キロメートル、住民一三〇〇万人*）。ベラルーシ、ウクライナの西部、旧ポーランド一六県のなかのヴィルノ、ノヴォグルデク、ポレシエ、ヴォウィンなど。都市としてはノヴォグルデク、ビャウィストク、ピィンスク、ルヴフ、タルノポル、プシェミシル、スタニスワヴフなど。ヴィルノはソ連がリトアニアに返還。

中南部　ドイツによる占領支配：総督府領（総督管区 Generalgouvernement, or GG）（九万五七四二平方キロメートル、住民一二〇〇万人*）。ワルシャワ、シェドルツェ、ルブリン、クラクフ、チェンストホヴァなど。東ガリツィアは一九四一年、ここに編入。

西部　ドイツ帝国に併合されて直接統治を受ける（九万一九〇二平方キロメートル、住民一〇〇〇万人*）。グダィンスク・西プロイセン（ダンツィヒ・ヴェストプロイセン大管区）、ポズナン、ヴァルテラント、ウゥチ（リッツマンシュタット）、チェハヌフ、上シロンスク、カトヴィツェなどが含まれる。

*数字は Tadeusz Piotrowski, *Poland's Holocaust*, pp. 8-9 による。

前記中南部、ドイツによる占領支配地域・総督府領（総督管区）の本拠は中世ポーランドの都だったクラクフのヴァヴェル城におかれ、ハンス・フランク（一九〇〇〜一九四六）が総督の座についた。ワルシャワには管区指導者としてルートヴィヒ・フィッシャー（一九〇五〜一九四七）が任命された。一〇月五日、ごく短時間だったが、アドルフ・ヒトラー（一八八九〜一九四五）がワルシャワ入りして閲兵した。親衛隊最高指導者ハインリヒ・ヒムラー（一九〇〇〜一九四五）も同月、ワルシャワにやってきた。

ナチス・ドイツのワルシャワ占領支配はきわめて非情・過酷なものだった。その残酷さは、その後次々にナチス占領下に入ってゆく他の欧州諸国の場合とは著しく相違するものだった。ポーランドには親ナチ政権、あるいは傀儡政権をおくことはできなかった。そのため、ナチスによる占領は一切の緩衝的システムぬきの直接的で野蛮な暴力支配となった。街頭では一斉検挙（ワパンカ）や処刑が公然と行われた。

ワルシャワ中央部から北西に二五キロほどのあたり、広大なカンピノスの森の北東部にはパルミルィの共同墓地がある。ナチス占領者は一九三九年の占領直後からとくに一九四一年半ばまで、いわゆる「AB作戦」Ausserordentliche Befriedungsaktion（特別平定作戦）の一環として、その地を数千人にのぼるワルシャワ市民の大量処刑場に使った。パヴィヤク監獄、ゲシュタポ本部「アレヤ・シュハ」のほか、モコトゥフ刑務所、ダニウォヴィチョフスカ通り監獄などから、毎夜数十人あるいは一〇〇人を超える人々が幌付きトラックで運ばれてきて秘密裏に処刑された。（詳細は『ワルシャワから』第七章参照）

一九三九年九月にクラクフの大学教授・研究者が多数強制収容所送りとなって殺害されたことはアンジェイ・ヴァイダ（ワイダ）（一九二六〜二〇一六）監督の映画「カティン」（*Katyń*. 2007）にも描かれている。ナチス・ドイツはポーランド人の知識人・教師・医師・弁護士など専門職層を根絶やしにし、ドイツ帝国の生存圏（Lebensraum）構築のための「奴隷的労働力」としてのみ生かしておく価値をみとめた。半面、「アーリア民族」の特長をそなえると見做された一部のポーランド人の子どもたちは両親から引き離されてドイツ人として施設で育てられ、戦後も親元が知れぬという悲劇を生んだ。占領下ワルシャワはそうした過酷な暴力と抑圧が支配し、息を殺して行われた地下抵抗活動の四年半余りだった。ユダヤ系住民に援助の手を差し伸べるポーランド人とその家族には死刑が宣告された。筆者は二〇〇七年に上梓した『記憶するワルシャワ』で占領下ワルシャワの状況、ワルシャワ・ゲットー、ユダヤ人戦闘組織の戦い、ポーランド人のユダヤ人援助活動、ポーランド亡命政府・国内（被占領地）代表部系の地下抵抗組織の戦い、そして一九四三年のゲットー蜂起と一九四四年のワルシャワ蜂起について詳述した。記念碑やモニュメントが刻む占領時代のワルシャワの記憶は尽きることがない。比較的最近見聞したところをいくつかここに記す。

パヴィヤク監獄跡の新しい記念プレート

ヂェルナ通り24／26にある半地下構造のパヴィヤク監獄博物館 PAWIAK はワルシャワ独立博物館の分館として一九六五年に開館した。外壁には記念プレートがいくつも掲げられているが、比較的最近あらわれたなかに次のものがある。

図10―1

一三〇人のポーランド人政治囚の処刑（図10―1）

「パヴィヤク監獄の一三〇人のポーランド人政治囚を記憶にとどめて。ナチス・ドイツ占領中の一九四三年一二月一四日、アレヤ・シュハでの尋問中に拷問され、ワルシャワの劇場広場ちかくヴィェジュボヴァ通りで銃殺された。処刑の六五周年に。ローマのイタリア・ポーランド・フレデリク・ショパン協会、および死亡者遺族による。二〇〇八年一二月一四日、ワルシャワ」

「アレヤ・シュハ」はナチス・ドイツによる占領中「ゲシュタポ本部」の代名詞となっていたが、ヤン・フルィスティヤン・シュフ大通り25にある建物（第八章参照）におかれたのは保安諜報部（SD）（その第四部局が国家秘密警察・ゲシュタポ）と保安警察（Sipo）だった。イェロゾリムスキェ大通りの南側、シルドミェシチェ南のウヤズドフスキェ大通りを下り、アルミヤ・ルドヴァ（人民軍）大通りとの交差点をやや南西に折れて入るのがシュフ大通りである。現在、国民教育省がある新古典主義様式の堅牢な建物は一九二五年から三〇年にかけて建てられたものだが、そこは地下室を拷問部屋に変えられた悪名高い追及と虐待のシンボルとなっていた。（詳細は『記憶するワルシャワ』第七章参照）

ラーフェンスブリュック強制収容所犠牲者（図10―2）

「ドイツのラーフェンスブリュック男子収容所と三一の下部収容所のポーランド人愛国者・政治囚に敬意を表して。一九四一年から四五年までのあいだにそこでは二万人以上の様々な国籍の男性・若者が収容されたが、そのうちの約七〇〇〇人がポーランド人だった。そのなかのほぼ一〇〇〇人は殺害され、飢えと衰弱で消耗し、『死の行進』*のなかで死亡した。元囚人とその家族、戦闘と受難の記憶保護評議会。二〇〇四年ワルシャワ」

*ナチス・ドイツは連合軍の勝利がちかづくと、占領下各地の強制収容所での虐待・殺戮の証拠を消し去るため、それらを破壊し、生存していた拘束者を帝国内の強制収容所へ向けて行進させた。その途中、ユダヤ人をふくむ多数が死亡した。

ドイツのラーフェンスブリュック強制収容所はベルリンの北約九〇キロ、フュルステンベルク市の近くに設けられた女性収容所として知られるが、一部に男性囚人も収容された。一九三九年五月から一九四五

図10—2

図10—3

年四月にソ連軍により解放されるまで延べ一二万人以上が収容され、何万という女性たちが強制労働、飢餓、病気、拷問、処刑、人体実験などで死亡したとされる。最大多数の囚人はポーランド人だった。パヴィヤク監獄のミュージアム資料はこう書いている。「一九三九年一〇月二日から一九四四年八月二一日までのあいだに、およそ一〇万人の囚人がパヴィヤクを通過した（この数字は当時のワルシャワの人口の一〇パーセントにあたる）。そのうち三万七〇〇〇人が殺害され、約六万人が集団輸送されてドイツ各地の強制収容所や別の隔離場所に送られ、そこで死亡することも多かった。」(Muzeum Więzienia PAWIAK, *PAWIAK 1835-1944. Przewodnik po ekspozycji stałej*, s. 10)

ホテル・ポルスキ犠牲者（図10—3）

「ゲシュタポにより騙されてドウゥガ通り二九番のホテル・ポルスキに誘い出され、その後パヴィヤクに拘禁され、一九四三年七月一五日、ワルシャワ・ゲットーの廃墟で銃殺された約三〇〇人のポーランド・ユダヤ人を記憶して。国内外で救出された被害者家族たち。戦争の記憶保護評議会。ユダヤ人受難協会。ポーランド退役軍人」

図10—4

図10—5

現在のクラシィンスキ公園の中心あたりから南東方向にあたるドゥゥガ通り29に戦前、ホテル・ポルスキがあった。ワルシャワ・ゲットー蜂起が鎮圧されてゲットーが完全に破壊された直後の一九四三年五月から六月にかけて、ゲシュタポは連合軍のドイツ人捕虜との「交換要員」と称して、南米諸国を主とする中立国のビザを得たユダヤ人をこのホテルに誘い出して収容した。ユダヤ人たちは高額な支払いと多大な苦労により偽造パスポートを入手するなどして、ナチス占領者の誘いに応じて隠れ家から出てきた。結局、そのうち三〇〇〇人がフランスのヴィッテル収容所に、二〇〇〇人〜二五〇〇人がドイツのベルゲン・ベルゼン強制収容所に送られたほか、四二〇人がパヴィヤク監獄で射殺されたともいう。南米諸国はヨーロッパ領事館の発行したパスポートを認めず、フランスやドイツに移送された人々のうち二五〇〇人は、さらにアウシュヴィッツ（オシフィエンチム）へ送られて死亡した。助かったのは数百人で、その大部分はドイツ人捕虜としてパレスティナで拘束された。（Teresa Prekerowa, HOTEL POLSKI, Israel Gutman *et al.* eds. *Encyclopedia of the Holocaust*, p. 692）「滅ぼされたユダヤの民の歌」で有名なユダヤ人詩人、イツハク・カツェネルソン（一八八六〜一九四四）は息子とともに、ホンジュラス発行のパスポート所持者としてヴィッテル収容所へ送られたあと、ドランシー中継収容所を経由してアウシュヴィッツへ送られ、到着後即刻ガス殺されたとされる。

現在、ドゥガ通り29にホテルそのものはない。しかし、アジア料理店の入る建物（図10―4）にはナチス・ドイツ占領者の狡猾な策略の犠牲者を記憶する記念プレートがある。日付はゲットー蜂起勃発七〇周年にあたる。

「一九四三年春、ゲシュタポにより騙されてドゥガ通り二九番のホテル・ポルスキに誘い出され、ドイツの絶滅収容所で死亡したポーランド・ユダヤ人を記憶して。ユダヤ人古参兵協会、犠牲者家族。二〇一三年四月一九日、ワルシャワ」（図10―5）

占領下ワルシャワのユダヤ人――ワルシャワ・ゲットー、イレナ・センドレル

ナチス・ドイツによるワルシャワ占領が始まると、ユダヤ系住民はユダヤ人隔離居住区域に集められ、占領開始約一年後の一九四〇年一一月一六日にワルシャワ・ゲットーは封鎖された。一説によると、ニューヨークのセントラル・パークとほぼ同じ広さの地域に四〇万人ちかくが押し込まれたが、それは一平方キロに一四万六〇〇〇人、一部屋に一〇人という過密状態だった。ゲットー封鎖の翌一九四一年には四万三〇〇〇人が栄養失調、病気、処刑などにより死亡した。（図10―6はゲットー地域の空撮写真）既述のように、ワルシャワのまちそのものが歴史的に拡大してきたのにともない、かつてのゲットー地域は相対的に小さくなるが、戦前・戦後の地図の中にその部分をおいてみるのも興味深い。

図10―6

図10—7

長い歴史のなかでポーランド、ワルシャワにおいても様々な反ユダヤ主義感情があったことは事実であるが、死の淵に追いやられたワルシャワ・ユダヤ人に援助の手を差し伸べたポーランド人も少なからずいたことが明らかになっている。ユダヤ人援助評議会・ジェゴタの組織と活動については『記憶するワルシャワ』に詳述した。その活動にかかわった一人、イレナ・センドレル（センドレロヴァ）（一九一〇～二〇〇八）は子どもの保護に力を尽くし、彼女の手配によって孤児院、修道院、学校、病院、個人家庭に保護されたユダヤ人の子どもは二五〇〇人にのぼったという。ワルシャワ・ゲットー蜂起七〇周年にあたる二〇一三年四月一九日に開館したポーランド・ユダヤ人の歴史博物館の前には彼女を記念する小さなプレートがたてられた。（図10—7）

「ワルシャワ市名誉市民、イスラエル国家名誉市民、パヴィヤク監獄拘禁者、諸国民の正義の人顕彰者、ポーランド及び外国の多くの学校の後援者。一九四二年、ワルシャワ市社会福祉部職員だったが、ユダヤ人援助評議会（ジェゴタ）の子ども対策責任者に任命され、多くの子どもたちの救援に力を注いだ。」

イレナ・センドレルの墓はユダヤ人墓地に隣接するポヴォンスキ墓地（古いポヴォンスキ）にあり、「イレナ・センドレロヴァ、クシジャノフスキ家出身。パヴィヤク監獄拘禁者。諸国民の正義の人顕彰者。一九一〇年二月一五日～二〇〇八年五月一二日」と刻まれている。

彼女は自分が保護した子どもたちを将来、親元にもどして再会できるように、本名など個人データの記録を保存する努力も怠らなかった。残念ながらその一部は戦争が終わる直前の混乱のなかで失われたが、戦

図10—8

後の一九四七年に、ポーランド・ユダヤ人中央委員会（CKŻP）議長に就任したアドルフ・ベルマン（一九〇六～一九七八）に残ったデータを提出した。彼女が保護した子どもたちの名前などを書いたメモを瓶に詰めて埋めた場所として知られるのはワルシャワ工科大学のちかく、レカルスカ通りの住宅庭だが、ポヴォンスキ墓地の彼女の墓石の上に紙切れが詰まった小瓶がおかれているのが印象的である。（本章トビラ写真）

このほかに、オホタ地区には次のような記念プレートもある。（図10—8）

「イレナ・センドレロヴァ、一九一〇年二月一五日～二〇〇八年五月一二日。諸国民の正義の人顕彰者。一九三二年から三五年まで、旧オパチェフスカ通りのこの建物で、社会援助市民委員会の母子援助部門で活動した。一九四〇年から四四年まで、およそ二五〇〇人のユダヤ人の子どもたちをホロコーストから救った。」

「生誕一〇〇周年に――ワルシャワ・オホタ地区当局と市民」

マレク・エデルマンの墓

オコポヴァ通りのユダヤ人墓地にも新しい墓石・墓標を見る。マレク・エデルマン（一九一九*～二〇〇九）のものもそのひとつである。（図10—9）反シオニズムの社会主義政党・ブントの活動家で、一九四三年のゲットー蜂起をユダヤ戦闘組織（ŻOB）の指導者として戦って生き延びたごく少数の一人だったが、イレナ・センドレルが死去した翌年に没した。二〇〇九年一〇月九日の埋葬・葬儀にはレフ・カチィンスキ大統領（当

図10−9

時）、レフ・ヴァウェンサ（ワレサ）元大統領などおよそ二〇〇〇人が参列したという。

＊従来、一九二二年説もあったが、墓碑は一九一九年としている。

ユダヤ戦闘組織（ŻOB）の最高司令部で戦後まで生き延びたもう一人の指導者はシオニストのイツハク・ツキェルマン（一九一五〜一九八一）だが、ツキェルマンが戦後イスラエルに移住して「ゲットー戦士のキブツ」を創始する一人となったのに対し、エデルマンはポーランドにとどまり、心臓専門医師としてウッチに暮らした。ワルシャワ・ゲットー蜂起の数少ない生き証人の一人で、ハンナ・クラルによるインタビューでは、一九四三年五月八日、戦闘組織司令部掩蔽壕（ミワ通り18）で最高指導者、モルデハイ・アニェレヴィチ（一九一九〜一九四三）と戦闘員たちが最期をとげた様子も語っていた。（Hanna Krall, *Shielding the Flame: An intimate Conversation with Dr. Marek Edelman, the Last Surviving Leader of the Warsaw Ghetto Uprising*）（『記憶するワルシャワ』第八章参照）

ユダヤ戦闘組織（ŻOB）による最初の武装抵抗は一九四二年夏のトレブリンカへのユダヤ人「大移送」が終わってから四か月後、一九四三年一月の第二次移送に対して決行された。このとき、エデルマンは縮小されたゲットーのなかの「工場中央地域」で八小隊を指揮した。三か月後の四月一九日、大規模蜂起が起きて戦い続け、司令部崩壊直後にはスィムハ・ロテム（カジク・ラタイゼル、一九二四〜二〇一八）らとともに地下水道を通って脱出した。（『記憶するワルシャワ』第四章参照）

死去する一年前の二〇〇八年、ヴィトルト・ベレシとクシシュトフ・ブルネトコの編集による回想録 Witold Bereś i Krzysztof Burnetko, *Marek Edelman: Życie. Po prostu* が出版された。同書には戦前・戦中の戦いだけでなく、戦後「人民ポーランド」時代の自主独立労組・連帯の活動などもふくめ、多くの人々との関わりをまじえて波瀾の人生が濃密に語られている。政治的主張の違いはあっても親交の深かったツキェルマンはすでに一九八一年に死去し、前記の地下水道脱出をともにしたスィムハ・ロテム（カジク・ラタイゼル）はおそらくゲットー蜂起戦闘員最後の生存者だったが二〇一八年にイェルサレムで死去した。

周囲の墓石に比べるとまだ真新しく見えるエデルマンの墓石の平たい石碑には彼の言葉が刻みこまれている。

「もっとも大事なのはいのちだ。そしていのちがあるのなら、もっとも大事なのは自由だ。そのとき、われわれは自由のためにいのちをささげるのだ。」

エデルマンもツキェルマンもゲットー蜂起の翌年八月一日に勃発したワルシャワ蜂起に人民軍（AL）傘下でナチス・ドイツ占領者と戦った。蜂起鎮圧後、ワルシャワ市内の瓦礫のなかに潜伏していたエデルマンらを郊外に救出した人たちのなかに妻となる医師、アリナ・マルゴリス（一九二二～二〇〇八）がいた。彼女の墓標もまたすぐそばにある。

図10―10

エデルマンの墓のすぐ左隣に並ぶのは小児科医だったアディナ・ブラディ＝シュファイゲル（一九一七～一九九三）の墓石である。（図10―10）墓碑名にはアディナ・シュファイギェル・シフィドフスカとある。彼女はナチス・ドイツがワルシャワを占領したときはまだ研修医としてこども病院で働いていたが、のちにユダヤ戦闘組織のクーリエとしても活動することになる。回想記 *I Remember Nothing More: The Warsaw Children's Hospital and the Jewish Resistance* で、ナチス・ドイツ占領下でのユダヤ人のこどもたちのことを優しくも哀しい眼差しで書き留めている。（『記憶するワルシャワ』第二、第三章参照）

第二次大戦での連合軍勝利へのポーランドの貢献

ポーランドは第二次世界大戦中の約六年間で、およそ国民五人に一人、約六〇二万八〇〇〇人という膨大な犠牲者をだした。そのうち、直接的な戦闘行為の結果死亡したのは六四万四〇〇〇人（うち軍関係者一六万人以上）、その他はナチス占領下で殺害された。人口一〇〇〇人当たりの死亡者数は、オランダ二二人、フランス一五人、ベルギー一〇人に対して、ポーランドは二二〇人にものぼり、首都ワルシャワだけの犠牲者約八〇万人は、英米両国の犠牲者合計をも上回る。（Wiktor Krzysztof Cygan and Jacek Skalski, *Poland–in the defence of freedom 1939-1945*, p. 111）もちろん、この六〇〇万人余りの犠牲者のほぼ半数の三〇〇万人はユダヤ系住民であり、旧ポーランド領内におけるユダヤ系住民の死亡率は九〇パーセントにも達する。

図10―11

　第二次大戦中のポーランド軍はロンドン亡命政府系で西側指揮下の兵力とソ連軍指揮下の兵力双方を合わせると約六五万人（一九四五年当時）におよび、米英ソにつぐ連合軍第四の兵力を擁し、ヨーロッパ戦線、北アフリカ各地の戦場で戦った。ポーランド軍戦闘機は英国空軍の指揮下に有名な「バトル・オブ・ブリテン」（英国本土防衛空中戦、一九四〇年七月～一〇月）でも三六人の犠牲をだしながらもナチス・ドイツの英国侵入という野望を挫くために大きく貢献した。

第二次大戦の西部戦線で戦ったポーランド軍の人々の記念碑がポヴォンスキ軍人墓地にあり、英語、フランス語、イタリア語、オランダ語、ポーランド語で「第二次世界大戦のすべての西部戦線で戦ったポーランド軍男女の永遠の栄誉と記憶のために」と刻んでいる。（図10―11）

「モンテ・カッシーノの赤い芥子《けし》」：イタリア難攻不落の要塞攻略

ワルシャワには第二次大戦におけるヨーロッパ戦線でのポーランド軍の功績と犠牲を記憶にとどめる記念碑もある。現在のゲットー英雄通りを北西方向に進むとクラシィンスキ公園の正門を右に見、すぐ左手を見るとヴワディスワフ・アンデルス将軍通りである。その将軍の名を歴史にのこす白亜のオベリスク「モンテ・カッシーノの戦い記念碑」がすぐそばにある。（図10―12）アンデルス将軍の顔も象った記念碑の碑文にはこうある。（図10―13）

「一九四四年五月一八日、モンテ・カッシーノをめぐる流血の国民的戦闘において、ヴワディスワフ・アンデルス将軍のポーランド第二軍団は、グスタフ線を突破して、連合軍のためにローマへの道を開いた。」

図10―12

図10—13

モンテ・カッシーノはローマ南東約一三〇キロに位置する標高五一九メートルの岩山である。一九四四年前半、その山上のベネディクト会派修道院にナチス・ドイツが構築した要塞をめぐり、連合軍との激しい攻防があった。リリ川渓谷を見下ろすナチス・ドイツの堅固な要塞はナポリからローマへ進軍する連合軍にとって難攻不落の障壁となっていて、これを突破することがヨーロッパ解放の必須条件のひとつだった。一九四四年一月中旬、合衆国軍がボートでラピド川を渡ろうとしたが掩護を受けられずに失敗した。二月一五日、修道院要塞を空爆で破壊したが、続く英国軍・ニュージーランド軍、フランス軍、インド軍による三度の攻勢も不首尾に終わる。そして最後にこの要塞を攻略したのが、ヴワディスワフ・アンデルス将軍を指揮官とし、英国軍内で戦っていたポーランド第二軍団だった。五月一八日、ドイツ第一親衛隊航空師団による「グスタフ線」の防衛拠点が制圧され、連合軍のローマ進軍に道が開かれた。しかし、ポーランド軍に大きな名誉をもたらしたこの激戦は、死者九二四名を含む四一九九名という膨大な数の犠牲者をともなうものだった。（George J. Lerski, *Historical Dictionary of Poland, 966-1945*, p. 364）*この戦闘は連合軍とヨーロッパの解放に対する輝かしい貢献として評価されるとともに、ポーランドの自由への戦いを象徴する歴史的事件となっている。

*アンジェイ・ガルリツキは犠牲者の内訳を「モンテ・カッシーノをめぐる戦いでは第2ポーランド軍団の九二四名の兵士が亡くなり、二九三〇名が負傷、三四五名が行方不明となった」と書いている。（アンジェイ・ガルリツキ著、渡辺克義・田口雅弘・吉岡潤監訳『ポーランドの高校歴史教科書・現代史』、一八一頁）

ポーランド第二軍団はポーランド・ソ連両国の外交関係復活のマイスキー＝シコルスキ協定締結（一九四一年七月）の結果、ソ連領内で抑留・拘束されていたポーランド人がヴワディスワフ・アンデルス将軍（一八九二〜一九七〇）を指揮官として創設されたものである。アンデルス将軍は一九四二年、スターリンの同意のもとに市民をふくめて約二万人をイランに移動させた。第二軍はさらにイラクへ移り、パレスティナでの軍事訓練の後、イタリアで英国第八軍に合流した。兵力は四万八〇〇〇人だった（George J. Lerski, *opcit.*, p. 530）。

アンジェイ・ヴァイダ（ワイダ）監督のもっとも有名な映画作品のひとつ「灰とダイヤモンド」（*Popiół i diament*, 1958）のなかでもとくによく知られた場面がある。一九四五年五月のドイツ降伏時、ある地方都市ホテルのバー・カウンターで主人公のマチェク（ズビグニェフ・ツィブルスキ）がアンジェイ（アダム・パヴリコフスキ）の方に火酒のグラスを次々にすべらせる。一つひとつマッチで火を点けていくと、アンジェイが前年のワルシャワ蜂起で死んだ同志のコード名をあげていく。——ハネチカ、ヴィルガ、コソブツキ、ルディ、カイテク。そして、グラスの炎が大きく揺らめき立つ中、二人の会話のバックに聞こえているのが「モンテ・カッシーノの赤い芥子」*Czerwone maki na Monte Cassino* という歌である。映画の中で歌姫「ハンカ・レヴィツカ」が歌うこの歌は一九四四年五月一八日、モンテ・カッシーノの戦闘のなかでつくられたものとされる。歌詞はフェリクス・コナルスキ（一九〇七〜一九九一）、曲はアルフレート・シュッツ（一九一〇〜一九九九）によるもの。その一節を試訳する。

あの山頂にいる奴らが見えるか
クマネズミのように隠れている敵だ

首根っこを掴んで打ち叩き落としてやるのだ
……
モンテ・カッシーノの赤い芥子は
露の滴のかわりにポーランドの血を吸っていた
兵士たちはその芥子のあいだを歩き死んでいったのだ
しかし、死よりも強いのは怒りだ
歳月が流れ、世紀が過ぎ去っても
遠い日々のなごりは消えず
モンテ・カッシーノの芥子はどれもみな
ポーランドの血から育つゆえいっそう赤くなるだろう

この歌は戦後のスターリン主義時代、西側に協力貢献するポーランド軍を象徴するものとして「禁じられた歌」のひとつともなった。映画「灰とダイヤモンド」の原作はイェジ・アンジェイェフスキ（一九〇九～一九八三）が一九四八年に発表した同名の長編小説である。一〇年後の映画シナリオとは登場人物や物語の素材に相違もあり、原作では「ハンカ・レヴィツカ」がホテルで歌うのは歌詞からみて「枝垂《しだ》れ柳のざわめき」*Rozszumiały się wierzby płaczące* というパルチザン愛唱歌である。ロシア人のワシーリイ・イワノヴィチ・アガプキン作曲「スラヴ女の別れ」（一九一二）がその原曲で、ポーランドではロマン・シレンザク（一九〇九～一九六八）が一九三七年に作詞した。（アンジェイェフスキ作、川上洸訳『灰とダイヤモンド』岩波文庫（下）九九～一〇〇頁、工藤幸雄『ワルシャワ物語』ＮＨＫブックス、六～一二頁参照）

図10―14

図10―15

「モンテ・カッシーノの戦い記念碑」の設計・制作はカジミェシュ・グスタフ・ゼムワとヴォイチェフ・ザブウォツキによるもので、一九九九年五月三〇日、モンテ・カッシーノの戦闘五五周年に除幕された。高さ一二メートルの真っ白なオベリスクは頭のないニケで、モンテ・カッシーノの修道院要塞丘のレリーフもそばにある。（図10―14）

エニグマ暗号解読：第二次大戦勝利への貢献

第二次世界大戦での連合軍勝利にポーランド人が貢献した例として、ドイツの暗号機エニグマを解読したこともある。それについての記念プレートが二つ、ユゼフ・ピウスツキ元帥広場近くの建物壁（第八章に記したピウスツキ像に向かって右側の建物）に上下にならんであるのは、独立回復後のポーランド軍の統合参謀本部内の担当部門が当時のサスキ宮殿内におかれていたからだろう。

「一九三二年にポーランドでエニグマを解読したことを記念するプレートで、ブレッチリーパーク、ロンドンに置かれたものをふくめた三つのうちのひとつ。*」（図10―15）

*ロンドンの北西、バッキンガムシャー・ミルトン・キーンズのブレッチリーパーク（大戦中Station Xという暗号解読研究所だった）にある記念プレートと同じものであることを言う。

図10—16

「この記念プレートは、マリヤン・レイェフスキ、イェジ・ルジツキ、ヘンルィク・ズィガルスキというポーランド情報部門の三人の数学者が初めてエニグマの暗号を解読した作業を記念するものである。彼らのしごとはブレッチリーパークの暗号解読者を大いに助け、第二次世界大戦での連合国の勝利に貢献した。」（図10—16）

ポーランド人数学者のマリヤン・レイェフスキ（一九〇五〜一九八〇）、イェジ・ルジツキ（一九〇九〜一九四二）、ヘンルィク・ズィガルスキ（一九〇八〜一九七八）は一九三二年にドイツ軍の暗号機エニグマの複製品をつくり、大戦勃発前年の一九三八年にはその暗号解読に成功していた。一九三九年八月、ポーランド諜報機関は「エニグマ」の複製品をフランス軍と英国軍情報部に貸与した。ロンドン近郊のブレッチリーパークにあった英国の暗号解読組織「ステーションX」が拡充され、戦時中のドイツ軍の暗号通信が英国側で解読されるようになった。その結果、ナチス・ドイツの主要な作戦を事前に察知することが可能になり、大戦における連合軍の勝利への大きな貢献となったのである。

エピローグ

ドイツ軍空撮写真を見てたどる
1944年8月蜂起直前のワルシャワ

The Royal Castle, 1945
Zamek Królewski, 1945
The history of the Royal Castle dates back to the Middle Ages. It was the residence of Polish kings and the seat of the parliament. After World War One it served as the
Dzieje Zamku Królewskiego sięgają wieków średnich. Był rezydencją książąt mazowieckich, królów polskich i miejscem obrad sejmu Rzeczypospolitej, a w okresie miedzywojennym siedzibą prezydenta.

1945年当時の破壊された王宮（王宮前の展示写真）

1944年8月蜂起直前のワルシャワ

ヴィスワ川
ツィタデラ
グダィンスキ駅
グダィンスキ橋
トラウグット公園
動物園
ワルシャワ・ヴィルナ駅
ワルシャワ東駅
カトリック墓地（ポヴォンスコフスキ墓地）
ムラノフスキ広場
新市街広場
旧市街広場
王宮・広場
ゲットー破壊跡
クラシィンスキ公園
クラシィンスキ広場
プラガ公園
キエルベヂ橋
ユダヤ人墓地
プロテスタント墓地
劇場広場
銀行広場
ジェラズナ・ブラマ広場
サスキ公園
ピウスツキ元帥広場
マワホフスキ広場
グジボフスキ広場
ワルシャワ中央駅
三十字架広場
ユゼフ・ポニャトフスキ橋
ズバヴィチェル（救世主）広場
ウヤズドフスキ公園
ルブリン合同広場
ワジェンキ公園
A
B
C
D
E
F
G
H
記念・歴史スポット
1 聖ヤン大聖堂 2 聖カジミェシュ教会・サクラメント修道院
3 国立造幣工場 4 軍団要塞 5 クラシィンスキ宮殿
6 市庁舎（ヤブウォノフスキ宮殿） 7 大劇場
8 ポーランド銀行 9 裁判所
10 無名戦士の墓、ユゼフ・ポニャトフスキ記念像
11 エウロペイスキ・ホテル 12 ブリュール宮殿
13 ミロフスキ市場 14 聖ボロメウシュ教会
15 諸聖人の教会 16 聖アンナ教会 17 大司教宮殿
18 ミツキェヴィチ記念像 19 カルメル会教会
20 ザヘンタ 21 福音主義信仰告白派教会
22 クロネンベルク宮殿破壊跡 23 軍事博物館
24 国立博物館 25 聖ワザシュ病院 26 聖アレクサンデル教会
27 ズバヴィチェル（救世主）教会 28 飛行士記念像
29 ベルヴェデル宮殿 30 ショパン記念像 31 水上宮殿
32 聖フロリアン教会 33 聖マリア・マグダレナ正教会
道路上・道路沿いの表記は通り名を示す

マレク・バラィンスキとアンジェイ・ソウタンの共編著で『最後に見たワルシャワ：一九四四年八月前のドイツによる空撮写真』 Marek Barański, Andrzej Sołtan, *WARSZAWA, OSTATNIE SPOJRZENIE: Niemieckie fotografie lotnicze sprzed sierpnia 1944*, Warszawa 2004 というポーランド語とドイツ語併記の写真アルバムがある。緒言によると、バラィンスキは二〇〇三年にドイツのマールブルク写真画像アーカイブで膨大なワルシャワの空撮写真画像にであった。それらはおそらく、一九四四年の晩春から八月一日のワルシャワ蜂起勃発直前のものである。ワルシャワはすでに一九三九年のドイツ軍による空爆・砲撃で被害を受け、ゲットー地域は一九四三年五月に完全に破壊されて瓦礫に埋もれていた。アルバムに収録されたモノクロ写真の数々にみるのはその後《あと》、まさに一九四四年八月蜂起の戦闘とドイツ軍による計画的爆破で街中が破壊し尽くされる直前のワルシャワの最後のすがたである。これまで各章に記した主なスポットの状況をその空撮写真のなかに探り見て本書を閉じることにする。以下、一九四四年八月蜂起前のワルシャワの地図に大づかみながら該当地域を囲んで表示してみた。本文の関連個所を合わせて参照していただきたい。

（地図上のA）まず、東にスタレ・ミャスト（旧市街）、西にクラシィンスキ公園、南にサスキ公園をとらえた大きな俯瞰写真をみてすぐに気づくのは、ゲットーの完全破壊である。当時、クラシィンスキ公園がゲットーとの北側境界地域になっており、シフィエントイェルスカ通りの向こう側は白く写るだけで建物がほとんどなくなっている。そこは以前、大ゲットーの一部だった。その外側、主要部分を見渡すと、建築物の八割程度は生きている感じだが、ところどころ広い地域、狭い地域が白くなっていてドイツ軍の砲爆撃による破壊の跡と思わせる。ドイツ軍による一九三九年九月の爆撃被害に多少の補修があったとしても、首都の傷跡はまだ生々しい。

クラシィンスキ広場とクラシィンスキ宮殿をズームアップした写真もある。当時はその南側に控訴裁判所があったバデニ宮殿、北側にはボニフラテルスカ通りを跨ぐようにつくられた宮殿別館があった。広場は閑散としているが、馬の引く大きな荷車、まばらな人影が写っている。宮殿などの建物に被害は見られないが、対照的なのは宮殿と別館のすぐ北側、シフィエントイエルスカ通りを境にしたすぐ向こう側で、廃墟となったゲットー跡がより鮮明である。破壊されていまや衝立《ついたて》状にかろうじて立つわずかながらの建物の残骸がひと際荒涼感を増す。

スタレ・ミャスト（旧市街）とヴィスワ川をズームアップした写真を見る。バルバカンの南側、ミョドヴァ通りの北側周辺の建物に破壊が見られるが全体として街の息づきは感じられる。王宮は空爆で被害を受けたが生き残っている。

（地図上のB）独立回復後・第二共和政時代の一大プロジェクトとして建造されたワルシャワ中央駅の写真がある。イェロゾリムスキェ大通りとマルシャウコフスカ通りの交差点ちかくである。建設工事は一九三二年に始まり、完遂までいたらなかったが、ナチス・ドイツによる占領直前にほぼできあがっていたようだ。だが、一九三九年六月に大火があり、九月の首都防衛戦で一部損壊した。しかし、ナチス・ドイツ占領者はこの駅を確保した。大きな駅舎中央建物にはドイツ語で WARSCHAU HAUPTBAHNHOF（ワルシャワ中央駅）とあり、その下にポーランド語で同意の WARSZAWA GŁÓWNA とある。鉄道線路は地下のようで、新駅舎の北には第六章に言及したフミェルナ通りに面する臨時の木造駅舎がまだあるが、すぐ東側にあったワルシャワ・ウィーン駅はほぼ解体されて、ドイツ軍車両の駐車場になっているようである。イェロゾリムスキェ大通りを行き交う人々も点々として写し撮られている。

（地図上のC）ジェルナ、ジェラズナ、ズウォタ、フウォドナ通りにより、ほぼ東西南北を囲むようにあったかつての小ゲットー地域の写真。建物は六割程度残っているのだろうか。この中にグジボフスキ広場と諸聖人の教会がある。一九三九年九月のドイツ軍の攻撃で教会は一部被害を受けたが全体としてはもちこたえた。だが、すぐ隣は破壊された建物の残骸もなく広い空き地になっている。同じ小ゲットー地域でも西側のチェプワ、トファルダ、ヴァリツフ、ツェガルナ通りに囲まれた地区は破壊の跡が凄まじく、残った建物は三割程度とみる。

フウォドナ通りの聖ボロメウシュ教会と周辺の建物は健在である。だが、サスキ公園の西側、ジェラズナ・ブラマ広場からミロフスキ市場、その北のレシュノ通りを中心とした俯瞰写真を見ると、かつて大ゲットーと言われたレシュノ通りの北側は完全に破壊されて白くなっている。同通りにはゲットーと「アーリア地区」の結節点となった裁判所建物が見える。ノヴォリプキ通り周辺の写真に白く写るだけの破壊跡のそばに少なからぬ建物が建ってはいるが、それはもはや天蓋がなくて構造物の仕切りがあるだけで人間生活の雰囲気はまったくない。

（地図上のD）「サクソン軸」の中心部分をなす現在のピウスツキ元帥広場（占領下「アドルフ・ヒトラー広場」）、サスキ公園の一帯をとらえた空撮写真がある。広場の東側にはホテル・エウロペイスキ。サスキ宮殿の左右両翼部分の間にユゼフ・ポニャトフスキ記念像、無名戦士の墓のある宮殿中央柱廊の西側にサスキ公園の噴水が確かに真っ直ぐの軸を構成した整然たる光景がある。当時、宮殿の北隣（広場の北西）にはブリュール宮殿もあり、ナチス・ドイツ占領当局とドイツ国防軍本部がおかれていた。完璧な均整のサスキ宮殿もこれが最後のすがただった。この広い地域一帯にはまばらではあるが人が行き交い、少ないながらも車が走っている。だが、宮殿南側のマワホフスキ広場の方に目をやると、クロネンベルク宮殿の無惨なすがたがある。大きな宮殿の天蓋はすでになく、建築構造の仕切り壁だけが大きな空洞をいくつもつくっている。他方、その向かい側のザヘンタの建物は健在である。だが、そのとなりの福音主義信仰告白派（ルター派）教会の特徴ある円形建物の丸い天蓋が完全になくなってしまっている。

サスキ公園の北に目を移すと大劇場と劇場広場が見えるが、大劇場は一九三九年九月のドイツ軍による空爆を受けて本体中央と左翼はほぼ壊滅し、特徴あるファサードだけを残しているのも奇跡の様相といえる。だが向かい側、当時の市庁舎（ヤブウォノフスキ宮殿）建物にはまだ大きな損壊は見受けられない。ナチス・ドイツがこの建物を完全破壊したのは一九四四年蜂起のときだった。サスキ公園の北西には、当時三角形をなしていた銀行広場があり、広場西側にあったかつての「ポーランド銀行と証券取引所」建物は大きな被害を受けているのがわかる。三角形の広場の右角に噴水があるのも確認できる。

（地図上のE）クラコフスキェ・プシェドミェシチェ通りを見ると、アダム・ミツキェヴィチ記念像と緑地、カルメル会教会はあるが、通りの西側トレンバツカ通りの角の建物が壊滅的損壊を蒙っている。王宮広場の手前、聖アンナ教会は北側一部が損壊し、ベルナルド・ベロット（カナレット）の絵画でも有名なミョドヴァ通りの角にかかるロココ様式の建物（一七四四建造）はほぼ完全に破壊されている。その南、セナトルスカ通りにあった大司教宮殿（一五九三～一六一〇建造）は完全消滅して空地になっている。

スタレ・ミャスト（旧市街）と広場の外側、円弧を描くポドヴァレ通り、ノヴェ・ミャスト（新市街）とフレタ通りを俯瞰した写真。一九三九年九月一五日から一七日にかけて、王宮、聖ヤン大聖堂、旧市街の集合住宅はドイツ軍の砲爆撃で炎上した。高度の空撮では細かな部分は見えないが、王宮は部分的破壊らしきものがあるものの基本構造はまだしっかりと存在している。旧市街、新市街の建物全体には部分的損壊はありそうだが、壊滅的被害は見てとれない。しかし、さらに近接した写真で見ると、王宮は正面中央部の尖塔部分がなくなってその下が空洞になり、北翼屋根には保護措置がなされているのがはっきりわかる。尖塔下部分にあった時計は九月一七日の砲爆撃で炎上した際に一一時一五分で止まってしまった。王宮側翼の礼拝堂は廃墟になっている。聖ヤン大聖堂のファサードは再建された現状とは異なるがこの写真ではまだ維持されている。身を寄せるように旧市街広場を取り囲む建物群も基本的には健在で、人影もまばらに見える。新市街では聖カジミェシュ教会・サクラメント修道院にも大きな被害は見えない。

（地図上のF）ノヴェ・ミャスト（新市街）の北、グダィンスキ橋とヴィスワ川の写真。左岸には北にツィタデラ、南には真ん丸の軍団要塞、その南にはロマン・サングシュコ通りの国立造幣工場（PWPW）、要塞西側にはトラウグット記念公園（トラウグット要塞）、右岸には動物園が見える。ヴィスワ川右岸・プラガ地区では動物園、プラガ公園、聖フロリアン教会、聖マリア・マグダレナ正教会などを中心とした地域が撮られているが、左岸とは異なる落ち着きが街中に感じ取られる。

（地図上のG）再びヴィスワ川左岸。イェロゾリムスキェ大通りと「五月三日大通り」の南側の空撮写真を見る。戦前、ノヴィ・シフィャト通りとの交差点の西側がイェロゾリムスキェ大通り、東側は五月三日大通りとよばれていた。五月三日大通りをさらに東へ進むとユゼフ・ポニャトフスキ橋にいたる。五月三日大通りのすぐ南側にはポーランド軍事博物館、国立博物館、聖ワザシュ病院があるが、その近くには一九三九年九月の首都包囲時に破壊された建物の跡もみえる。やや南西には三十字架広場と聖アレクサンデル教会を中心にして、ノヴィ・シフィャト通り、クションジェンツァ通り、ヴィェイスカ通り、ウヤズドフスキェ大通り、モコトフスカ通り、ホジャ通り、フスプルナ通りなどが放射状に広がる。整然とした街並みは見事だが、より近接した写真では三十字架広場の西側に集合住宅が破壊されて大きな空地になっているのがみてとれる。三十字架広場からモコトフスカ通りをやや南西の傾きで下るとズバヴィチェル（救世主）広場である。広場のズバヴィチェル教会は一九三九年九月の首都包囲時に二つある尖塔の一つをミサイルで破壊された。

（地図上のH）ズバヴィチェル広場からこんどはやや南東の傾きでマルシャウコフスカ通りを下るとルブ

リン合同広場である。広場を中心にして、マルシャウコフスカ通り、シュフ大通り、バガテラ通り、ポルナ通り、クロノヴァ通り、プワフスカ通りがみごとな放射状を形成する。広場中央には一九三二年に除幕された飛行士記念像がまだ立っている。* ポルナ通りの西側は爆撃跡の空地なのか小規模の建物が二つほどぽつねんとある。

*飛行士記念像は一九六七年にオホタ地区、「ジヴィルコとヴィグラの通り」がヴァヴェルスカ通り、ラシィンスカ通りと出会うロータリーの真ん中に移設された。(『ワルシャワから』第一章参照)

ルブリン合同広場の東側にワジェンキ公園があり、ウヤズドフスキェ大通りがバガテラ通りと出会うあたりにベルヴェデル宮殿がある。宮殿は無傷だが、大通りの西側にある政府機関建物などに大きな破壊の跡がみえる。ワジェンキ公園内のショパン記念像はすでに台座しか残っていない。一九二六年に除幕された記念像は一九四〇年にドイツ占領者により爆破された。緑に包まれた広大なワジェンキ公園の俯瞰写真では全体として爆撃被害跡は見えず美しい。水上宮殿の北東すぐそばには士官学校建物がみえる。一八三〇年一一月二九日、士官候補生がここからベルヴェデル宮殿を襲撃したのが蜂起の発端となった。ベルヴェデル宮殿は西方、ウヤズドフスキェ大通りに面している。二〇世紀の両大戦間期にユゼフ・ピウスツキ、ついでポーランド大統領の官邸だった。占領中は総督居所に使われた。ナチス・ドイツの都市計画ではヒトラーの居所としても構想されたのか、損壊の跡はまったくみられない。

*　　*　　*

二〇〇八年九月、ワルシャワで写真家のズィグムント・ヴァルコフスキ氏のレクチャーを聞く機会があった。同氏は二〇〇三年に米国ワシントンちかく、カレッジ・パークの国立公文書館で第二次大戦中のドイツ軍による大量の空撮写真に接した。そこで抽出収集されたワルシャワの写真は二〇〇九年四月から五月にかけて、ワルシャワのブリストル・ホテルのすぐそばにある「歴史と出会う家」（DSH）前の広場に野外展示された。それはワルシャワ蜂起が始った一九四四年八月から同年一二月頃までのもので、この首都が見るも無残にほぼ完全に破壊された光景だった。ヴィスワ川右岸のプラガはソ連軍が進駐したため破壊は一五パーセント程度だったが、左岸地区は九〇パーセント前後が破壊されたとされる。前述のアルバムにある空撮写真に見た蜂起直前の「ワルシャワ最後の光景」も無くなった。戦後の復興をふくめてそれから約七五年が経つ。いま見る首都のすがたは徹底的破壊と残骸から再興されて蘇ったワルシャワである。

人名索引

ア行

カ行

サ行

タ行

ナ行

ハ行

マ行

ヤ行

ラ行

ワ行

通り名索引

ポーランド語は「通り」「街路」を意味する ul.（ulica）を省略して後続する語形を記す。「大通り」を意味する al.（aleja）もしくは Al.（Aleje）がつくものは、通りのあとにそれを記す。人名に由来する通り名の日本語は語形変化した形ではなく、本来の人名（主格）にもどしてカタカナ表記した。

＊現在その名がない通り

ア行

カ行

サ行

タ行

ナ行

ハ行

マ行

ヤ行

ラ行

記念・歴史スポット索引

ハ行

一般事項索引

タ行

ナ行

ハ行

マ行

ヤ行

ラ行

ワ行

地名・地理索引

ア行

カ行

サ行

タ行

ナ行

ハ行

マ行

ラ行

ワ行

地図一覧

図像説明出典一覧

各章トビラ

プロローグ　ヴィスワ川右岸から見た左岸風景（著者撮影）
第一章　国王選挙を記念するオベリスク（著者撮影）
第二章　クラシィンスキ公園入口の門柱（著者撮影）
第三章　ユゼフ・ポニャトフスキ侯騎馬像（著者撮影）
第四章　ユゼフ・ソヴィンスキ将軍のレリーフ（著者撮影）
第五章　1863 年 1 月蜂起指導者の処刑を記念する石碑（著者撮影）
第六章　ワルシャワ・ウィーン駅の記念プレート（© エヴァ・ブラトシェヴィチ氏撮影）
第七章　ミロフスキ市場の装飾壁（著者撮影）
第八章　ユゼフ・ピウスツキ記念立像（ピウスツキ元帥広場そば、トカジェフスキ＝カラシェヴィチ通り）（著者撮影）
第九章　ステファン・スタジィンスキ市長記念壁と十字架（ポヴォンスキ墓地）（著者撮影）
第一〇章　イレナ・センドレル（センドレロヴァ）の墓石（ポヴォンスキ墓地）（著者撮影）
エピローグ　1945 年当時の破壊された王宮（王宮前展示を著者撮影）

プロローグ

図 0-1　王宮（著者撮影）
図 0-2　王宮広場（著者撮影）
図 0-3　聖ヤン大聖堂（著者撮影）
図 0-4　聖マルチン教会（著者撮影）
図 0-5　旧市街広場（著者撮影）
図 0-6　聖母マリア訪問教会（著者撮影）
図 0-7　クラコフスキェ・プシェドミェシチェ通り（著者撮影）
図 0-8　聖アンナ教会（著者撮影）
図 0-9　聖十字架教会（著者撮影）

第一章

図 1-1　ヤン・オストロルク通りの国王選挙オベリスクの記念板（著者撮影）
図 1-2　ポーランド選挙王制についての概説プレート（著者撮影）
図 1-3　ヘンルィク・ヴァレズィ記念板（著者撮影）
図 1-4　ステファン・バトルィ記念板（著者撮影）
図 1-5　ズィグムント三世ヴァサ記念板（著者撮影）
図 1-6　ドミニコ修道会聖ヤツェク教会（著者撮影）
図 1-7　ヴワディスワフ四世記念板（著者撮影）
図 1-8　ズィグムント三世記念像コラム（著者撮影）
図 1-9　ヤン二世カジミェシュ記念板（著者撮影）
図 1-10　ミハウ・コルィブト・ヴィシニョヴィェツキ記念板（著者撮影）
図 1-11　ヤン三世ソビェスキ記念板（著者撮影）
図 1-12　クラシィンスキ宮殿・広場（著者撮影）

第二章

第三章

第四章

第五章

第六章

第七章

第八章

第九章

参考資料

英語・ポーランド語

＊以下に示す参考資料のなかで、ルコフスキとザヴァツキの共著には邦訳書があるが、本書においては全体の叙述の整合性と一体性をはかるため、他の未邦訳書と同様に引用箇所は筆者が原書から訳出した。

Barański, Marek i Andrzej Sołtan, *WARSWAWA—OSTATNIE SPOJRZENIE, NIEMIECKIE FOTOGRAFIE LOTNICZE SPRZED SIERPNIA 1944*, Muzeum Historzyczne m.st Warszawy, Warszawa, 2004

Bereś, Witold i Krzysztof Burnetko, Marek Edelman: *Życie. Po prostu*, Świat Książki, Warszawa, 2008

Blady Szwajger, Adina, *I Remember Nothing More: The Warsaw Children's Hospital and the Jewish Resistance,* A Touchstone Book, Simon & Schuster, 1992

Cmentarze Żydowskie, Jewish Cemeteries, Wydawca ROKART, Warszawa, 2003

Cygan, Wiktor Krzysztof and Jacek Skalski, *Poland – in the defence of freedom 1939-1945,* Warsaw, 2005

Davies, Norman, *God's Playground: A History of Poland, Volume II・1795 to the Present,* Columbia University Press, New York, 1982

Davies, Norman, *White Eagle, Red Star: The Polish-Soviet War 1919-1920 and 'The Miracle on the Vistula',* Pimlico edition 2003, Random House, London

Gozdecka-Sanford, Adriana, *Historical Dictionary of Warsaw,* The Scarecrow Press, Inc., Lanham, Md., & London, 1997

Grygiel, Agnieszka, Redakcja, *Encyklopedia Sławnych Polaków,* Wydawnictwo Podsiedlik-Raniowski i Spółka – sp. z o.o., Poznań

Gutman, Israel, *et al.* eds., *Encyclopedia of the Holocaust,* Macmillan Publishing Company, New York, 1990

Historical Museum of Warsaw, ed., *Historical Museum of Warsaw,* Warsaw

Jankowski, Grzegorz, *Historia II wojny światowej,* Fakt

Konsalik, Grzegorz i Jacek Korpetta, *Warszawa 1939, Tem się tylko żyje, za co się umiera,* Muzeum Historyczne M.ST. Warszawy

Krall, Hanna, *Shielding the Flame: An intimate Conversation with Dr. Marek Edelman, the Last Surviving Leader of the Warsaw Ghetto Uprising,* Henry Holt and Company, New York, 1986

Kwiatkowski, Marek, *Wspomnienie dawnej warszawy,* Wydawnictwo Naukowe PWN, Warszawa, 1993

Lerski, George J., *Historical Dictionary of Poland, 966-1945,* Greenwood Press, Westport, Connecticut・London, 1996

Leslie, R.F., ed., *The History of Poland since 1863,* Cambridge University Press, 1980

Lukowski, Jerzy and Hubert Zawadzki, *A Concise History of POLAND,* Cambridge University Press

Marcinkowski, Robert, *An Illustrated Atlas of Old Warsaw,* HATTO, 2005

Muzeum Historzyczne m.st. Warszawy, *Old Warsaw Town Walls,* 2008

Omilanowska, Małgorzata and Jerzy Majewski, *WARSAW, DK EYEWITNESS TRAVEL GUIDES,* Dorling Kindersley, 2003

Ozaki, Shunji, *WARSAW*：*The City of Memories: Resistance, Uprisings and the Council for Aid to Jews, ŻEGOTA,* KOYO SHUPPAN SHA, Tokyo, 2008

Piotrowski, Tadeusz, *Poland's Holocaust: Ethnic Strife, Collaboration with Occupying Forces and Genocide in the Second Republic, 1918-1947,* McFarland & Company, Inc., Publishers, 1998

Sołtan, Andrzej, *Warszawa wczoraj,* Wydawnictwo "Wokół nas", 1998

Walkowski, Zygmunt, scenariusz, wybór i opracowanie zdięć, *Warszawa z wysoka,* Dom Spotkań z Historią, Warszawa,

2009
Weszpiński, Paweł E., *Warszawa. Obrazy z dziejów.*, Muzeum Historyczne M.ST. Warszawy, 2007
Zamoyski, Adam, *The Polish Way: A Thousand-year History of the Poles and their Culture,* HIPPOCRENE BOOKS, New York, 2001
Zieliński, Jarosław, *Przedwojenna Żydowska Warszawa, Najpiękniejsze fotografie,* Wydawnictwo RM, 2012

日本語・日本語訳書

アンジェイェフスキ作、川上洸訳『灰とダイヤモンド』（上）（下）岩波文庫、岩波書店、1998
アンジェイ・ガルリツキ著、渡辺克義・田口雅弘・吉岡潤監訳『ポーランドの高校歴史教科書』明石書店、2005
アンブロワーズ・ジョベール著、山本俊朗訳『ポーランド史』白水社、1971
アルフレート・デーブリーン著、岸本雅之訳『ポーランド旅行』鳥影社、2007
ドストエフスキー作、木村浩訳『白痴』（上）（下）新潮文庫、新潮社、2013
トルストイ作、工藤精一郎訳『戦争と平和』（一）～（四）新潮文庫、新潮社、2012
フローベール作、生島遼一訳『感情教育』（上）（下）岩波文庫、岩波書店、1996
イェジ・ルコフスキ、フベルト・ザヴァツキ著、河野肇訳『ポーランドの歴史』創土社、2007
岩淵達治著『水晶の夜、タカラヅカ』青土社、2004
尾崎俊二著『記憶するワルシャワ――抵抗・蜂起とユダヤ人援助組織ŻEGOTA「ジェゴタ」』光陽出版社、2007
尾崎俊二著『ワルシャワ蜂起――1944年の63日』東洋書店、2011
尾崎俊二著『ワルシャワ蜂起――1944年の63日』御茶の水書房、2015、再刊
尾崎俊二著『ワルシャワから：記憶の案内書――トレブリンカ、ティコチン、パルミルィ、プルシュクフへ』御茶の水書房、2016
工藤幸雄著『ワルシャワ物語』NHKブックス、日本放送出版協会、1980
佐々木洋子著『ハプスブルク帝国の鉄道と汽船――19世紀の鉄道建設と河川・海運航行』、刀水書房、2013
沢部仁美著『百合子、ダスヴィダーニヤ――湯浅芳子の青春』文藝春秋、1990
島尾敏雄著『夢のかげを求めて 東欧紀行』河出書房新社、1975
白木太一著『一七九一年五月三日憲法』東洋書店、2013
宮本百合子著『道標』第二部、新日本文庫、新日本出版社、1991
渡辺克義著『物語ポーランドの歴史――東欧の「大国」の苦難と再生』中公新書、中央公論社、2017
『歌劇』昭和十四年四月臨時特大號（第二百二十九號）兵庫縣寶塚歌劇發行所
『日・獨・伊親善藝術使節渡歐記念アルバム』寶塚少女歌劇團發行

Websites

Virtual Shtetl, http://www.sztetl.org.pl
Napoléon & Empire: From Bonaparte to Napoleon I, https://www. napoleon-empire.com

地図作成参照資料

Powstanie styczniowe 1863: Mapa z opisem historzycznym, JTR Kartografia, Warszawa, 2013
Rzeczpospolita w epoce Wazów（*1587-1632-1648-1668*）, JTR Kartografia, Warszawa, 2013
Księstwo Warszawskie na mapie F.B. Engelhardta z 1810, JTR Kartografia, Warszawa, 2009
Mapa Królestwa Polskiego, JTR Kartografia, Warszawa, 2009
WARSZAWA przedwojenna: Plan miasta z 1939 r., JTR Kartografia, Warszawa, 2013
POLSKA 1939: *Mapa samochodowa,* JTR Kartografia, Warszawa, 2005

Muzeum Powstania Warszawskiego, *WISŁA WAW, Mapa Wisły według Marka Ostrowskiego,* Muzeum Powstania Warszawskiego

Leslie, R.F., ed., *The History of Poland since 1863,* Cambridge University Press, 1980

Lukowski, Jerzy and Hubert Zawadzki, *A Concise History of POLAND,* Cambridge University Press, 2004

Piotrowski, Tadeusz, *Poland's Holocaust: Ethnic Strife, Collaboration with Occupying Forces and Genocide in the Second Republic, 1918-1947,* McFarland & Company, Inc., Publishers, 1998

Zamoyski, Adam, *The Polish Way: A Thousand-year History of the Poles and their Culture,* HIPPOCRENE BOOKS, New York, 2001

尾崎俊二著『ワルシャワから：記憶の案内書――トレブリンカ、ティコチン、パルミルィ、プルシュクフへ』御茶の水書房、2016

尾崎 俊二（おざき しゅんじ）

1946年兵庫県生まれ。東京外国語大学卒業。2004年まで高校教員。著書に『記憶するワルシャワ —— 抵抗・蜂起とユダヤ人援助組織 ŻEGOTA（ジェゴタ）』（光陽出版社、2007年）、*WARSAW : THE CITY OF MEMORIES —— Resistance, Uprising and the Council for Aid to Jews, ŻEGOTA*（光陽出版社、2008年）、『ワルシャワ蜂起 —— 一九四四年の六三日』（東洋書店、2011年初刊、御茶の水書房、2015年再刊）、『ワルシャワから：記憶の案内書 ——トレブリンカ、ティコチン、パルミルィ、プルシュクフへ』（御茶の水書房、2016年）などがある。

歴史を歩くワルシャワ
国王選挙の始まりから1944年8月蜂起前まで

2020年5月1日　第1刷発行

著　者　© 尾崎 俊二
発行者　八木　絹
発行所　戸倉書院
〒185-0032　東京都国分寺市日吉町 2-16-42
TEL　042-574-8012
URL　https://tokurashoin.wordpress.com/
発売所　本の泉社
〒113-0033 東京都文京区本郷 2-25-6
TEL 03-5800-8494　FAX 03-5800-5353
URL　https://honnoizumi.co.jp/
装幀・地図作成　岡部 美穂子
印刷所　モリモト印刷株式会社

ISBN978-4-7807-1965-9　C0022
Printed in Japan